o poder da
oração simples

JOYCE MEYER

o poder da oração simples

Como falar com Deus sobre tudo

Belo Horizonte

Edição publicada mediante acordo com FaithWords, New York, New York. Todos os direitos reservados.

Diretor
Lester Bello

Autora
Joyce Meyer

Título Original
The power of simple prayer:
how to talk with God about everything

Tradução
Maria Lucia Godde / Idiomas & Cia

Revisão
Idiomas & Cia / Silvia Calmon / Ana Lacerda
/Fernanda Silveira

Diagramação
Julio Fado
Ronald Machado (Direção de arte)

Design capa (adaptação)
Fernando Rezende
Ronald Machado (Direção de arte)

Impressão e Acabamento
Promove Artes Gráficas

bello
editora

Rua Vera Lucia Pereira, 122
Bairro Goiânia, CEP 31.950-060
Belo Horizonte/MG - Brasil
contato@belloeditora.com
www.belloeditora.com

© 2007 por Joyce Meyer
Copyright desta edição
FaithWords
Hachette Book Group
New York, NY

Publicado pela
Bello Com. e Publicações Ltda-ME
com a devida autorização de
Hachette Book Group e todos
os direitos reservados.

Primeira Edição — Dezembro de 2011
4ª Reimpressão — Fevereiro de 2018

Todos os direitos reservados. Nenhuma parte desta publicação poderá ser reproduzida, distribuída, ou transmitida sob qualquer forma ou meio, ou armazenada em base de dados ou sistema de recuperação, sem a autorização prévia por escrito da editora.

Exceto em caso de indicação em contrário, todas as citações bíblicas foram extraídas da Bíblia Sagrada Nova Versão Internacional (NVI), 2000, Editora Vida.

CIP-BRASIL. CATALOGAÇÃO NA FONTE

M612   Meyer, Joyce
O poder da oração simples: como falar com Deus
sobre tudo / Joyce Meyer; tradução de Maria Lúcia
Godde / Idiomas e Cia. – Belo Horizonte: Bello
Publicações, 2018.
296p.
Título original: The power of simples prayer: how
to talk with God about everything

ISBN: 978-85-61721-75-6

1. Oração. I. Título.

CDD: 248.32   CDU: 268

Sumário

	Introdução	7
1.	Senhor, Ensina-*me*	13
2.	Um Simples Privilégio	34
3.	Tão Simples como Respirar	54
4.	O Poder da Oração	73
5.	Louvor, Adoração e Ações de Graças	91
6.	Consagração e Compromisso	112
7.	Petição e Perseverança	131
8.	Intercessão e Concordância	151
9.	A Palavra e o Espírito	170
10.	Chaves para uma Oração Poderosa	190
11.	Acima de Tudo	214
12.	Quatorze Impedimentos para uma Resposta de Oração	234
13.	Vitória Certa na Oração	256
14.	Permanecendo Forte Por meio da Oração	273
	Encerrando	292
	Notas	293

Introdução

Se alguém me perguntasse: "Joyce, se você pudesse fazer somente um comentário sobre a oração, qual seria?" eu precisaria responder falando sobre sua simplicidade. Tenho orado há muitos e muitos anos e posso falar muitas coisas sobre a oração, mas se só pudesse enfatizar um aspecto, diria às pessoas que ela é *muito mais fácil* do que pensamos.

Quando Deus começou a me ensinar a orar, fiquei surpresa ao aprender que Ele não fez da oração algo complicado, mas que ela é realmente simples. Às vezes as pessoas transformam a oração em algo árido e difícil; às vezes nossa mentalidade e nossos sistemas religiosos apresentam a oração de um jeito que ela parece ser algo fora do alcance da maioria de nós. Pode acreditar, estou dizendo a verdade quando digo que Deus deseja que tenhamos uma vida de oração natural e agradável. Ele quer que nossas orações sejam honestas e sinceras, e que a nossa comunicação com Ele independa de regras, regulamentos, legalismos e obrigações. Ele deseja que a oração seja parte integrante da nossa vida — a parte mais fácil de nossa atividade diária.

Suspeito que muitas pessoas oram muito mais do que pensam e que elas têm uma vida de oração muito mais eficaz e vitoriosa do que imaginam. Elas nem sempre percebem quando estão orando porque lhes foi ensinado que a oração requer determinado ambiente, certa postura e certa forma de expressão, ou então que precisam seguir estritamente certos princípios. Orar é simplesmente falar com Deus. Na verdade, podemos orar a qualquer hora, em qualquer lugar — até mesmo dirigir um pensamento a Deus pode ser considerado uma oração silenciosa.

Quer você esteja orando há anos ou apenas aprendendo a orar, esteja você vivendo um momento de declínio na sua vida espiritual ou queira simplesmente melhorar sua vida de oração, saiba disto: Deus quer que você aprenda a orar com mais eficácia, e Ele deseja que você alcance mais realizações por intermédio da sua vida de oração. Pelo simples fato de ter aberto este livro, estou certa de que algo dentro de você quer aprofundar sua intimidade com Deus através da oração. Acredito que você saiba que a oração é poderosa e que anseie por ver o seu tremendo poder liberado em sua vida, nas vidas daqueles a quem você ama e nas situações que lhe dizem respeito.

Orações curtas e simples podem ser extremamente poderosas, mas isso não elimina o fato de que a oração é também um grande mistério. Watchmann Nee, um cristão chinês que escreveu muitos livros profundos enquanto esteve preso por causa de sua fé, declarou: "A oração é o ato mais maravilhoso da esfera espiritual, assim como um romance extremamente misterioso".[1] Acredito que o maior mistério da oração é o fato de que ela une o coração das pessoas na terra ao coração de Deus no céu. A oração é espiritual e penetra na esfera do invisível; ela extrai coisas dessa esfera invisível e as traz para a esfera em que as podemos ver e para o mundo que nos cerca, exatamente onde vivemos. Ela introduz bênçãos espirituais em nossa vida natural diária e faz com que um poder espiritual seja derramado sobre as circunstâncias terrenas que nos envolvem. Nós, seres humanos, somos as únicas criaturas no universo, tal com ele é conhecido, que podem permanecer na esfera natural e tocar a esfera espiritual. Quando oramos, nos conectamos com essa esfera espiritual, que é onde Deus está, e que afeta a nossa vida diária mais do que percebemos habitualmente.

O fato de desejarmos orar — e de acreditarmos que a nossa vida de oração pode ser melhor — é uma evidência de que sabemos que a esfera espiritual existe e de que acreditamos realmente que quando algo acontece nela, isso afeta o que acontece na terra. Prova também que sabemos, no fundo do nosso coração, ser a vida mais do que podemos enxergar e que valorizamos mais as coisas invisíveis do que as visíveis. Assim como Paulo escreve em 2 Coríntios 4:18: "... fixamos os olhos, não naquilo que se vê, mas no que não se vê, pois o que se vê é transitório, mas o que não se vê é eterno". Quando entendemos que existem realidades espirituais invisíveis e eternas afetando a nossa vida terrena, ansiamos por compreendê-las. Começamos a perceber as coisas espiritualmente e a colaborar com Ele para executá-las na terra — e isso só é possível por meio da oração.

Gosto de dizer que a oração abre a porta para Deus trabalhar. À medida que colaboramos com Ele na esfera espiritual por meio da oração, trazemos as coisas dessa mesma esfera para dentro da nossa vida, do nosso mundo, da nossa sociedade, e para dentro da vida de outras pessoas. Tudo isso vem do céu, esses dons de Deus já estão reservados para nós, mas nunca os possuiremos se não orarmos e pedirmos a Deus. Ele reuniu tanto para nós na esfera do invisível; Ele está fazendo coisas tão maravilhosas para nós que não podemos ver com olhos naturais ou perceber com a nossa mente natural — e recebemos e desfrutamos tudo isso através do poder e do privilégio da oração. A Bíblia diz que "Olho nenhum viu, ouvido nenhum ouviu, mente nenhuma imaginou o que Deus preparou para aqueles que o amam" (1 Coríntios 2:9).

A oração é parte de um estilo de vida de obediência. De acordo com a Bíblia não temos certas coisas porque não as pedimos a Deus (ver Tiago 4:2), e parte do grande mistério da oração é o fato de Deus exigir que peçamos o que Ele já tem reservado para nós. Deus — que é soberano e pode fazer o que quiser, em qualquer lugar, a qualquer hora, de qualquer maneira, sem precisar da permissão de ninguém — quer que nós peçamos a Ele. Deus estabeleceu uma lei espiritual e Ele próprio a obedece, segundo a qual não fará nada na terra a não ser que alguém ore e peça.

Deus sempre disse ao Seu povo e continua dizendo a nós: "Você e eu somos parceiros. Vocês são o Meu corpo na terra hoje". O que isso significa? Nós somos o corpo Dele; somos chamamos de "corpo de Cristo". Jesus Cristo não tem mais um corpo terreno. Somos a representação de quem Ele é e do que faz na terra. Nós somos a Sua boca, Suas mãos, Seus pés, Sua face. Somos aqueles que expressam o Seu coração, demonstram o Seu amor e revelam o Seu poder a todos que nos cercam. E assim, precisamos orar. Precisamos ter acesso à sabedoria e aos recursos do céu para nós mesmos e para as pessoas. Precisamos colaborar com Deus para que os Seus propósitos aconteçam na nossa vida e na vida daqueles que nos cercam.

Acredito que você encontrará nestas páginas um encorajamento extremamente útil para sua vida de oração. Tudo neste livro está relacionado à oração; nem tudo trata especificamente sobre a oração, mas está relacionado a como podemos desenvolver e manter um estilo de vida tranquilo, eficaz, realizador e de incessante comunhão com Deus.

Encorajo você a começar a ler este livro pedindo a Deus para ensiná-lo a orar com mais eficácia, e oro para que Ele use estas páginas para ajudar a atender a esse pedido. À medida que prosseguir com a leitura, você aprenderá a orar como um indivíduo que se coloca diante de Deus livre para se comunicar com Ele de uma maneira natural, e de acordo com a pessoa exclusiva que Ele chamou e criou você para ser. Você entenderá que a oração não é apenas um enorme privilégio, mas é na verdade muito mais simples do que muitas pessoas pensam. Descobrirá como descomplicar a sua vida de oração e entenderá como se libertar de qualquer noção preconcebida de que a oração deve necessariamente se prender a qualquer regra ou que ela precisa "soar" de um determinado jeito. Além disso, espero que a oração simples se torne de tal maneira parte da sua vida diária que você seja livre a ponto de nunca mais voltar a achar que orar é algo que você é obrigado a fazer, mas sim algo pelo qual pode aguardar com ansiedade e desfrutar.

Também vou compartilhar com você que orar é tão fácil como respirar e ajudá-lo a aprender a desenvolver um estilo de vida de oração — orando o tempo todo, em todo lugar aonde for, em meio à sua rotina diária. Ao ler este livro, você será lembrado do tremendo poder da oração, diferente de qualquer coisa conhecida pelo homem, e será encorajado a experimentar o seu poder na sua vida diária e nas circunstâncias do dia a dia. Ao ler a respeito dos muitos aspectos da oração, você aprenderá que os momentos e diferentes circunstâncias da vida exigem tipos diversos de oração — e aprenderá cada um deles de modo a orar de forma mais eficiente.

Como uma prévia rápida, aqui vai um exemplo: você descobrirá que simplesmente dizer "Obrigado, Deus" quando você percebe que poderia se envolver em um acidente de carro se tivesse chegado a um cruzamento um minuto mais cedo, é um tipo de oração. Outros tipos de oração sobre os quais falarei incluem: consagrar sua vida a Deus, entregar os seus problemas aos cuidados Dele, pedir a Ele o que precisa e deseja, perseverar em oração até que venha uma resposta, interceder pelas pessoas e concordar com elas em oração, orar a Palavra de Deus e orar no Espírito Santo. Além disso, você descobrirá e começará a entender quais são as chaves para uma oração eficaz — algumas atitudes do coração que preparam o caminho para que suas orações sejam atendidas. E por fim, tratarei de quatorze impedimentos para que nossa oração seja respondida. Assim, você saberá o que evitar se quiser que as suas orações sejam bem-sucedidas. De um modo geral, esforcei-me para apresentar a você não apenas um panorama completo da oração, como também ensinamentos que realmente o ajudarão à medida que você ora.

Acredito que você está lendo este livro porque realmente quer garantir que suas orações façam a diferença. Você quer ver o poder de Deus em operação na sua vida e na vida daqueles que o cercam, quer desfrutar da sua comunicação com Deus e aprimorar seu relacionamento com Ele. Eu lhe garanto que é exatamente isto que Ele quer também e que está ansioso para ajudá-lo. Seja abençoado ao embarcar nesta jornada para uma oração mais íntima, mais empolgante e mais eficaz!

— Joyce Meyer

1
Senhor, Ensina-*me*

Quero lhe fazer uma pergunta: você acredita que suas orações realmente estão fazendo a diferença? Pense nisto: no fundo do seu coração, às vezes se pergunta se Deus está ouvindo quando você ora? Quando termina de orar, você está convencido de que as suas orações realizaram algo? Está satisfeito com sua vida de oração? Você sabe realmente como orar? Anseia por ter um relacionamento mais profundo, mais rico e mais dinâmico com Deus através da oração?

Se você é como milhares de pessoas que conheci em mais de trinta anos de ministério, você está dizendo "Sim! Sim! Sim!". Ao viajar e interagir com pessoas, descobri que elas realmente querem orar; elas querem saber que Deus ouve suas orações e que elas estão sendo eficazes. As pessoas querem crescer em sua vida de oração e ver suas orações se tornarem mais poderosas quando oram por outros e por si mesmas. Na verdade, uma pesquisa feita em 2005 com mais de oitocentos pastores nos Estados Unidos revelou que apenas 16% dizem que estão "muitos satisfeitos" com sua vida de oração. Isso deixa de fora a quantidade avassaladora de 84% de pessoas que acham que sua vida de oração poderia definitivamente ser melhor. Assim como os pastores da pesquisa, existe um número incontável de pessoas que não estão satisfeitas com sua vida de oração.[1] Elas não têm certeza de que Deus realmente as está ouvindo quando falam com Ele; não entendem por que algumas orações parecem ficar sem resposta e se perguntam se estão orando da maneira "certa" ou se estão orando o suficiente. Geralmente ficam frustradas com sua vida de oração, ávidas por saber o que fazer para se sentirem mais ligadas a Deus e para adquirirem a confiança de que suas orações realmente fazem a diferença. *Se ministros se sentem assim, o que dirão suas congregações?*

Uma das orações mais importantes e transformadoras que uma pessoa pode pronunciar é: "Senhor, ensina-me a orar". Não é apenas "Senhor, ensina-me a *orar*", mas "Senhor, ensina-*me* a orar". Sabe, ter conhecimento a respeito de oração realmente não basta; precisamos saber como orar como pessoas que têm um relacionamento íntimo, dinâmico e pessoal com o Deus a quem oramos. Embora haja princípios de oração que se aplicam a todos, somos indivíduos e Deus conduzirá cada um de nós individualmente.

Frequentei muitos "seminários de oração" e depois tentei imitar na minha própria experiência o que ouvi outros dizerem sobre suas orações. Finalmente, porém, entendi que Deus tinha um plano personalizado para mim — uma maneira para eu me comunicar com Ele com mais eficácia — e precisei dizer: "Senhor, ensina-*me* a orar".

Creio que muitas pessoas hoje estão fazendo as mesmas perguntas que os discípulos de Jesus fizeram há quase dois mil anos: "Senhor, ensina-nos a orar" (Lucas 11:1). Embora eles tenham passado muito tempo próximos a Ele pessoalmente, ouvindo-o, aprendendo com Ele e vendo-o fazer milagres, ainda sentem a necessidade da instrução de Jesus sobre oração. Os discípulos foram até Jesus em grupo pedindo que Ele os ensinasse a orar, mas quando fiz o mesmo pedido como indivíduo, Deus me respondeu de uma maneira poderosa e trouxe melhorias maravilhosas à minha vida de oração. Por exemplo:

O Poder da Oração Simples   15

- Deixei de fazer orações carnais motivadas pelo pânico, bem como orações almáticas (orações que vêm da mente, da vontade ou das emoções da pessoa) e passei a fazer orações cheias do Espírito, guiadas pelo Espírito e baseadas na fé.
- Já não me concentro principalmente nas orações pela minha "vida exterior" (as circunstâncias que me rodeiam, as atividades em que estou envolvida, as coisas que acontecem à minha volta). Agora oro pela minha vida interior (o estado do meu coração, meu crescimento espiritual, minhas atitudes e minhas motivações). À medida que Deus me ensinava a orar, aprendi que meu trabalho é orar para ser fortalecida interiormente e pedir a Ele para me ajudar a viver com base em um coração puro pelos motivos corretos; e o trabalho Dele é cuidar das coisas externas.
- Deixei de me esforçar e de me cansar para orar por cinco minutos todos os dias e passei a desfrutar — e a realmente precisar e desejar — começar o meu dia orando, e depois a orar ao longo do dia à medida que as coisas vêm ao meu coração, e finalmente terminar o meu dia me comunicando com o Senhor enquanto adormeço.
- Deixei de ter uma vida de oração esporádica e irregular e passei a ter momentos regulares de oração que são disciplinados, sem serem legalistas.
- Antes eu achava que estava cumprindo uma obrigação para com Deus ao orar, e agora entendo que simplesmente não posso sobreviver por um dia e estar satisfeita e contente se não orar. Entendo que a oração é um grande privilégio e não uma obrigação.
- Já não me aproximo mais de Deus com medo, imaginando se Ele vai realmente me ouvir e enviar uma resposta às minhas orações, mas agora me aproximo Dele com ousadia, como a Sua Palavra me ensina a fazer, e com uma grande expectativa.

Creio que se também pedir a Deus para ensiná-lo a orar, assim como eu você experimentará grandes mudanças na sua maneira de orar e maior eficácia nas suas orações, além de uma tremenda satisfação no seu relacionamento com Deus, e uma liberdade e um prazer estimulantes na oração. Neste livro, eu lhe darei uma quantidade substancial de ensinamentos sobre a oração. Espero que você aprenda com estas percepções, mas sei que Deus é o único que pode pegar estas informações e fazer com que elas desabrochem e tenham vida, de modo que a oração se torne estimulante, empolgante e eficaz para você. Estou orando e crendo que Ele fará isso por você de uma maneira incrível e transformadora.

> Deus é o único que pode pegar estas informações e fazer com que elas desabrochem e tenham vida, de modo que a oração se torne estimulante, empolgante e eficaz para você.
>
> ⟶⟫ • ⟨⟵

Deus tomará as informações bíblicas que estarei compartilhando e lhe ajudará a aplicá-las de uma maneira adequada para você, para a sua personalidade, e para o momento específico que estiver passando nesta fase da vida. Por exemplo, uma mãe com quatro filhos pequenos talvez não possa passar a primeira hora de cada dia orando. Ela tem muitas obrigações a realizar e algumas delas não podem esperar. Ela está em um momento da vida que não vai durar para sempre e Deus a conduzirá a orar de uma maneira que funcione para ela durante esse período. Ela pode começar o dia com uma oração e orar ao longo do dia, mas não necessariamente da mesma maneira que uma mulher que não tem mais filhos em casa e que pode organizar sua própria agenda.

Lembro-me de assistir a um seminário de oração e de ouvir uma mulher idosa falar sobre como ela orava todas as manhãs das cinco às nove horas. Ela fazia isso há muitos anos e tinha a graça de Deus para agir dessa forma. Na época eu ainda não entendia as habilidades especiais que Deus dá a cada um de nós, então fui para casa decidida a fazer o mesmo que ela. Tudo que fiz foi ficar entediada e sonolenta depois de mais ou menos quinze minutos! Por meio dessa e de outras experiências assim, aprendi que não podemos comparar nossa vida de oração com a de outras pessoas. Todos nós somos únicos e Deus tem um plano específico para cada um. A Bíblia nos ensina que Ele dá a cada um a graça para fazer algo e devemos fazer isso, seja o que for, de todo o nosso coração. A mulher na conferência de oração tinha a graça de Deus para orar por horas todos os dias. Do mesmo modo, tenho graça para estudar por muito tempo porque fui chamada para o ensino no Reino de Deus. Eu o encorajo a ser tudo que você pode ser, mas não tente ser o que só outra pessoa pode ser. Deus nunca ajudará você a ser alguém que você não é!

É PESSOAL

Tudo que diz respeito à nossa vida espiritual depende da nossa fé pessoal em Deus e do nosso relacionamento pessoal com Ele. Podemos desfrutar desse relacionamento porque a morte de Jesus na cruz nos dá acesso livre e desimpedido ao nosso Pai celestial, e a fé possibilita termos um relacionamento íntimo e dinâmico com Ele.

Recentemente li Efésios 3:12, que diz: "Por intermédio de quem temos livre acesso a Deus em confiança, pela fé nele". Ao meditar nessa Escritura, fiquei muito empolgada ao entender que como seres humanos comuns, temos *livre acesso* a Deus *a qualquer momento*, por meio da oração. Podemos nos aproximar Dele com ousadia, sem reservas, sem medo e com liberdade total. Que tremendo! A fé pessoal em Deus abre a porta para recebermos Dele ajuda ilimitada.

Logo no início da minha jornada de oração, tive acesso a um pequeno livro que ajudou milhões de crentes ao longo dos anos a aprenderem a orar. Neste volume clássico, intitulado *Com Cristo na Escola da Oração*, Andrew Murray escreve sobre pedirmos a Deus para nos ensinar a orar. Ele diz "Ninguém pode nos ensinar como

Jesus, ninguém além de Jesus; então podemos clamar a Ele 'Senhor, ensina-nos a orar'. Um aluno precisa de um professor que conheça o seu trabalho, que tenha o dom do ensino, que em paciência e amor desça até às necessidades do aluno. Bendito seja Deus! Jesus é tudo isso e muito mais... Jesus ama nos ensinar a orar".[2] Não *tente* orar simplesmente, peça a Jesus para ensinar você a orar!

Jesus não apenas ama *nos* ensinar de forma coletiva — a orar, Ele também ama trabalhar conosco individualmente. Ele quer nos tomar exatamente como somos e ajudar cada um de nós a descobrir o nosso próprio ritmo de oração e a desenvolver um estilo que maximize o nosso relacionamento pessoal com Ele. Deus quer que a oração seja uma maneira fácil, natural e vivificadora de comunicação com Ele à medida que abrimos o nosso coração para Ele e permitimos que também abra o Seu coração para nós. Oração é algo muito simples; ela não é nada mais do que falar com Deus. E também inclui ouvir o que Ele tem a dizer. Deus fala conosco de muitas maneiras. Se você deseja aprender mais a respeito de *como* Ele fala, eu o encorajo a ler o meu livro *Como Ouvir a Voz de Deus*.

Deus é criativo demais para ensinar todas as pessoas da terra a interagir com Ele por meio da oração exatamente da mesma forma. Foi Ele mesmo que criou todos nós de forma diferente e que tem prazer na nossa diversidade. Como afirmei anteriormente, existem "princípios de oração" que se aplicam a todos os crentes, mas Deus conduz cada um de nós como indivíduos. Cada um está em um ponto diferente da nossa caminhada com Ele, cada um de nós está em um nível diferente de maturidade espiritual, e todos tivemos diferentes tipos de experiências na oração. Quando estamos aprendendo os princípios da oração, precisamos ir além do conhecimento intelectual a respeito de como orar e levar esses princípios ao Senhor dizendo: "Ensina-*me* a aplicar isto na *minha* vida, na situação em que *estou* e no *meu* coração. Mostra-me como esta ideia deve funcionar para *mim*. Deus, dependo de Ti para me ensinar a orar, para me tornar eficaz na oração, e para tornar o meu relacionamento contigo o aspecto mais rico e gratificante da minha vida por meio da oração".

ABRACE SUA SINGULARIDADE

Pelo fato de nos relacionarmos com Deus como indivíduos — e é assim que Ele quer que seja — oramos como indivíduos. Até quando oramos juntos, ainda somos indivíduos. Simplesmente unimos nossos corações com outros em uma só voz. Nesses momentos de oração coletiva, acredito que Deus deseje muito mais que nossos corações estejam em unidade do que deseja que nossos métodos sejam iguais. Quando dizemos "Senhor, ensina-me a orar", estamos pedindo a Ele para nos ensinar a fazer isso de uma maneira pessoal distinta e para permitir que as nossas orações sejam expressões simples e naturais de quem somos. Não devemos abrir mão da nossa individualidade ao entrarmos no nosso quarto de oração. Precisamos comparecer diante de Deus exatamente como somos e dar a Ele o prazer de desfrutar a companhia do ser "original" que Ele criou. Precisamos nos aproximar de Deus com nossas próprias forças, fraquezas, singularidades, e com tudo o mais que nos distingue tão maravilhosamente de todos os outros neste mundo. Deus gosta de nos encontrar na posição em que estamos a fim de desenvolver um relacionamento pessoal conosco e nos ajudar a crescer para nos tornarmos tudo que Ele quer que sejamos.

O Salmo 33:15 diz: "Ele forma o coração deles individualmente, Ele considera todas as suas obras" (NKJV). Pelo fato de Deus ter moldado o nosso coração individualmente, nossas orações precisam fluir dele naturalmente e ser coerentes com a maneira como Ele nos criou. À medida que tivermos desenvolvido nosso estilo individual de comunicação com Deus, podemos aprender com pessoas mais experientes que nós, mas precisamos tomar cuidado para não fazermos delas o

> Pelo fato de Deus ter moldado o nosso coração individualmente, nossas orações precisam fluir dele de forma natural e ser coerentes com a maneira como Ele nos criou para ser.
>
> ⇢ • ⇠

nosso padrão. Não há nada de errado em aprender algo que alguém esteja fazendo na sua vida de oração se você realmente se sente direcionado pelo Espírito de Deus a fazer isso. Mas é errado se obrigar a fazer o que os outros fazem se você não se sente confortável com isso no seu espírito. Não tente se igualar aos outros ou copiar seu estilo de oração — e não se sinta compelido a colocar em prática todos os princípios de oração que aprendeu até hoje sempre que orar. A maioria das pessoas tem medo de ser diferente. Muitas se sentem mais confortáveis seguindo regras específicas do que ousando seguir a direção do Espírito de Deus. Quando seguimos regras feitas por homens, agradamos às pessoas, mas quando nos levantamos em fé e seguimos o Espírito de Deus, agradamos a Ele. Não precisamos nos sentir pressionados a orar de uma determinada forma ou por certo período de tempo, ou a nos concentrarmos em questões específicas porque os outros estão fazendo isso. Ao contrário disso, precisamos ser livres para expressar a nossa singularidade ao orarmos como Deus está nos ensinando a fazer individualmente.

De alguma maneira, nos sentimos seguros quando estamos fazendo o que todo mundo está fazendo, mas o triste é que não nos sentimos realizados até aprendermos a "soltar as velas do barco", por assim dizer, e deixar que o oceano do Espírito de Deus nos leve para onde quiser. Quando estamos no controle, sabemos o que vai acontecer em seguida, mas quando deixamos que o Espírito de Deus assuma o comando, estamos nos preparando para muitas surpresas. Precisamos estar determinados a sermos nós mesmos e nos recusarmos a passar a vida nos sentindo culpados por não sermos como outra pessoa.

Meu marido tem paixão por orar pelos Estados Unidos da América, e ele faz isso regularmente. Tenho paixão por ver os filhos de Deus amadurecerem. Também tenho uma grande paixão pelos pobres e oprimidos, então passo muito do meu tempo de oração intercedendo por esses motivos. Conheço algumas pessoas que focam intensamente na questão do aborto quando oram e outros que focam em missões com o mesmo tipo de fervor. O ponto onde pretendo chegar é que Deus coloca coisas diferentes no coração de cada um de nós, e dessa forma tudo é coberto. Ninguém pode orar por todas as situações que precisam diariamente de oração, mas o Espírito de Deus dirige cada um de nós se permitirmos que Ele faça isso.

Sofri por muito tempo até aprender o que estou compartilhando e não quero que você sofra como eu. Deixe que a minha dor seja o seu lucro! Comece agora mesmo a pedir a Jesus para ensiná-lo de forma individual a aplicar em sua vida todos os princípios de oração que Ele já lhe ensinou de forma exclusiva. Creio que a variedade é a chave para desfrutarmos tudo, inclusive a oração, portanto deixe que o Espírito de Deus o conduza a usar vários princípios à medida que eles forem necessários nas suas situações pessoais.

A CHAVE PARA A ORAÇÃO

Se me pedissem para identificar a chave mais importante para uma oração eficaz, eu diria que é aproximar-se de Deus como seu amigo. Quando nos chegamos a Deus acreditando que Ele nos vê como Seus amigos, obtemos acesso a novas maravilhas. Assim, experimentamos a liberdade e a ousadia necessárias para uma oração eficaz.

Se não conhecemos Deus como amigo, e se não confiamos no fato de que Ele pensa em nós como amigos, ficaremos relutantes em dizer o que precisamos ou em pedir alguma coisa. Se tivermos um relacionamento formal e distante com Deus, nossas orações podem ser legalistas. Mas se nos aproximarmos Dele como nosso amigo, sem perdermos o nosso temor por Ele, nossas orações serão sempre renovadas, animadas e íntimas.

Uma amizade natural envolve amar e ser amado. Significa saber que alguém está do seu lado, querendo ajudar você, animar você, sempre tendo em mente o seu melhor interesse. Um amigo é alguém que você valoriza, um camarada, um parceiro, alguém que é querido por você, alguém com quem você quer passar tempo e de quem gosta. Você se torna amigo de uma pessoa investindo tempo nela e com ela, compartilhando sua vida com essa pessoa. Desenvolver uma amizade com Deus é semelhante a desenvolver uma amizade com alguém na terra. Leva tempo. A verdade é que você pode ser tão íntimo de Deus quanto deseja; tudo depende do tempo que estiver disposto a investir nesse relacionamento. Eu o encorajo a conhecê-lo passando tempo em oração e lendo a Palavra. Sua amizade com Deus também se aprofundará e crescerá conforme você for andando com Ele regularmente, e à medida que tiver experiências com a Sua fidelidade. A diferença entre desenvolver um relacionamento com Deus como amigo e construir relacionamentos com as pessoas é que, em Deus, você acaba tendo um amigo que é perfeito! Alguém que nunca o deixará nem o abandonará. Alguém que é fiel, confiável, amoroso e perdoador.

Desenvolva uma grande amizade com Deus e convide-o a ser parte vital de tudo que você faz, todos os dias. Faça disso uma prioridade. Tudo começa com uma simples oração — simplesmente fale e abra sua vida para Ele enquanto se ocupa dos seus afazeres. Inclua-o nos seus pensamentos, nas suas conversas, e em todas as suas atividades diárias. Não corra para Ele apenas quando estiver desesperado; fale com Ele no supermercado, enquanto dirige o carro, enquanto penteia o cabelo, enquanto passeia com o cachorro ou prepara o jantar. Aproxime-se Dele como seu parceiro e amigo e simplesmente recuse-se a fazer qualquer coisa sem Ele. Deus quer realmente estar envolvido em sua vida! Tire Deus da "caixa do domingo de manhã", onde muitas pessoas o guardam, e deixe que Ele invada suas segundas, terças, quartas, quintas, sextas, sábados e os domingos também, durante o dia inteiro. Não tente mantê-lo em um "compartimento religioso" de

> Você pode ser tão íntimo de Deus quanto deseja; tudo depende do tempo que estiver disposto a investir nesse relacionamento.
> ⟶⟩⟩ • ⟨⟨⟵

sua vida, pois Ele quer ter livre acesso a todas as áreas. Deus quer ser seu amigo.

Abraão

Talvez nenhuma pessoa mencionada na Bíblia seja citada com mais frequência como sendo "amigo de Deus" do que Abraão. Em Isaías 41:8, Deus chama Abraão de "meu amigo", e Tiago 2:23 diz:"... ele foi chamado amigo de Deus". No Antigo Testamento, o Rei Josafá estava falando com Deus um dia, e disse que Abraão era "Teu amigo" (2 Crônicas 20:7). Embora a Bíblia se refira a Davi como "um homem segundo o coração de Deus" e a João como "o discípulo que Jesus amava", Abraão tem a distinta honra de ser chamado *amigo* de Deus em mais de uma passagem das Escrituras.

Quando Deus decidiu exercer juízo sobre a maldade do povo de Sodoma e Gomorra, Ele disse a Abraão o que pretendia fazer. Lemos sobre isso em Gênesis 18:17, que diz: "Esconderei de Abraão o que estou para fazer?". Por que Deus compartilhou seus planos com Abraão? Porque eles eram amigos.

Quando são amigas, as pessoas falam umas com as outras sobre o que vão fazer. Quantas vezes um amigo lhe disse "O que você vai fazer hoje?" E você respondeu dizendo algo do tipo "Vou ao supermercado de manhã e à noite vou a um jogo de futebol". Ou quantas vezes você perguntou a alguém "Qual é o seu plano para a próxima semana?" e ele ou ela respondeu: "Tenho uma consulta médica na terça-feira e uma reunião na quinta. Mas você gostaria de almoçar na quarta?".

Por considerar Abraão Seu amigo, Deus lhe disse o que ia fazer — assim como você diria ao seu amigo. A Bíblia nos diz em Provérbios 3:6 que devemos reconhecer Deus em todos os nossos caminhos, e então Ele dirigirá os nossos passos. *Reconhecer* significa se importar com o que uma pessoa pensa. Devemos nos importar com o que um amigo íntimo pensa. Devemos conversar sobre tudo com Ele, mantendo sempre um diálogo, da forma como faríamos com um cônjuge ou com um amigo íntimo.

Quando Abraão ouviu falar sobre a devastação que Deus pretendia liberar contra Sodoma e Gomorra, ele "aproximou-se dele e disse:'Exterminarás o justo com o ímpio?'" (Gênesis 18:23). Assim como Deus havia falado sobre Sua intenção com Abraão porque eles eram amigos, Abraão "aproximou-se" de Deus e questionou Suas intenções — porque eles eram amigos. Eles tinham um relacionamento no qual podiam se comunicar livremente; eles podiam falar abertamente um com o outro. Abraão confiava tanto na amizade que tinha com Deus que questionou o Todo-poderoso! Isso é intimidade; isso é ter segurança em um relacionamento.

Conta-se essa história em Gênesis 18:17-33, mas você já deve saber como termina: Abraão e Deus continuaram seu diálogo, Abraão orou e intercedeu por Sodoma e Gomorra, pedindo a Deus para deter o juízo contra essas cidades pecadoras para que as pessoas justas que viviam ali não sofressem a punição devida aos maus. Ele começou pedindo a Deus para não destruir as cidades se pudesse encontrar nelas cinquenta justos, mas então Abraão entendeu que isso talvez não fosse possível. Depois de muitas idas e vindas, ele finalmente pediu a Deus para poupá-los por amor a apenas dez justos — e Deus concordou. Por que Abraão pôde interceder com tanta ousadia? Porque ele sabia que Deus era seu amigo e apelou a Ele com base nesse relacionamento.

Você

Assim como compartilhou Seus planos com Abraão, Deus vai compartilhar coisas com você — Seu coração, Seus desejos, Seus propósitos e intenções — quando você for amigo Dele. Ele lhe dará entendimento e percepção sobre o que está acontecendo em sua vida e lhe dirá o que fazer a respeito. Ele o conduzirá e o ajudará a estar preparado para o futuro. Se você é amigo de Deus, não precisa ser pego de surpresa ou ser surpreendido pelas circunstâncias. Pode estar informado e pronto — porque é amigo de Deus. Talvez Ele não revele tudo que você gostaria de saber nem exatamente quando gostaria de saber, mas lhe dará entendimento à medida que você confiar nele com paciência.

Talvez você esteja perguntando "Como posso ser amigo de Deus?". De acordo com João 15:15, você já é. Nesse versículo, Jesus disse aos Seus discípulos "... eu os tenho chamado amigos...".

Se você é um seguidor de Jesus, é um discípulo dos dias modernos e amigo Dele. Como acontece com qualquer amizade, você pode ser um amigo casual ou um amigo íntimo e chegado. Sua amizade com Deus cresce e se fortalece assim como acontece com sua amizade com as pessoas. Assim como uma amizade natural requer tempo e energia para se aprofundar, o mesmo acontece com seu relacionamento com Deus.

Uma das melhores maneiras de garantir uma amizade profunda com Deus é

> Uma das melhores maneiras de garantir uma amizade profunda com Deus é ter um coração que deseja obedecer a Ele.
>
> ->> • <<-

ter um coração que deseja obedecer a Ele. Quando nosso coração é puro e sensível à direção de Deus, ansiando por responder de forma obediente, estamos em uma excelente posição para termos uma amizade com Ele. Não quero dizer que precisamos fazer tudo certo ou tentarmos ser perfeitos o tempo todo; quero dizer simplesmente que não somos desobedientes, rebeldes ou duros de coração propositalmente nem ficamos tentando descobrir do que Deus vai "permitir que escapemos impunes". Quero dizer que colocamos de bom grado os desejos Dele antes dos nossos próprios desejos porque o amamos e confiamos nele como nosso amigo — e sabemos que a Sua vontade é sempre melhor para nós de qualquer maneira.

À medida que você crescer no seu relacionamento com Deus, nunca se esqueça de que o seu relacionamento se baseia em quem Ele é, e não no que pode fazer por você. Continue buscando a Sua presença, e não os Seus presentes; continue buscando a Sua face, e não as Suas mãos. Você precisa saber que um dos impedimentos para uma amizade vibrante e madura com Deus é quando nos permitirmos focar nos benefícios dessa amizade em vez de focarmos *nele* como nosso amigo. Nós, seres humanos, não gostamos de descobrir que certas pessoas querem ser nossas amigas porque temos a capacidade de conseguir algo que elas querem; nos sentimos valorizados quando sabemos que elas querem ser nossas amigas simplesmente pelo que somos e só pelo fato de realmente gostarem de nós — o mesmo princípio se aplica a Deus.

A Amizade Gera Ousadia

Quando começamos a entender a nossa amizade com Deus e nos consideramos Seus amigos, nossas orações passam a ser mais dirigidas pelo Espírito, mais cheias de fé, e muito mais ousadas. Jesus contou uma história em Lucas 11, logo depois de ensinar Seus discípulos a orar usando o que chamamos de "A Oração do Pai Nosso". Podemos supor que Ele estava usando a história para ilustrar Sua lição sobre oração. Ele disse: "Suponham que um de vocês tenha um amigo e que recorra a ele à meia-noite e diga: 'Amigo, empreste-me três pães, porque um amigo meu chegou de viagem, e não tenho nada para lhe oferecer'. E o que estiver dentro responda: 'Não me incomode. A porta já está fechada, e meus filhos estão deitados comigo. Não posso me levantar e lhe dar o que me pede'. Eu lhes digo: embora ele não se levante para dar-lhe o pão por ser seu amigo, por causa da importunação se levantará e lhe dará tudo o que precisar" (Lucas 11:5-8).

Observe que o homem que precisa de pão apenas o recebe "por causa da importunação". Só importunamos os nossos amigos —

O Poder da Oração Simples

27

porque a amizade nos faz ser ousados, e quanto mais crescemos e avançamos na nossa amizade, mas ousados nos tornamos. Por intermédio do escritor de Hebreus, Deus nos convida: "Aproximemonos do trono da graça com toda a confiança, a fim de recebermos misericórdia e encontrarmos graça que nos ajude no momento da necessidade" (Hebreus 4:16).

Não somos ousados com as pessoas que mal conhecemos. Por exemplo, digamos que Dave e eu fomos a um restaurante para jantar pela primeira vez, onde há um garçom chamado John. Quando John se aproxima da nossa mesa pela primeira vez, ele se apresenta. Dave não diz "Muito prazer, John. Esta é minha esposa Joyce e ela precisa de uma carona para o trabalho na quinta feira de manhã. Você se importa em levá-la?". Somos amigáveis com o garçom, mas não temos o tipo de amizade com ele que nos daria a ousadia de pedir um favor dessa natureza.

Como o trabalho de John é nos servir, eu não hesitaria em pedir a ele mais limão ou molho para a salada. Mas por não sermos amigos, nem sonharia em pedir uma carona para o trabalho na quinta-feira enquanto meu carro está no conserto. Por outro lado, eu pediria a um verdadeiro amigo que me levasse para o trabalho. Mesmo se eu tivesse de estar lá às cinco da manhã, sei que tenho certos amigos que ficariam felizes em me levar simplesmente porque são meus amigos — e eu seria ousada o suficiente para pedir isso a eles por causa do nosso relacionamento.

De modo semelhante, a amizade com Deus traz ousadia na oração. Escrevendo sobre este assunto, Charles Spurgeon observa que "o amor bate à porta [de Deus] até que Ele abra".[3] Insistimos e somos persistentes quando sabemos que Deus tem o que precisamos e quer compartilhar isso conosco porque somos Seus amigos. Por outro lado, se não sentimos segurança no nosso relacionamento com Ele, podemos hesitar ou ficar indecisos quando nos aproximamos Dele.

Creio que Deus está procurando homens e mulheres que façam orações ousadas. Uma das orações que ouço as pessoas fazerem frequentemente, e eu mesma a fiz muitas vezes, é a que chamo de "oração do somente". Fazemos isso muitas vezes e geralmente não nos damos conta. A oração do "somente" é mais ou menos assim: "Neste momento, Senhor, nós queremos *somente* Te agradecer por este alimento". "Deus, queremos *somente* pedir que nos protejas"; "Pai, viemos a Ti esta noite *somente* para..."; "Ó Deus, se Tu puderes *somente* nos ajudar nesta situação, ficaríamos tão gratos...". Você percebe o que estou querendo dizer? É como se estivéssemos com medo de pedir muito a Deus. Não é assim que falamos com um bom amigo!

A palavra "somente" significa *apenas o suficiente para sobreviver* ou *com uma margem estreita*. Deus quer nos dar infinitamente mais, acima e além de tudo o que podemos ousar esperar, pedir ou pensar (ver Efésios 3:20). Por que deveríamos nos aproximar Dele pedindo apenas o suficiente para sobrevivermos? Por que deveríamos nos aproximar de Deus, nosso amigo, como se tivéssemos medo de pedir demais? Quando nos aproximamos Dele assim, parece que não acreditamos na sua bondade e generosidade. Precisamos entender que Ele não é um Deus que dá "somente" o suficiente para sobrevivermos, mas deseja nos abençoar abundantemente, abrir as janelas do céu e derramar bênçãos tão grandes que não poderemos retê-las (ver Malaquias 3:10).

Talvez o fato de pontuarmos nossas orações com "somente" seja só um hábito, e nesse caso precisamos quebrá-lo. Deus não quer ouvir orações tímidas e que demonstram insegurança. Ele quer ouvir orações ousadas, confiantes e cheias de fé, feitas por pessoas realmente justas e retas que se sentem seguras de sua amizade com Ele. Seja sempre respeitoso com Deus ao se aproximar Dele, mas não tenha medo! A Bíblia nos instrui a termos um temor reverente e a nos mara-

> Ele quer ouvir orações ousadas, confiantes, cheias de fé, feitas por pessoas realmente justas e retas que se sentem seguras de sua amizade com Ele.

vilharmos diante Dele, mas ela nunca nos diz para recuarmos com medo. Na verdade, Hebreus 10:38 nos diz que se recuarmos com medo, a alma de Deus não tem prazer em nós.

A Amizade Beneficia Outros

Quando somos amigos de Deus, essa amizade não apenas nos beneficia, ela também beneficia aqueles que nos cercam. Quando eles nos procuram com necessidades ou preocupações, podemos oferecer alguma ajuda, mas pode ser que não consigamos atender às suas necessidades em nada. Ainda que não tenhamos o que eles realmente precisam, Deus tem. Quando somos amigos de Deus, podemos dizer: "Não tenho o que você precisa, mas conheço Alguém que tem. Vou pedir ao meu amigo! Vou interceder diante de Deus por você". Quando somos amigos de Deus, sabemos que Ele tem o poder de intervir na vida das pessoas, ajudar seus filhos a pararem de usar drogas, causar reviravoltas financeiras e realizar milagres em sua saúde, ou restaurar casamentos. Quanto mais intimamente conhecemos a Deus, mais confiamos na Sua disposição e capacidade de ajudar as pessoas. Quando elas nos procuram, podemos ir até Ele e saber que Ele as socorrerá. Podemos realmente pedir a Deus para nos fazer um favor e ajudar uma pessoa amada mesmo quando sabemos que ela não merece. Podemos orar com compaixão como resultado de um coração amoroso — e Deus ouve e responde.

Lembro-me de estar muito triste com a situação espiritual de meu pai. Ele cometeu abuso contra mim quando eu era criança e durante anos eu realmente o odiei e me ressenti disso. Orar por ele era a última coisa que eu faria ou queria fazer. No entanto, à medida que me aproximei mais de Deus e conheci os Seus caminhos, entendi que não apenas precisava perdoar completamente meu pai, mas que também precisava orar pela sua salvação. Deus me deu graça para perdoá-lo e um coração compassivo para com ele.

Durante muitos anos, orei inúmeras vezes para que meu pai conhecesse Jesus, mas nunca vi nele o menor sinal de mudança. Meu pai sempre foi um homem muito duro e eu não via sinal de que o seu coração estivesse se tornando mais sensível. Fiquei desanimada e achei que fosse inútil continuar orando.

Então Deus me pediu para fazer uma das coisas mais difíceis que Ele já me pediu. Ele pediu que eu levasse meus pais para morarem mais perto de nós, que comprasse uma casa para eles e cuidasse deles até morrerem. Naquela época, eles tinham setenta e poucos anos de idade. Como nossa família é caracterizada pela longevidade, eu sabia que levá-los para morar perto de mim significava anos cuidando de alguém que nunca havia feito nada a não ser me machucar. Não fiquei nada entusiasmada com a ideia e Deus tratou comigo por um bom tempo até que finalmente eu soube que precisava obedecer.

Mais três anos se passaram e eu ainda não via muitas mudanças em meu pai. Às vezes eu parava de orar por ele durante vários meses, e então Deus o colocava em meu coração novamente. Lembro-me claramente de estar dirigindo para o trabalho certa manhã e dizer algo assim para Deus: "Pai, creio que seria uma vergonha se o Senhor me usasse para levar pessoas em todo o mundo a ter um relacionamento pessoal contigo por meio da fé em Jesus enquanto o meu próprio pai morre e vai para o inferno. Fiz o que Tu me pediste para fazer e agora estou pedindo a Ti um favor pessoal: salva o meu pai. Perdoa os pecados dele e atrai-o a um relacionamento contigo". Fiz orações como essa no passado, mas não com a mesma intensidade daquele dia.

Algumas semanas depois, minha mãe telefonou e disse que meu pai estava chorando há três dias e queria me ver. Dave e eu fomos a casa deles, e meu pai se desculpou por abusar de mim quando eu era criança. Ele não parava de chorar e de dizer o quanto lamentava. Perguntei se ele estava pronto para fazer de Jesus o Senhor da sua vida e meu pai respondeu que sim. Nós oramos com ele naquele dia e o batizamos duas semanas depois. Meu pai faleceu

O Poder da Oração Simples   31

recentemente, e nos alegramos em saber que ele viverá eternamente com Jesus. Nunca duvide de que a sua oração é poderosa. A sua amizade com Deus pode fazer uma diferença eterna na vida de alguém a quem você ama.

Não podemos controlar as pessoas com a nossa oração, mas realmente acredito que quando nos aproximamos de Deus com ousadia em favor delas, isso abre a porta para Deus trabalhar em suas vidas de uma forma intensa e poderosa. Ainda assim, meu pai precisou fazer uma escolha, mas sei que Deus tratou com ele de forma decisiva porque orei com ousadia e perseverei em oração.

Verdadeiramente, nossa amizade com Deus beneficia as outras pessoas. É claro que ela beneficia a nós mesmos também, e muito. Não consigo pensar em nada mais tremendo do que ser amigo de Deus. Não há nada que eu preferiria mais ouvir Deus dizer a "Aquela ali, Joyce Meyer, é Minha amiga". Não quero que Ele diga "Oh, aquela ali é a Joyce Meyer, ela conhece todos os princípios de oração, ela tem a postura perfeita e o tom de voz certo; ela soa muito eloquente quando ora e usa até aqueles pronomes *vós* e *vosso* e *para vós*!". Não é isso que eu desejo! Quero saber que Deus pensa em mim como sendo Sua amiga, e creio que você anseia que Ele pense o mesmo a seu respeito também. Por intermédio de Jesus Cristo, temos o direito de nos sentirmos confortáveis diante de Deus e de comparecermos com ousadia perante o trono da graça para obtermos a ajuda que precisamos a tempo suficiente para atender às nossas necessidades e às necessidades dos outros (ver Hebreus 4:16).

> Por intermédio de Jesus Cristo, temos o direito de nos sentirmos confortáveis diante de Deus e de comparecer com ousadia perante o trono da graça.

Uma das melhores coisas que você pode fazer é cultivar a sua amizade com Deus. Jesus tornou você justo através do sangue que Ele derramou na cruz, portanto não há motivo para não se aproximar de Deus com tanta ousadia e naturalidade quanto você se aproximaria do seu melhor amigo na terra. Lembre-se de que uma amizade com Deus requer investimento de tempo e energia para se desenvolver. Mas lembre-se também de que à medida que isso acontecer, a sua vida de oração progredirá. Uma amizade crescente, vibrante e cada vez mais íntima com Deus levará naturalmente a uma vida de oração crescente, vibrante e cada vez mais eficaz.

RESUMO

Quando nosso coração clama "Senhor, ensina-me a orar", Deus responde. Não aprendemos a orar simplesmente nos tornando cristãos ou indo à igreja — mesmo que estejamos frequentando uma congregação há anos e anos. Aprendemos a orar cada vez com maior eficácia à medida que o tempo passa e nós desenvolvemos um relacionamento pessoal com Deus. Ele fez cada um de nós de uma forma peculiar e nos ensina a orar de uma maneira que celebre e expresse quem Ele nos criou para ser. Ele quer que nós, como indivíduos, nos relacionemos com Ele por meio da oração de forma única e pessoal. Nossa fé pessoal em Deus e nosso relacionamento com Ele afetam diretamente a qualidade e a eficácia das nossas orações. Na verdade, ser amigo de Deus é a chave mais importante para uma vida de oração vibrante e dinâmica. Ele quer que nos aproximemos Dele, confiemos Nele e o amemos, abramos o nosso coração para Ele e ouçamos a Sua voz enquanto Ele abre o Seu coração para nós. Enquanto tivermos uma amizade com Deus, continuaremos sempre aprendendo a orar.

Chaves para a Oração

➤➤ Se você está frustrado com a sua vida de oração e se perguntando se suas orações são realmente eficazes, clame do fundo do seu coração "Senhor, ensina-me a orar!".

- A profundidade e a força da nossa vida de oração estão diretamente relacionadas com a profundidade e a força do nosso relacionamento pessoal com Deus.

- Orar é simples. Não é nada mais do que falar com Deus e ouvi-lo.

- Ao nos ensinar a orar, Deus trata conosco como indivíduos com personalidades únicas e temperamentos diversos que se comunicam de formas diferentes. Precisamos tomar cuidado para não nos compararmos com os outros. Devemos ser apenas nós mesmos e deixar que Ele nos ensine a orar.

- Ser amigo de Deus — e tudo que essa amizade nos confere — é a chave para a oração eficaz.

- Cultivar uma grande amizade com Deus requer tempo e energia, mas é o melhor investimento de tempo e energia que podemos realizar.

- Aproximar-se de Deus com base na nossa amizade com Ele nos permite fazer orações ousadas. À medida que esse relacionamento se torna mais íntimo, nossa ousadia aumenta.

2

Um Simples Privilégio

Creio que a oração é o maior privilégio que podemos ter em nossa vida. Não é algo que *temos* de fazer; é algo que nos *é dado* fazer. Andew Murray observou que "... a oração é tão simples que até a criança mais franzina pode orar; mas ao mesmo tempo ela é o posto de trabalho mais alto e mais santo ao qual o homem pode ascender. É a comunhão com o Invisível e com o Santíssimo. Por meio dela, os poderes do mundo eterno foram colocados à sua disposição".[1]

A oração é a maneira de sermos parceiros de Deus para ver Seus planos e propósitos se realizarem em nossa vida e na vida daqueles a quem amamos. É o meio através do qual os seres humanos na terra podem realmente entrar na tremenda presença de Deus. Ela permite que abramos o nosso coração para Ele, ouçamos a Sua voz e saibamos como descobrir e desfrutar todas as grandes coisas que Ele tem para nós. Comunicar-se com Deus é realmente o maior privilégio que posso imaginar, mas esta obra elevada e santa é também o privilégio mais simples que conheço.

Creio que a oração nunca foi destinada a ser algo complicado. Acredito que desde o princípio Deus pretendeu que ela fosse um estilo de vida natural e fácil por meio do qual podemos permanecer ligados a Ele o dia inteiro, todos os dias. Madame Jeanne Guyon, que foi presa por causa de sua fé cristã na França no século XVI, escreveu em *Experimentando as Profundezas de Jesus Cristo Através da Oração*: "... Deus não exige nada de extraordinário. Ao contrário, Ele se agrada muito com uma conduta simples, como a de uma criança. Eu até diria o seguinte: as maiores conquistas espirituais são realmente as mais facilmente alcançadas. As coisas mais importantes são as menos complicadas".[2]

Deus realmente quer que a oração seja algo simples, mas o diabo distorceu a nossa forma de pensar com relação a ela. Ele fez isso não apenas porque sabe o quanto a oração é poderosa, mas também porque sabe o quanto ela deveria ser fácil para nós. Apenas pergunte a si mesmo: *Por que Deus nos criaria para nos comunicarmos e termos comunhão com Ele e depois complicaria isso para nós?* Deus não complicou nada. Ele criou uma maneira simples e agradável de orarmos e também de termos prazer em passar algum tempo com Ele. Satanás nos diz que a oração precisa sempre ser longa e que precisamos adotar certa postura ou orar de uma determinada forma. Ele cerca a oração de regras e regulamentos e rouba a criatividade e a liberdade que Deus deseja que desfrutemos enquanto oramos. Ele tenta nos impedir de ter fé e nos convencer de que, afinal, realmente não somos dignos o suficiente para estarmos falando com Deus. Ele tenta tornar a oração algo legalista e obrigatório e nos condenar dizendo que não oramos o suficiente ou que não estamos orando com eficácia. Ele tenta nos distrair, roubar o nosso tempo, dizer que as nossas orações não fazem diferença e fazer com que duvidemos de que Deus ouve orações curtas e simples. Por isso, como mencionei no capítulo 1, observei que as pessoas costumam orar e depois acham que não ora-

> Quando digo que a oração pode ser curta e ainda assim eficaz, não quero dizer que as orações por períodos prolongados não são necessárias ou valiosas.
>
> ➤➤ • ◄◄

ram direito. Acreditam que não conseguiram nada pelo fato de não terem orado por tempo suficiente ou que não conseguiram realmente chegar até Deus.

Em geral, muitas pessoas parecem estar insatisfeitas com sua vida de oração; elas tentam orar e depois se sentem culpadas e condenadas — que é exatamente o que o inimigo quer. A oração da *fé* é o tipo de oração à qual Deus responde. Portanto, podemos entender facilmente por que Satanás tenta nos encher de dúvidas e de incredulidade com relação ao poder, à eficácia e ao valor das nossas orações.

Quando digo que a oração pode ser curta e ainda assim eficaz, não quero dizer que as orações por períodos prolongados não são necessárias e valiosas. Elas certamente são. Na verdade, além da oração diária, recomendo separar dias inteiros ou até vários dias seguidos, algumas vezes por ano, dedicados especificamente a buscar a Deus em oração, jejum e estudo da Sua Palavra. Embora a oração seja simples e nunca deva ser vista como algo complicado, também há momentos em que orar é trabalhar. Às vezes precisamos nos esforçar em oração até que um assunto específico que Deus colocou no nosso coração seja retirado de nós. Mas, ao mesmo tempo, não devemos permitir que Satanás nos faça crer que a oração precisa ser difícil e complicada.

Satanás está trabalhando e fazendo hora extra para roubar a honra de nos comunicarmos com Deus. Neste capítulo, quero dissipar algumas das mentiras do inimigo usadas mais frequentemente com relação à oração, e ajudar você a redescobrir o simples privilégio de ter uma vida de oração rica, realizadora e gratificante.

É FÁCIL!

A oração é algo muito mais fácil do que muitos pensam. Na verdade, Charles Spurgeon, que tinha uma mente teológica intelectualmente complexa, disse de forma sucinta: "Quando oramos, quanto

O Poder da Oração Simples

37

mais simples forem as nossas orações, melhor".[3] Deus ouve o clamor mais simples e mais fraco e recebe os pedidos mais infantis. Criei quatro filhos, e no momento em que estou escrevendo este livro tenho oito netos — e posso lhe dizer que se tem uma coisa que as crianças *não* são é complicadas. Elas não têm problemas em dizer o que querem ou em correr para os seus braços quando têm medo, ou em lhe dar um grande beijo generoso, às vezes sem nenhum motivo aparente. Elas precisam ser encorajadas a fazer coisas difíceis, mas farão com alegria quase tudo que for fácil. Elas não são sofisticadas o bastante para esconder muito bem seus sentimentos, e o resultado é que se comunicar com elas pode ser fácil e revigorante.

É assim que Deus quer que sejamos quando falamos com Ele. Precisamos nos aproximar de Deus com a simplicidade e a fé de uma criança. Assim como elas são naturalmente inclinadas a confiar em seus pais completamente, nós também precisamos ser ingênuos, puros e livres de dúvidas ao confiarmos em Deus. Quando oramos com a fé simples de uma criança, podemos experimentar o Seu poder milagroso e ver as circunstâncias mudarem.

Não queremos ser *infantis* na nossa fé ou nas nossas orações; queremos ser *como crianças*. O Senhor não está em busca de relacionamentos complicados. Ele está buscando corações sinceros, porque Ele é um Deus de corações. Ele também está à procura de fé, que não é uma emoção, mas uma força espiritual que impacta a esfera do invisível. Além do mais, Deus é um Deus de ordem, mas não de regras, regulamentos e leis; e Ele não quer que nos desgastemos tentando fazer orações longas e extensas que não são dirigidas pelo Espírito ou que seguem uma fórmula ou exigem uma determinada postura. Isso seria legalista, e *o Espírito vivifica, mas a lei mata* (ver 2 Coríntios 3:6).

Quando seguirmos a direção do Espírito Santo, nossas orações serão cheias de vida. Não teremos necessidade de olhar para o relógio, decididos a cumprir um tempo determinado em que nos comprometemos a orar. Quando encaramos a oração como uma obrigação e uma tarefa da nossa própria carne, cinco minutos podem parecer uma hora, mas quando a nossa oração é vivificada pelo Espírito Santo, uma hora pode parecer cinco minutos.

Lembro-me de uma vez durante a minha jornada com Deus quando Ele me desafiou a fazer um esforço para pedir a Ele o que eu queria e necessitava com o mínimo de palavras possível. Eu tinha o mau hábito de falar demais quando orava e continuava a orar sem parar, porque tinha a ideia errônea de que orações curtas não são boas orações.

Precisamos aprender a começar com a ajuda do Espírito Santo e a terminar quando Ele terminar, sem continuar orando na força da nossa carne muito depois de o Espírito Santo já ter acabado, porque isso faz o tempo de oração parecer trabalhoso e desagradável. Aproxime-se de Deus com a fé simples de uma criança e ore enquanto você sentir a direção do Espírito de Deus para isso. Não é a extensão das nossas orações que as torna eficazes, mas a sinceridade e a fé que há por trás delas.

A Oração Não Precisa Ser Demorada

Talvez a maior mentira que Satanás conte às pessoas sobre a oração é que ela precisa demorar muito. Ele vai fazer você pensar que precisa orar por horas até ter orado de verdade, mas estou lhe dizendo que a oração não precisa ser longa para ser poderosa. Ela também não precisa ser curta para ser poderosa. Na verdade, o tamanho das nossas orações realmente não faz diferença para Deus. O importante é que oremos como Ele está nos ensinando a fazer e que as nossas orações sejam dirigidas pelo Espírito, sinceras e acompanhadas por uma fé verdadeira. Aprendi a orar até me sentir plena e satisfeita em meu espírito — e isso demora mais tempo em alguns dias do que em outros.

Acredito que podemos ficar tão emaranhados com as *palavras* que começamos a perder o *poder* das nossas orações. Quero enfatizar novamente que com certeza não há nada de errado em se orar por um tempo mais prolongado. Como afirmei anteriormente, acredito que todos nós deveríamos separar momentos para orar mais demoradamente e que a nossa disposição em passar tempo com Deus, ou a falta dela, determina o nosso nível de intimidade com Ele. Mas não acredito que precisamos nos esforçar para dedicar um determinado número de horas à oração se isso está fora da direção do Espírito Santo, se estamos sendo movidos por uma sensação de obrigação ou fazendo isso como uma obra da carne. Se as questões da nossa vida realmente exigem que oremos por um período mais prolongado, então precisamos fazer isso, mas não somos obrigados a fazer longas orações apenas para contar tempo.

> Apenas algumas poucas palavras nos ligarão com o céu quando clamarmos ao Senhor para agir em nosso favor.
>
> ⇥ • ⇤

Quando Deus me desafiou a fazer meus pedidos a Ele com o mínimo de palavras possível, Ele estava simplesmente me pedindo para ser concisa e direta e depois ficar em silêncio. Quando fiz isso, foi inacreditável o crescente poder que tomou conta da minha vida de oração. Até hoje, quando oro assim, sinto mais o poder e a presença do Espírito Santo do que quando faço uma oração interminável. Aprendi que algumas das orações mais poderosas e eficazes que posso fazer são as do tipo: "Obrigada, Senhor", "Ó Deus, preciso da Tua sabedoria", "Dá-me força para continuar, Senhor" ou "Eu Te amo, Jesus". E talvez a mais poderosa de todas: "Socorro!". Você percebe? Apenas algumas poucas palavras nos ligarão com o céu quando clamarmos ao Senhor para agir em nosso favor.

Deixe-me dar um exemplo de uma oração rápida e eficaz. Certa vez Dave e eu ficamos em nossa casa no lago para que eu tivesse um tempo de silêncio e sem interrupções para terminar de escrever um livro. Enquanto estava ali, nossos vizinhos chegaram com vários adolescentes que tocavam uma música muito alta. Em vez de cair de joelhos dizendo ao Senhor o quanto meu livro era importante e como ele poderia ajudar milhões de pessoas e o quanto eu estava me esforçando para concluí-lo e como aquela música era perturbadora, eu disse simplesmente: "Senhor, essas pessoas têm o mesmo direito de desfrutar da sua casa no lago quanto nós de desfrutarmos da nossa, mas Tu poderias dar um jeito para que eu tenha um pouco de paz e silêncio para poder me concentrar no trabalho que estou fazendo para Ti?".

Menos de um minuto depois de eu ter feito essa oração simples, a música silenciou. Não tive de implorar nem de entrar em um pleito pela minha necessidade; não precisei amarrar demônios nem "guerrear no Espírito"; só precisei pedir. Uma simples e curta oração abriu a porta para Deus trabalhar. Orei durante cerca de cinco segundos e Deus respondeu imediatamente.

Jesus conhecia o poder de uma oração simples e curta. Quando ensinou sobre oração durante o Sermão do Monte, Ele disse: "E quando orarem, não fiquem sempre repetindo a mesma coisa, como fazem os pagãos. Eles pensam que por muito falarem serão ouvidos" (Mateus 6:7). Na verdade, ao longo de toda a Bíblia encontramos algumas orações incrivelmente breves, mas tremendamente poderosas. Algumas delas estão relacionadas a seguir:

- Moisés orou: "Agora, pois, se achei graça aos teus olhos, rogo-te que me faças saber neste momento o teu caminho" (Êxodo 33:13a, ARA).
- Moisés também clamou por sua irmã: "Ó Deus, por misericórdia, concede-lhe cura!" (Números 12:13).
- O Salmista suplicou: "Compadece-te de mim, SENHOR, porque me sinto atribulado" (Salmos 31:9a, ARA).
- Elias orou: "Ó Senhor, meu Deus, faze voltar a vida a este menino!" (1 Reis 17:21b).
- Jabez clamou ao Senhor: "Ó, que Tu me abençoes muitíssimo, e alargues o meu território, que a Tua mão seja co-

migo, e que Tu me guardes do mal, que eu não cause dor!" (1 Crônicas 4:10, NKJV).

- Jesus disse: "Pai, perdoa-lhes, pois não sabem o que estão fazendo" (Lucas 23:34a).

- O Apóstolo João orou por seu amigo: "Amado, oro para que você tenha boa saúde e tudo lhe corra bem, assim como vai bem a sua alma" (3 João 1:2).

Se Deus quisesse que as nossas orações fossem sempre extensas e prolongadas, realmente creio que Ele teria colocado orações assim na Bíblia. Ele sempre nos dá exemplos de orações nas Escrituras, e muitos deles são curtos e concisos. O inimigo é quem nos diz que precisamos orar por horas, e depois faz com que nos sintamos culpados quando não fazemos isso. Não há nada de errado diante de Deus com o fato de orarmos usando apenas algumas palavras e de não demorarmos mais do que o absolutamente necessário. Lembre-se do que Jesus disse: "... não acumulem frases (multiplicando palavras, repetindo as mesmas coisas sem parar)..." (Mateus 6:7, AMP).

Se você achava que as suas orações precisavam ser longas para terem eficácia, espero que agora se sinta aliviado desse fardo. O poder das nossas orações não depende de forma alguma do tempo que levamos orando. Não há correlação entre quantos minutos ou horas oramos e o fato de Deus nos ouvir ou não. Apenas uma palavra dita a Ele com fé partindo de um coração sincero pode alcançar o Seu coração e mover a Sua mão.

A Oração Não Precisa Ser Complicada

Outra mentira que o inimigo diz às pessoas é que orar é complicado: é difícil, é preciso seguir um determinado método ou ordem, só podemos orar por algumas coisas, é melhor não sobrecarregarmos Deus pedindo demais, é preciso tomar cuidado com o que pedimos, e que temos de compreender plenamente a vontade de Deus antes de orar para não fazermos isso fora da Sua vontade. Realmente precisamos orar de acordo com a vontade de Deus, mas não devemos permitir que o inimigo nos paralise de tal forma pelo medo a ponto de temermos pedir a Deus aquilo que está no nosso coração. O pior que pode acontecer se orarmos fora da vontade de Deus é não recebermos nosso pedido — e isso será para o nosso próprio bem! Deus conhece o nosso coração e não vai ficar zangado se cometermos um erro e pedirmos algo fora da Sua vontade. Não precisamos nos aproximar Dele com medo de cometermos um erro ou de que Ele não fique satisfeito se pedirmos demais. Precisamos nos achegar a Ele com fé, ousadia e com confiança e liberdade.

Se acreditarmos em todas as mentiras que acabei de enumerar, a oração *se tornará* algo complicado. Mas se nos recusarmos a abrigar os pensamentos com que o inimigo tenta nos amarrar e rejeitarmos as ideias que complicam nossa oração, poderemos abraçar a sua simplicidade. Descobriremos que ela realmente não é complicada, mas é, na verdade, a coisa mais fácil do mundo. Lembre-se de que orar deve ser tão natural quanto respirar.

> Deus conhece o nosso coração e Ele não vai ficar zangado se cometermos um erro e pedirmos algo fora da Sua vontade.
>
> ->- • -<-

Outra ideia errada que complica ainda mais a oração para algumas pessoas e que as impede de orar é que a oração só é oração quando os olhos da pessoa estão fechados, as mãos unidas e a cabeça inclinada. Isso não poderia estar mais longe da verdade! Você talvez tenha visto aquela famosa imagem que creio se chamar "Mãos que Oram". Ela mostra um homem idoso sentado com a cabeça inclinada, os olhos fechados e as mãos cruzadas enquanto ora. É uma bela imagem, e embora retrate uma postura que podemos adotar quando oramos, ela não retrata a *única* postura aceitável.

Tenho a tendência de orar com os olhos fechados, simplesmente porque consigo me concentrar melhor assim — não porque ache

O Poder da Oração Simples 43

que estaria quebrando uma "regra da oração" se meus olhos estivessem abertos. Dave, por outro lado, normalmente ora de olhos abertos. Há muito tempo, eu era tão dominada por regras que seguia regulamentos e fórmulas rígidas para tudo, inclusive para as minhas orações. Eu achava que elas só podiam ser feitas em voz alta e tinham de soar autoritárias, então eu falava alto ou até mesmo gritava quando orava. Eu também andava enquanto orava, mas ainda acreditava na regra dos "olhos fechados", de modo que muitas vezes enquanto andava eu batia em uma parede ou tropeçava em um móvel enquanto estava orando em altos brados. Às vezes me pergunto se o próprio Deus não ria carinhosamente ao ver o quanto eu era imatura e legalista!

Enquanto isso, Dave ficava sentado em uma cadeira com os olhos abertos, olhando pela janela, tendo comunhão com o Senhor de uma forma calma e genuína. Seus lábios mal se moviam e ele certamente não gritava nem mesmo falava alto. Quando eu abria os olhos por tempo suficiente para dar uma olhada nele, eu pensava: *Você não está orando! Você nem está de olhos fechados!* Mas, naturalmente, Dave estava orando e eu estava simplesmente julgando. Na verdade, era eu quem estava sendo enganada acreditando que não estaria realmente orando se não obedecesse às "regras".

Minhas convicções erradas tinham complicado a oração para mim e roubavam a alegria que Deus queria que eu tivesse enquanto orava. A Bíblia diz "Peçam e receberão, para que a alegria de vocês seja completa" (João 16:24). Isso não me parece muito complicado!

Bem, existem as pessoas que podem apoiar ou não a ideia dos "olhos fechados", mas há ainda outro fator: não pense que a oração só é realmente oração se for feita de joelhos. Isso realmente complicaria a oração para mim porque meus joelhos doem quando fico ajoelhada por mais de alguns minutos. Se eu orasse nessa posição, acabaria pensando no quanto meus joelhos estão doendo e não me concentraria em falar com Deus. Tenho uma amiga que fica ajoelhada por horas, e quando a vejo orando ela parece muito espiritual, mas aprendi que as minhas orações também são espirituais, embora eu não consiga me ajoelhar enquanto oro.

Gosto de me deitar com o rosto para baixo no chão e orar. Isso me ajuda a deixar tudo o mais de lado e me sentir como se estivesse a sós com Deus. Orei deste modo até que isso começou a me dar dores nas costas e tive de parar! Fico feliz por não precisar me sentir pouco espiritual porque fui obrigada a mudar minha posição ao orar. Só posso lhe dizer que não existe uma posição especial que você precise se esforçar para manter a fim de orar. Se os seus joelhos doem, deite no chão. Se as suas costas doem ou se você pega no sono deitado no chão, levante-se e ande. Se você é como Dave e consegue orar sentado e olhando pela janela, puxe uma cadeira. Simplesmente encontre um lugar e uma maneira para orar que o faça sentir-se confortável e que lhe permita concentrar-se no Senhor.

Liberte-se de tudo que você ouviu sobre fórmulas ou posições de oração — e simplesmente ore! Eu o desafio a descomplicar suas orações. Rejeite qualquer ideia de que elas precisam ser complicadas e comece a desfrutá-las como sendo o que Deus deseja que sejam: um simples privilégio.

A Oração Não Precisa Ser Eloquente

Outra mentira do inimigo sobre a oração é que uma pessoa precisa usar as "palavras certas" e falar de maneira eloquente. Já ouvi pessoas literalmente mudarem todo o seu vocabulário e sua maneira de falar quando começam a orar. Não sei por que, mas algumas pessoas realmente falam na versão João Ferreira de Almeida quando oram, usando palavras que elas jamais poderiam usar na vida diária, como: "Ó, Magnífico Pai Celestial, Vós, Altíssimo Deus Onipotente, nós vos agradecemos pelo Vosso abundante cuidado, e nós vos rogamos a vossa abundância de bênçãos para todo o sempre", e daí por diante.

A não ser que você tenha vivido no século passado, essas palavras não fazem parte do seu vocabulário; elas seriam antinaturais e usá-las não seria nem um pouco agradável. Posso lhe garantir que Deus quer que você se sinta à vontade falando com Ele como falaria com os seus amigos. Se você utiliza linguagem poética quando está no telefone com o seu melhor amigo, então vá em frente e use linguagem poética com o Senhor. Mas se você está se aproximando de Deus tentando parecer eloquente, *pare* e seja você mesmo. Se você tem um sotaque específico por causa do lugar onde nasceu ou do lugar onde vive, não há necessidade de tentar parecer diferente quando ora. Se você usa expressões engraçadas nas suas conversas diárias, não é necessário abandoná-las quando fala com Deus. Ele tem senso de humor também! Só quero mostrar que a oração deve ser uma extensão e uma expressão natural do seu estilo único de comunicação. Ela precisa ser confortável e satisfatória para você, e deve vir do coração.

> Se você está se aproximando de Deus tentando parecer eloquente, pare e seja você mesmo.

Não acho que falo com muita eloquência. Você pode achar que sua maneira de se comunicar não é muito sofisticada também. Eu não me preocupo mais com a maneira como falo quando oro; simplesmente digo ao Senhor o que está em meu coração — e digo isso da maneira que é — simples, clara e direta. É assim que falo com meu marido; é assim que falo com meus filhos; é assim que falo com as pessoas com quem trabalho; então é assim que falo com Deus e é assim que Ele fala comigo. Não estou tentando impressioná-lo; estou tentando abrir o meu coração para Ele — e posso fazer isso melhor quando estou simplesmente sendo eu mesma. Deus nos fez do jeito que somos, então precisamos nos aproximar Dele sem fingimento e sem achar que precisamos falar de uma determinada maneira para que Ele nos ouça. Se formos sinceros, Ele ouvirá. Mesmo quando o que está no nosso coração não pode ser articulado, ainda assim Ele ouve e entende. Um coração elevado a

46 Um Simples Privilégio

Ele é precioso aos Seus olhos e Deus ouve até as palavras que não podem ser ditas. Às vezes estamos sofrendo demais para orar e tudo que podemos fazer é gemer e suspirar — e até isso Deus entende.

Você Não Precisa Ser Perfeito

Tiago 5:16 declara que "A oração de um justo é poderosa e eficaz". Outra versão diz: "Muito pode, por sua eficácia, a súplica do justo" (ARA). Quando as pessoas têm problemas em sua vida de oração, elas às vezes dizem: "Bem, é isso. Minhas orações não estão funcionando porque não sou justo. Talvez se eu começar a ser mais santo e a fazer tudo certo serei mais justo e minhas orações serão mais eficazes".

E. M. Bounds escreve: "Felizes são aqueles que não têm nenhuma justiça própria para suplicar...".[4] Isso se refere a todos nós! Mas se nascemos de novo, somos justos. Talvez não façamos tudo certo; mas *somos* 100% justos o tempo todo. O texto de 2 Coríntios 5:21 nos diz: "Deus tornou pecado por nós aquele que não tinha pecado, para que nele nos tornássemos justiça de Deus". Ora, há uma diferença entre justiça e comportamento "certo". A justiça descreve a nossa posição — nossa situação ou condição diante de Deus — *por causa do sangue de Jesus*. Não podemos nos tornar justos; só o sangue de Jesus nos torna justos, como se nunca tivéssemos pecado. Deus nos vê como justos embora ainda cometamos erros. E porque Ele nos vê como justos, temos o direito dado por Deus de orar e de esperar que nossas orações sejam ouvidas.

Imediatamente depois de vermos que "A oração de um justo é poderosa e eficaz", lemos: "Elias era humano como nós. Ele orou fervorosamente para que não chovesse, e não choveu sobre a terra durante três anos e meio. Orou outra vez, e o céu enviou chuva, e a terra produziu os seus frutos" (Tiago 5:17-18). Estes comentários sobre Elias não parecem se encaixar no ensinamento de Tiago sobre a oração nos seus escritos sobre levar as pessoas do erro à verdade, não é? Na verdade, acredito que eles estão bem colocados porque Deus sabia que as pessoas tropeçariam nesta palavra, "justo". Ele sabia que Satanás diria às pessoas que elas não têm direito de orar e esperar resposta para as suas orações por causa da sua imperfeição. A história de Elias foi incluída na Bíblia para nos lembrar de que todos nós temos problemas, que não somos perfeitos, e que todos temos vitórias e defeitos, até o grande profeta. Se ele podia errar de vez em quando e ainda ter suas orações atendidas, nós também podemos. Deus usou Elias poderosamente e com frequência, mas também houve um tempo em que Elias demonstrou medo, desânimo e um sentimento de depressão. Elias era um homem de Deus, mas também cometia erros e mostrava fraquezas. Se ele podia fazer orações eficazes, nós também podemos. Somos tão justos quanto Elias — e ainda mais porque Cristo habita em nós e fez da nossa justiça um fato consumado.

Veja Isaías 41:10-14, que diz: "Por isso não tema, pois estou com você; não tenha medo, pois *sou* o seu Deus. Eu o fortalecerei e o ajudarei; eu o segurarei com a minha mão direita vitoriosa... Os que guerreiam contra você serão reduzidos a nada. Pois eu sou o Senhor, o seu Deus, que o segura pela mão direita e lhe diz: Não tema; eu o ajudarei. Não tenha medo, ó verme Jacó, ó pequeno Israel, pois eu mesmo o ajudarei, declara o Senhor, seu Redentor, o Santo de Israel".

Essa passagem realmente me encoraja e espero que encoraje você também. Quando começamos a ler o versículo 10, pensamos: *Uau! Deus deve estar falando a pessoas que realmente têm tudo em cima. Ele está falando com pessoas superjustas que realmente "sabem das coisas".* Mas Ele não está. Na verdade, Deus está dizendo: "Você não precisa viver com medo. Eu estou com você. Estou segurando a sua mão. O Meu Espírito está sobre você. Eu vou ajudá-lo. Vou esmagar todos os inimigos que se levantarem contra você". Lemos essas palavras e temos a tendência de pensar: *Ah, eu gostaria de poder viver de uma maneira que Deus me ajudasse assim!* E então Ele fala novamente e revela a que tipo de pessoas está realmente se dirigindo.

O grande Senhor e Redentor, o Santo de Israel, diz: "Não tenha medo, *ó verme Jacó*, ó pequeno Israel, pois eu mesmo o ajudarei" (ênfase da autora).

Deus chamou Jacó de verme! Não existem muitas formas de vida inferiores a um verme e uma pessoa tem de ser bastante falha para ser chamada de verme! Mas não é bom saber que Deus dá o tipo de ajuda descrita em Isaías 41:10-14 aos vermes do mundo? Amo isso porque há dias em que me sinto e ajo como um verme. Mas não preciso me preocupar, e nem você, porque mesmo quando agimos como vermes e não fazemos tudo certo, Deus ainda está ansioso por nos ajudar da maneira mais assombrosa. A misericórdia Dele é impressionante!

A MANEIRA MAIS SIMPLES E EFICAZ DE LIDAR COM QUALQUER SITUAÇÃO

Charles Spurgeon escreve que: "O desejo de ter comunhão com Deus é intensificado pelo fracasso de todas as outras fontes de consolo".[5] Como isso é verdade! Às vezes fico assustada por ver por quanto tempo os cristãos conseguem lutar com uma situação antes de pensarem em orar a respeito. Reclamamos dos nossos problemas; resmungamos; murmuramos; contamos aos nossos amigos; falamos sobre como Deus deveria fazer algo a respeito. Lutamos com as situações na nossa mente e nas nossas emoções, embora geralmente deixemos de nos beneficiar com a solução mais simples que existe: a oração. Mas, o que é pior, por fim dizemos a coisa mais estúpida possível: "Bem, acho que só me resta orar". Estou certa de que você ouviu isso antes e talvez até tenha dito algo parecido. Todos nós já dissemos. Todos somos culpados por tratar a oração como um último recurso e por dizer coisas como: "Bem, nada mais está funcionando, então talvez eu deva orar". Sabe o que isso me diz? Que realmente não acreditamos no poder da oração como deveríamos. Carregamos fardos que não precisamos carregar — e a vida fica muito mais difícil do que precisa ser — porque não entendemos o quanto a oração é poderosa. Se entendêssemos, oraríamos por tudo, não como um último recurso, mas como uma primeira reação.

> Carregamos fardos que não precisamos carregar — e a vida fica muito mais difícil do que precisa ser — porque não entendemos o quanto a oração é poderosa.

Tiago 5:13-14 diz: "Entre vocês há alguém que está sofrendo? Que ele ore. Há alguém que se sente feliz? Que ele cante louvores. Entre vocês há alguém que está doente? Que ele mande chamar os presbíteros da igreja, para que estes orem sobre ele...". Com base nesses versículos, como uma pessoa aflita deve reagir aos problemas? Ela deve orar. Uma solução muito simples, de três palavras: ela deve orar. A Bíblia não nos dá vinte e cinco parágrafos sobre o que precisamos fazer, ela diz simplesmente: "Que ele ore". Portanto:

- Quando tiver um problema, ore.
- Quando tiver uma necessidade, ore.
- Quando alguém ferir os seus sentimentos, ore.
- Quando for ofendido, ore.
- Quando estiver doente, ore.
- Quando tiver vontade de desistir, ore.
- Quando alguém que você ama estiver sofrendo, ore.
- Quando estiver desanimado, ore.
- Quando não souber o que fazer, ore.

Seja qual for a situação em que se encontra, você deve orar — e ore antes de fazer qualquer outra coisa.

Certa vez, um dos meus familiares fez uma coisa que realmente me machucou, e me senti rejeitada por isso. Depois que a situação aconteceu, eu estava sentada no carro e senti tanta dor em minha alma que disse simplesmente: "Deus, você precisa me consolar. Preciso que o Senhor me console. Não quero me sentir assim. Não quero ficar amargurada. Não quero desenvolver ressentimento. Já fui ferida por essa pessoa antes e não quero nem permitir que isso me incomode. Mas estou com dificuldade em lidar com isso e preciso da Sua ajuda".

Sabe o que aconteceu? Foi como se Deus estendesse a mão do céu e me tocasse, fazendo todos os meus sentimentos negativos desaparecerem! Quantas vezes, porém, em vez de nos voltarmos para Ele em oração, recorremos a outras pessoas e dizemos: "Bem, você não vai acreditar no que disseram, nem vai acreditar no que fizeram comigo. Estou magoada e tão cansada de ser tratada assim! Isso não está certo". Nossa tendência é fazer tudo que estiver ao nosso alcance, e nada muda a situação. Seria muito melhor para nós se nossa primeira reação a cada emergência e a todo tipo de dor emocional fosse orar. Se orarmos antes de fazer qualquer outra coisa, vamos experimentar grandes reviravoltas em nossa vida.

Deus promete que vamos conseguir superar os obstáculos da vida, mas muitos cristãos não parecem ter muitas vitórias em sua vida. Deve haver um motivo pelo qual tantos de nós estamos vivendo aquém da vitória que nos está disponível. A Bíblia diz que Deus faz com que triunfemos em todas as situações por intermédio de Cristo (ver 2 Coríntios 2:14), então precisamos andar em triunfo, exibindo um estilo de vida realmente vitorioso ao mundo e fazendo com que as pessoas tenham fome daquilo que nós temos. Creio que elas vão querer o que temos se formos os crentes que Deus espera que sejamos.

> Se a nossa primeira reação for orar, veremos o poder de Deus entrar em nossa vida de uma maneira que nos deixará de boca aberta de espanto.

Realmente creio que o ingrediente que falta em nossa vida e no nosso testemunho é o poder que há na oração em larga escala. Sim, as pessoas oram; existem grupos de oração nos bairros e reuniões de oração nas nossas igrejas, e existem momentos espontâneos de oração que acontecem nos bares e nos campos de futebol e pelo telefone. Mas agora estou falando sobre a nossa vida particular de oração. Não estou incluindo todas as situações que já se caracterizam como necessidades de oração: crises nacionais, acontecimentos atuais, desastres naturais, guerras ou os muitos pedidos de oração extremamente graves que recebemos por e-mail. Estou me referindo aos problemas que acontecem em nossa vida e no que acontece conosco. Estamos orando por todas essas situações? Estamos orando especialmente por aquelas a respeito das quais sabemos que não podemos fazer nada? Se a nossa primeira reação for orar, veremos o poder de Deus entrar em nossa vida de uma maneira que nos deixará de boca aberta de espanto.

Ao encerrarmos este capítulo, deixe-me dar apenas um exemplo de uma família cuja primeira reação não era orar. Uma de nossas netinhas costumava acordar no meio da noite — todas as noites — gritando a plenos pulmões. Ela era uma criança muito enjoada para comer, então imagino que ficava com fome depois que ia dormir. Durante dois anos e meio, ela acordava, gritava, e acordava o restante da família. Durante aquele período, ninguém em nossa casa teve uma boa noite de sono. Todos nós sabíamos o que estava acontecendo, e reagíamos dizendo: "Puxa vida, isso é uma pena. O que está acontecendo com ela? Bem, talvez devêssemos fazer isso, ou talvez devêssemos fazer aquilo". Então olhávamos um para o outro e dizíamos: "O que você acha que devemos fazer?".

Você não imaginava que um pregador poderia levar dois anos e meio para pensar em orar por uma situação, não é? Mas nós continuávamos racionalizando e falando sobre a situação até que alguém finalmente recebeu a "revelação" de que precisávamos orar. Durante dois anos e meio, tudo que precisaríamos ter feito seria reunir quatro ou cinco de nós e dizer: "Agora nós concordamos, em nome de Jesus. Deus, mostra-nos o que está errado aqui. Mostra-nos o que precisamos fazer. Nós Te pedimos para curar esta garotinha e fazer com que ela durma bem à noite". Quando oramos, ela começou a dormir em paz todas as noites. Fizemos uma oração simples e sincera — e Deus nos atendeu. Devíamos ter pensado em orar primeiro!

RESUMO

A oração é realmente um tremendo privilégio, mas ao mesmo tempo é muito simples. A oração não precisa ser longa ou extensa; uma palavra ou uma frase rápida pode trazer resultados milagrosos. Ela não é difícil e nem complexa, e quando oramos não precisamos seguir todo tipo de regras e regulamentos ou ter certeza de que estamos falando as palavras "certas". Só precisamos nos aproximar de Deus na justiça que recebemos por meio do sangue de Jesus e acreditar que Ele nos ouve quando oramos com o coração sincero. A oração é um tremendo privilégio, e não uma obrigação.

A oração não é apenas o maior poder que está disponível a nós, ela também é a maneira melhor e mais simples de lidar com tudo o que acontece conosco. A oração deveria ser sempre a nossa primeira reação a todas as situações. Não importa o que aconteça, precisamos correr para Deus antes de fazermos qualquer outra coisa. Tiago nos deu um conselho tremendo — um conselho que devíamos seguir — quando escreveu: "Entre vocês há alguém que está sofrendo? Que ele ore". Seja qual for a situação em que estejamos, vamos orar.

Chaves para a Oração

→→ A oração é o maior e o mais simples privilégio da nossa vida como crentes.

→→ O inimigo nos diz todo tipo de mentiras sobre a oração, mas a verdade é que a oração é tão fácil e natural quanto respirar.

- A oração não precisa ser longa para ser poderosa. Na verdade, algumas das orações mais poderosas que podemos fazer são concisas e diretas.

- A oração não precisa ser complicada. Ela só precisa vir do coração e não exige que adotemos uma determinada posição ou sigamos certas "regras".

- A oração não precisa ser eloquente. Podemos nos comunicar com Deus da mesma maneira que falamos com outras pessoas.

- Não temos de ser perfeitos para orar ou para que Deus ouça as nossas orações.

- A oração é a maneira mais fácil e melhor de lidarmos com qualquer situação. Precisamos orar antes de tomarmos qualquer outra atitude em reação às situações que acontecem na nossa vida.

3

Tão Simples Como Respirar

Efésios 6:18 diz que devemos orar "no Espírito em todas as ocasiões, com toda oração e súplica". Em outras palavras, Paulo está dizendo que devemos orar em todas as circunstâncias, seguindo a direção do Espírito Santo, usando diferentes tipos de oração em diferentes situações. Orar em todas as ocasiões é "orar sem cessar" (1 Tessalonicenses 5:17, ARA), mas como fazer isso? Mantendo uma atitude de ações de graças e de total dependência de Deus enquanto cuidamos da nossa vida diária, levando o nosso pensamento até Ele enquanto fazemos tudo o que temos para fazer. Acredito que Deus realmente quer que tenhamos um estilo de vida de oração e quer nos ajudar a deixarmos de pensar nela como um acontecimento e a começarmos a vê-la como um estilo de vida, como uma atividade interna que permeia tudo o mais que fazemos. Ele quer que falemos com Ele e o ouçamos continuamente — que oremos enquanto vivemos todos os dias com o nosso coração ligado ao Dele.

A QUALQUER HORA, EM QUALQUER LUGAR

Podemos orar a qualquer hora, em qualquer lugar. Nossas instruções são para orar "em todo o tempo, em todas as ocasiões, em todos os momentos" e para orar "sem cessar", mas sabemos que não podemos passar o dia inteiro em um canto tendo comunhão com Deus. Se fizéssemos isso, não poderíamos viver nossa vida. A oração precisa ser como a respiração — regular, fácil, nossa segunda natureza — e precisamos orar enquanto vivemos a vida, fazendo disso parte da maneira que vivemos. Na verdade, assim como a nossa vida física é sustentada pela respiração, nossa vida espiritual deve ser mantida pela oração. Podemos orar em voz alta ou podemos orar em silêncio. Podemos orar sentados, de pé, ou deitados no chão. Podemos orar enquanto estamos nos movendo ou enquanto estamos parados. Podemos orar enquanto fazemos compras, enquanto aguardamos um encontro, enquanto participamos de uma reunião de negócios, enquanto fazemos nossas tarefas domésticas, enquanto dirigimos ou estamos no chuveiro. Podemos orar coisas como "Obrigado, Senhor, por tudo que Tu estás fazendo", ou "Louvado seja Deus, preciso que me ajudes", ou "Ó Jesus, ajude aquela senhora ali que parece tão triste". Na verdade, essa abordagem à oração é a vontade de Deus. A vontade do diabo, que pode levar ao pecado da falta de oração, é que pensemos ser necessário seguir certo modelo ou método preestabelecido.

Normalmente quando ouvimos sobre uma necessidade de oração ou pensamos em uma situação assim, dizemos a nós mesmos: *Preciso orar sobre isso mais tarde quando for orar.* Esse pensamento é uma tática de procrastinação do inimigo. Por que não orar ali mesmo naquele instante? Não oramos imediatamente por causa da mentalidade errada que temos com relação à oração. Seria fácil se simplesmente seguíssemos o nosso coração, mas Satanás quer complicar a oração. Ele quer que a adiemos na esperança de que venhamos a nos esquecer do assunto totalmente. Orar quando sentimos o desejo ou a necessidade de orar é simples, e é a maneira pela qual podemos orar continuamente e permanecer ligados com Deus em todas as situações ao longo do dia.

Certa vez ouvi uma fita titulada *The Half Hour* (A Meia Hora), do Pastor Tommy Barnett. Nessa mensagem, ele nos encoraja a usarmos o nosso tempo com sabedoria — a sermos produtivos com o tempo que temos em vez de murmurarmos por não termos tempo suficiente. Ele disse que escreveu todos os seus livros em períodos de uma hora, geralmente sentado em aeroportos enquanto esperava para embarcar.

Esse deveria ser um grande encorajamento para as pessoas que se acham ocupadas demais para orar. Às vezes elas dizem: "Bem, eu simplesmente não tenho trinta minutos para orar". Tudo bem, porque quando oramos sem cessar, podemos fazer muito em trinta segundos. Quando começarmos a honrar a Deus com o pouco tempo que temos, Ele o multiplicará.

> Quando começarmos a honrar a Deus com o pouco tempo que temos, Ele o multiplicará.
>
> ✈ • ✈

Realmente vivemos em um mundo pressionado pelo tempo e quase tudo que fazemos parece ser urgente. O inimigo teve um êxito tremendo em seu plano para nos impedir de orar e investir tempo com a Palavra mantendo-nos terrivelmente ocupados. Vivemos sob uma pressão incrível e corremos de um lado para o outro e depois para mais outro — a ponto de negligenciarmos as coisas que realmente são importantes na vida: a família, a nossa saúde, Deus e a edificação da nossa vida espiritual. Então ficamos cada vez mais estressados — e a única maneira de lidar com isso e colocar a vida novamente em ordem é buscando a Deus. É verdade; realmente não podemos lidar com a vida se estamos longe Dele. Não podemos lidar com a pressão, a confusão e o estresse sem Ele. Nosso casamento sofrerá, nossos filhos sofrerão, nossas finanças entrarão em crise, nossos relacionamentos não progredirão — se não passarmos tempo com o Senhor e em oração. Deus nos fortalecerá e nos capacitará a lidar com a vida em paz e com sabedoria se começarmos a orar em vez de apenas *tentarmos* atravessar o dia. A Bíblia diz que quando passamos tempo com Deus, Ele renova as nossas forças e nos capacita a lidarmos com a vida sem ficarmos cansados (ver Isaías 40:31). Mas precisamos começar usando o tempo que temos.

Quer você seja uma mãe ocupada, uma professora, um pastor, um técnico em computadores, um executivo, um mecânico ou um neurocirurgião, você é ocupado! Não apenas tem as exigências do seu trabalho para cumprir, mas também deve ter responsabilidades de cuidar da família ou dos seus parentes. Você tem obrigações sociais ou atividades na igreja; tem compras e limpeza para fazer e contas para pagar. E em algum lugar, no meio de todas as outras coisas, você gostaria de ter alguns minutos para respirar!

Então, de forma prática, como conseguimos orar em meio a tantas exigências e tantas coisas para fazer?

Aqui vai um exemplo de como fazer isso. Se você é uma mãe exausta que fica em casa em tempo integral, que limpa a casa e troca fraldas o dia inteiro, tire um minuto para ficar parada e dizer: "Ó Jesus, eu Te amo. Fortalece-me agora. Deus, preciso de um pouco de energia e de paciência. Estou esgotada. Dá-me graça, Deus. Ajuda-me a andar no fruto do Espírito com meus filhos porque eles estão me dando nos nervos. Ajuda-me a receber meu marido da maneira adequada quando ele chegar do trabalho. Obrigada, Jesus. Um dos meninos está chorando, Senhor, então agora preciso ir!".

Não há problema em falar com Deus assim! De modo algum. Esse tipo de oração pode não parecer o que você está acostumada a ouvir na igreja, mas ela é tão eficaz quanto qualquer outra se o seu coração estiver sendo sincero. Isso é orar sem cessar; esse é o tipo de oração que é tecida na trama do seu dia como um fio brilhante em uma bela tapeçaria.

Homens, se o dia de vocês é daqueles no qual não conseguem encontrar tempo para orar enquanto se esforçam para sustentar sua família e tentam resistir às pressões no trabalho, orem durante suas atividades. Talvez vocês estejam debaixo de um carro trocando o óleo; tirem dez minutos a mais para dizer: "Aleluia, Senhor, eu Te adoro. Obrigado, Deus, pela Tua bondade para comigo. Faz de mim um homem santo, um marido piedoso e um pai temente a Deus. Faz de mim um verdadeiro homem de Deus. Ajuda-me a conduzir bem minha família. Ajuda-me a administrar o meu tempo. Ajuda-me a andar em amor. Perdoa-me pelos meus pecados. Obrigado, Jesus. O jantar está pronto. Ela está me chamando, então é melhor eu ir. Obrigado, Senhor!".

Se você é solteiro e tem uma carreira turbinada e dias com mais trabalho para fazer do que cabe em 24 horas, use o seu tempo no carro para agradecer a Deus por abençoar o seu trabalho e para pedir a Ele para lhe dar boas ideias que o ajudem e beneficiem sua empresa. Enquanto caminha para o banheiro ou está no elevador, sussurre: "Jesus, sou muito feliz porque Tu és o meu Salvador. Obrigado porque posso contar contigo. Ajuda-me a apresentar um bom testemunho neste escritório, a ser gentil e alguém que encoraja todas as pessoas estressadas ao seu redor! Senhor, ajuda-me a manter o meu ritmo quando a pressão aumentar. Obrigado, Deus, por Tua graça!". Aproveite o tempo que você tem em vez de reclamar do tempo que não tem.

As pessoas que oram sem cessar deitam a cabeça no travesseiro à noite dizendo: "Obrigado, Senhor, por este dia. Obrigado por tudo que Tu fizeste. Eu Te louvo, Deus. Tu és maravilhoso. Cuida de mim esta noite. Dá-me bons sonhos. Ensina-me, Deus, mesmo enquanto durmo. Obrigado por cuidar de mim. Bendigo o Teu nome". Quando acordam no meio da noite, essas pessoas murmuram: "(Bocejo), eu Te amo, Jesus" antes de se enrolarem e voltarem a dormir. Então elas acordam de manhã com uma oração nos lábios, dizendo: "Obrigado, Deus. Ó Jesus, sou tão grato! Eu Te louvo, Senhor, por me ajudares a andar na Tua vontade. Dá-me sabedoria hoje. Engrandeço o Teu nome. Tu és tremendo, Deus".

O que acabo de descrever é o que pratico continuamente. Acredito que Deus quer que todos nós oremos assim — reconhecendo-o nas pequenas coisas, fazendo breves pedidos, com curtas ações de graças. Pense simplesmente em como você se sentiria se seus filhos dissessem "Eu te amo, Mamãe!" ou "Eu te amo, Papai!" todas as vezes que eles passassem por você. Se um de meus filhos passa no meu escritório e diz "Ei, Mãe, você é o máximo! Te vejo mais tarde!", ganhei o meu dia. Apenas dizer às pessoas que você acha que elas são o máximo é o tipo de mensagem que fortalece relacionamentos. Quando tratamos o Senhor assim, nosso relacionamento com Ele se aprofunda e fica mais forte, e nós ficamos ligados com Ele orando "em qualquer hora, em qualquer lugar". E Ele ama isso.

> Acredito que Deus quer que todos nós oremos assim — reconhecendo-o nas pequenas coisas, fazendo breves pedidos, com curtas ações de graças.

Não estou sugerindo que só oremos enquanto estamos ocupados. Realmente precisamos honrar a Deus estando dispostos a separar um tempo só para Ele, mas orar ao longo do dia é tão importante quanto separar tempo para orar. Faça as duas coisas se possível, mas quando não conseguir, fazer alguma coisa é melhor do que nada. Não se sinta culpado se você perder a hora separada para a oração; vá em frente e ore ao longo do dia!

"NO ESPÍRITO"

Além de orar em todo o tempo, Efésios 6:18 também nos instrui a "orarmos no Espírito". Em poucas palavras, orar no Espírito significa deixar que o Espírito Santo nos dirija enquanto oramos em vez de simplesmente orarmos por qualquer coisa que quisermos. Grupos diferentes de pessoas no corpo de Cristo interpretam "orar no Espírito" de modo diferente, e tratarei desse assunto mais adiante neste livro, mas na sua definição mais ampla, significa seguir o

Espírito Santo, orando a respeito do que Ele nos dirigir a orar. Significa nos concentrarmos no que Ele quer que oremos e não no que sentimos vontade de orar ou achamos que devemos orar. Isso pode exigir esperar em silêncio na Presença de Deus até Ele colocar algo em nosso coração.

Muitas vezes ficamos tão envolvidos em nossas ocupações e estamos tão concentrados em nossos problemas que não pensamos em fazer nada além de falar com Deus sobre todas as nossas questões. Costumamos investir muito tempo e energia em "nossas" orações, tratando Deus como um depósito espiritual onde descarregamos todo o nosso lixo. Tendemos a fazer "nossas" orações — voltadas para o que achamos que nos faria sentir melhor, para o que achamos ser necessário, ou para o que nos parece mais apropriado, em vez de orarmos pelo que Deus nos direciona a orar.

Creio ser esse um dos motivos pelos quais às vezes não nos sentimos realizados na oração ou sentimos que não "acabamos" de orar sobre uma questão. Isso acontece pelo fato de passarmos tanto tempo fazendo somente as *nossas* orações. Mas eu lhe digo: há uma maneira melhor, mais elevada, mais eficaz: orar as orações *de Deus*. Para ser sincera com você, se eu estiver orando minha própria oração, posso orar por alguma coisa por quinze minutos e ainda me sentir como se ela estivesse inacabada; mas se estou sendo guiada pelo Espírito Santo e orando a oração de Deus, posso dizer duas frases e me sentir completamente satisfeita.

> Se orarmos pela nossa vida interior — pelos nossos pensamentos e motivações e pelo nosso relacionamento com Deus — então Ele cuidará das coisas externas.
>
> ⟶ • ⟵

Quando escrevo sobre não orarmos as "nossas" orações, quero dizer que podemos ir além das orações carnais e sentimentais e passarmos às cheias do Espírito e direcionadas por Ele. Podemos orar as orações de Deus em vez das nossas se estivermos dispostos a fazer

O Poder da Oração Simples

61

alguns ajustes na nossa maneira de pensar e na maneira como nos aproximamos Dele. Por exemplo, quando oramos as nossas orações, nos concentramos em orar por nós mesmos — pela nossa saúde e bem-estar, nossas necessidades financeiras, pelos desafios que enfrentamos, por nossas famílias e por outras coisas que nos dizem respeito. Mas creio que se orarmos pela nossa vida interior — pelos nossos pensamentos e motivações e pelo nosso relacionamento com Deus — então Ele cuidará das coisas externas. Se orarmos para sermos edificados interiormente, Deus cuidará do exterior.

Comecei a sentir uma tremenda realização na minha vida de oração quando parei de fazer tantas orações *carnais e egoístas* e passei a orar mais como eu achava que Jesus oraria. Quero reiterar que não há nada de errado em pedir a Deus para suprir as nossas necessidades. Creio que podemos pedir livremente a Ele qualquer coisa sem medo de sermos repreendidos, mas também cheguei à conclusão de que as coisas pelas quais oramos revelam o nosso nível de maturidade espiritual.

Pedir a Deus o que precisamos e desejamos na esfera do natural definitivamente não é errado, mas não devemos nos deter nisso primeiramente. A Palavra de Deus diz que Ele conhece as nossas necessidades antes de pedirmos, então só precisamos pedir e deixar que Ele saiba que estamos confiando Nele para cuidar de tudo que diz respeito a nós enquanto concentramos a maior parte do nosso tempo de oração em falar com Ele sobre as necessidades das pessoas (tanto naturais quanto espirituais), sobre o crescimento do Seu reino e sobre nossas necessidades espirituais. Por exemplo, preciso ter um bom temperamento para tolerar tudo que cruza o meu caminho. Preciso disso muito mais do que de um novo vestido para ir a uma festa. Preciso estar repleta de amor e demonstrar bondade às pessoas em todo o tempo muito mais do que preciso de uma casa maior. Preciso ter sabedoria para usar as palavras muito mais do que preciso de uma promoção no trabalho.

Eis outro exemplo de como fazer uma oração dirigida pelo Espírito. Digamos que você tenha dois filhos adolescentes brigões e rebeldes em casa. E digamos que, quando você ora, começa dizendo a Deus como esses dois estão dando nos seus nervos e que está com vontade de gritar. Depois começa a reclamar deles e a dizer a Deus o quanto você é infeliz. Depois que você ora, grita com seus filhos, diz a eles o quanto são terríveis e que nunca vão ser nada na vida. Se este for o caso, sua casa provavelmente é cheia de conflitos; sua família nunca está em paz e seu cônjuge está tão irado e infeliz quanto você. É muito fácil ver nosso tempo de oração se transformar em "sessões de reclamação" em vez de ser um tempo de verdadeira oração. Esse tipo de oração nunca traz a ajuda de Deus sobre uma situação.

Se começar a orar as orações de Deus com relação a essa situação, em vez de correr para Ele com todas as suas reclamações, você começará a ver mudanças. Uma "oração de Deus" seria mais ou menos assim: "Deus, estou tão frustrada com esses adolescentes hoje, mas a Tua Palavra diz que meus filhos são herança do Senhor, o fruto do ventre é um galardão, e eles são como flechas na mão do guerreiro. A Tua Palavra também diz que grande será a paz deles. Então, Deus, chego diante de Ti com ações de graças e peço sabedoria para lidar com meus filhos adolescentes. Senhor, dá-me entendimento sobre as coisas pelas quais eles estão passando e ajuda-me a ter a capacidade de ajudá-los. Peço que Tu derrames o Teu amor em meu coração por eles. Peço que o Teu amor transborde em mim, a Tua graça flua através de mim e o meu coração seja reto diante de Ti e para com a minha família. Que a paz de Cristo reine e governe no meu coração — e que ela reine no nosso lar".

Quando orar de acordo com o exemplo acima, sua ira começará a se dissipar. Você começará a ser capaz de amar seus filhos adolescentes com o amor de Deus e poderá começar a estabelecer a paz em seu lar. Deus começará a agir nas circunstâncias que a cercam porque você parou de fazer orações da sua alma, focadas nas circunstâncias; você não está mais murmurando e reclamando dos filhos que pediu a Ele, mas começou a orar pelo que é mais importante para Deus — o estado do seu coração.

Deixe o Espírito Santo Tomar a Direção

Parte da maneira como Deus nos ensina a orar é para nos ajudar a aprender a seguir o Espírito Santo quando oramos. Sem dúvida, a maneira mais eficaz de orar as orações de Deus é deixar que o Espírito Santo nos dirija, e fazemos isso ficando diante do Senhor e pedindo a Ele que coloque no nosso coração sobre o que Ele quer que oremos — aquilo que tem origem no coração de Deus e não na nossa mente. Como já escrevi, realmente precisamos ir além das nossas próprias orações por aquilo que *nós* queremos. A oração é um algo muito mais sério — e o Espírito Santo nos guiará às mais tremendas proezas em oração se simplesmente perguntarmos a Ele sobre o que devemos orar, esperarmos que Ele responda, e se depois obedecermos.

Não estamos sendo nada inteligentes quando dizemos que não temos tempo para esperar em Deus permitindo Ele nos direcione enquanto oramos. Costumamos esperar quarenta e cinco minutos por uma mesa em um restaurante, mas dizemos que não temos tempo para esperar em Deus. Poderemos economizar tempo e energia de todas as maneiras mais tarde se esperarmos em Deus agora. Preste atenção, tentar descobrir o que orar e se esforçar para reunir um repertório de orações pode ser algo bem cansativo. Esse tipo de trabalho penoso na carne simplesmente não é frutífero; ele não é cheio de graça. Nosso espírito sabe — mesmo quando nossa mente tenta nos convencer do contrário — quando não estamos conseguindo realizar nada na esfera do espiritual e quando as nossas orações não são eficazes.

Aprendi que para fazer orações eficazes — seja por meus filhos, por mim mesma, pelo ministério, por um vizinho ou por uma crise do outro lado do mundo — tenho de esperar em Deus e deixar que Ele me dirija. Apenas espero alguns minutos e digo: "Tudo bem, Deus, tal e tal coisa estão no meu coração. O que o Senhor está tentando me dizer sobre isso? Mostra-me como Tu queres que eu ore por essa pessoa nessa situação". Na maioria das vezes, dentro de alguns segundos as impressões começam a vir ao meu coração: entendo como devo orar; oro mais especificamente do que eu normalmente faria e rapidamente me sinto satisfeita.

Se começarmos as nossas orações pedindo ao Espírito Santo para nos dirigir, não ficaremos entediados porque não vamos orar pelas mesmas situações ou pelas mesmas pessoas o tempo todo. A oração pode se tornar monótona se não for sempre renovada, mas o Espírito Santo é cheio de criatividade. Além do mais, quando Ele nos dirigir, nossa mente vacilante não estará no controle das nossas orações; não estaremos orando por obrigação e nossas orações não serão ritualísticas. Simplesmente saberemos o que está no coração de Deus, oraremos por isso, e permitiremos que o Espírito Santo nos ajude a orar de uma maneira que mantenha a nossa comunicação com Ele renovada e cheia de vida.

> Deixar o Espírito Santo dirigir nossas orações trará grande liberdade à nossa vida e tornará a oração muito mais fácil e muito mais divertida.
>
> →→ • ←←

Deixar o Espírito Santo dirigir nossas orações trará grande liberdade à nossa vida e tornará a oração muito mais fácil e muito mais divertida. Isso nos liberta completamente do sentimento de que somos responsáveis por orar a respeito de tudo que lemos ou ouvimos, pois entendemos que só somos responsáveis por orar pelo que Deus coloca em nosso coração e pelas pessoas e situações que se encontram na esfera da nossa responsabilidade. Pessoalmente, nunca me sinto culpada quando não estou orando pelo que as outras pessoas estão orando, porque sei que Deus usa pessoas diferentes para orar em situações diferentes. Se cada um orar pelas coisas que Deus o chama a orar e permitir que o Espírito Santo dirija suas orações, o mundo inteiro será coberto!

Precisamos também nos libertar do legalismo e da obrigação quando oramos. Deus não quer que oremos porque achamos que precisamos orar ou porque achamos que devemos. Precisamos seguir o Espírito Santo e orar pelo que Ele nos levar a tratar em oração, por quanto tempo Ele nos levar a orar. Quando nossos ouvidos espirituais estiverem sintonizados à voz Dele, poderemos ouvir a Sua instrução e o Seu encorajamento. Saberemos o que importa para Ele e poderemos orar exatamente como Ele quer — e isso sempre traz resultados tremendos.

ORANDO COM A MENTE

Em seu livro *O Homem Espiritual,* Watchman Nee escreveu sobre permitir que a mente auxilie o espírito quando este parece estar em silêncio. Estou certa de que o autor não estava advogando a favor de orações vindas da nossa alma, mas quis dizer que quando vemos uma necessidade ou pensamos em algo pelo qual sentimos que devemos orar, devemos simplesmente começar a orar com base no que sabemos e esperar para ver se o nosso espírito confirma a direção em que estamos orando. Paulo disse em 1 Coríntios 14:15: "Orarei com o meu espírito [através do Espírito Santo que está dentro de mim], mas também orarei [inteligentemente] com a minha mente e entendimento" (AMP).

Nem sempre precisamos esperar sentir o fardo de Deus cair sobre nós para começarmos a orar. Podemos começar em nossa mente a procurar quais são as coisas com as quais o Espírito coopera. Nem sempre entendemos o fluxo do Espírito. Às vezes o poder do Espírito Santo é abundante e nos sentimos fortemente impelidos em uma direção ou outra, mas outras vezes precisamos confessar que Ele está totalmente em silêncio e imóvel. Nesses momentos, precisamos começar a orar de acordo com o conhecimento que temos na nossa mente. Ao fazermos isso, sentiremos o poder e o entusiasmo vindo do Espírito ou continuaremos a sentir o silêncio e a ausência da Sua ajuda. Nesse caso, devemos passar a orar por outra coisa e continuar fazendo isso até descobrirmos o que Deus tem em Seu coração para orarmos.

Quando percebemos alguma necessidade ao nosso redor, não devemos esperar até que um sentimento maravilhoso tome conta de nós e nos encha de motivação para orarmos. Começamos por fé, orando por uma necessidade da qual estamos cientes, e logo descobrirmos se estamos orando de acordo com a vontade de Deus ou não. Ou sentiremos um fluir maravilhoso na oração, no qual não precisamos nos esforçar em busca de palavras, ou sentiremos que estamos lutando, meramente tentando produzir algo espiritual para dizer por que sentimos que "devemos" orar por aquela situação. Orar no Espírito pode simplesmente significar que estamos comprometidos em não orar sem Ele. Embora possamos começar sozinhos, não perseveraremos a não ser que o Espírito Santo se una a nós e dê a Sua aprovação e a Sua energia divina.

OPOSIÇÃO EM ORAÇÃO

Realmente encontramos resistência quando procuramos seguir o Espírito Santo em oração, e muitas vezes essa oposição assume a forma de medo; não apenas medos mais intensos, como o de um desastre natural ou de uma doença terrível ou alguma outra catástrofe, mas uma sensação perturbadora de ansiedade e inquietação relacionada a coisas comuns e corriqueiras. O diabo até tenta nos fazer sentir medo de orar com ousadia. Ele quer que nos aproximemos de Deus com medo e não com fé. Ele nos lembra dos nossos pecados e imperfeições e faz com que sintamos como se não tivéssemos direito de pedir muito a Deus. A Bíblia nos ensina repetidamente a nos achegarmos com ousadia ao trono (ver Efésios 3:12; Hebreus 4:16).

Algumas pessoas vivem sua vida diária com uma constante propensão a pequenos medos, fazendo comentários do tipo: "Tenho medo de não chegar ao trabalho a tempo com este trânsito", ou "Tenho medo de queimar a carne assada", ou "Tenho medo que chova durante o jogo de futebol no sábado". Esses medos do dia a dia são medos menores, mas ainda assim impedem um estilo de vida de oração ao manter as pessoas concentradas nas suas preocupações e ansiedades. Em vez de permitir que o inimigo nos ataque com pequenas coisas e infecte a nossa vida com esses medos recorrentes de segunda categoria, precisamos orar e confiar em Deus.

Precisamos também substituir os pequenos pensamentos e conversas cheios de medo da nossa vida diária por orações curtas e simples. O meu lema é "ore por tudo e não tema nada". Quando estamos desenvolvendo um estilo de vida de oração, precisamos eliminar os hábitos e os padrões de pensamento que não promovem nem apoiam a oração. O Espírito Santo quer nos ajudar a fazer isso, então precisamos pedir a Ele que retire de nós certos hábitos negativos e nos leve a fazer o tipo de oração que nos mantém regularmente ligados a Deus pela fé ao longo do dia. À medida que continuarmos a permitir que o Espírito Santo nos dirija dessa forma, nossas orações se tornarão um hábito e serão tão fáceis para nós quanto respirar.

CRESCEMOS À MEDIDA QUE PROSSEGUIMOS

Assim como respirar nos ajuda a crescer naturalmente, um estilo devida de oração nos ajudará a crescer espiritualmente. Então, à medida que amadurecermos espiritualmente, nossa vida de oração continuará a se desenvolver e nossas orações se tornarão cada vez mais eficazes. Uma das melhores coisas sobre a oração é que o seu aprendizado é progressivo. Ela não é uma habilidade que dominamos; é um relacionamento que cultivamos e do qual desfrutamos. À medida que ele se desenvolve, aprendemos a orar com mais frequência e eficácia; aprendemos a seguir o Espírito Santo mais de perto; aprendemos a orar com mais confiança; aprendemos a ter comunhão com Deus em um nível mais profundo e a ouvir a Sua voz mais claramente.

> Uma das melhores coisas sobre a oração é que o seu aprendizado é progressivo. Ela não é uma habilidade que dominamos; é um relacionamento que cultivamos e do qual desfrutamos.
>
>

Você já foi feliz em sua vida de oração, percebendo que ela ia bem por um tempo e depois, sem nenhum motivo aparente, começou a se sentir inquieto, entediado, distraído ou cansado? Você já teve a sensação perturbadora de que alguma coisa estava errada com as suas orações ou teve um impulso de fazer algo diferente, mas não sabia exatamente o que era? Você já sentiu que estava se esforçando para orar, embora na verdade não quisesse, ou que a oração havia se tornado excessivamente trabalhosa? Na maior parte do tempo, quando você tem essa impressão, o Espírito Santo está tentando lhe dizer alguma coisa.

O seu homem interior (o seu espírito, a parte de você que tem comunhão com Deus) sabe quando alguma coisa não vai bem em sua vida de oração, porque o Espírito Santo vive no seu espírito e lhe faz saber quando as suas orações não são como deveriam ser ou quando algo precisa mudar. A boa notícia é que muitas vezes quando nos sentimos assim, Deus sabe que estamos prontos para mais e está nos impulsionando a prosseguirmos para o próximo nível. Às vezes quando nos sentimos desconfortáveis com a nossa vida de oração, Deus está tentando nos ensinar alguma coisa para nos ajudar a crescer no nosso relacionamento com Ele. Ele sempre nos *amará* do jeito que estamos, mas Ele não nos *deixará* como estamos, e isso é verdade no que diz respeito à oração bem como a outras áreas de nossa vida.

Embora Deus queira que vivamos uma vida alegre e feliz, às vezes Ele gera um descontentamento ou uma impressão de que algo não está certo porque não quer mais que continuemos a fazer as mesmas coisas de sempre. Ele quer nos estimular a buscá-lo para descobrir o que está errado porque deseja nos levar a novos níveis.

O Poder da Oração Simples 69

Talvez Ele queira que oremos de uma maneira nova ou dediquemos mais tempo à oração. Talvez esteja direcionando uma pessoa que já ora por um curto período pela manhã a separar a hora do almoço no trabalho para orar e ter comunhão com Ele. Talvez esteja direcionando uma pessoa a se aprofundar mais na área da oração para que ela possa entender o que deve fazer em seguida. Talvez Ele esteja dirigindo uma pessoa que costuma orar sozinha a se juntar a um grupo que se reúne regularmente para orar.

Deus sempre quer que fiquemos mais fortes, que nos aprofundemos mais e aumentemos nossa intimidade com Ele por meio da oração. Na maior parte do tempo, Ele nos direciona a entrarmos nesse processo de maturidade nos levando a sair dos lugares onde nos sentíamos confortáveis no passado. Nesse processo, porém, é importante entender isto: enquanto Deus está nos ensinando a orar e nos fazendo avançar no processo da oração, não precisamos nos sentir condenados ou ficar frustrados e ofendidos; precisamos descobrir se Deus está nos chamando para um novo lugar ou se é o diabo que está nos perturbando. Isto porque o desconforto, a insatisfação ou a ausência de paz na nossa vida de oração também pode ser obra do inimigo; às vezes ele faz oposição a nós crentes quando tentamos orar.

O diabo é um mentiroso e tem prazer em tentar fazer com que consideremos nossas orações inúteis e sem qualquer valor. Quando chegamos ao ponto de sentir que alguma coisa está errada em nossa vida de oração, precisamos apenas perguntar a Deus o que está acontecendo e dedicar tempo para esperar que Ele responda. Ele nos mostrará se está nos chamando para um novo nível de oração ou se o diabo está tentando roubar de nós a vida de oração que já cultivamos. Precisamos sempre nos lembrar de que ele odeia a oração em qualquer nível e vai tentar interrompê-la. Se Deus quiser que oremos (e Ele quer), quer também que a oração seja algo prazeroso para nós. Ele sempre nos aceita exatamente como somos e nunca nos condena. Ele ouvirá e atenderá até a oração mais insignificante e mais simples, quando ela vier do coração, e sempre honrará a sinceridade e a fé. Ao mesmo tempo, Deus não nos deixará ficar nesse estado de imaturidade, mas nos chamará para passarmos a níveis mais altos de fé, poder e eficácia.

A vida de oração de cada um de nós é diferente, portanto sinta-se livre para dedicar-se à oração da forma como Deus o direcionar. Orar não tem a ver com esforço, trabalho ou com tentar atingir certo desempenho; tem a ver simplesmente com falar com Deus. Conforme escrevi no capítulo 2, não precisamos nos colocar no lugar de outra pessoa ou orar com a mesma habilidade, porque ela pode estar desfrutando uma vida de oração que levou anos de prática, e talvez não estejamos tão à frente quanto ela em nossa caminhada com Deus. Não há problema em sermos "mais jovens" do que outros na oração; Deus ainda assim nos ouve e responde, independentemente de qual seja a nossa experiência. Comparar-nos com outros só nos torna infelizes. Deus está feliz simplesmente porque estamos aprendendo e crescendo.

Algumas pessoas podem fazer orações mais eficazes; outras têm mais fé; algumas entendem melhor os caminhos de Deus; outras obedecem a Deus mais rapidamente; algumas passam mais tempo estudando a Palavra. Às vezes, uma pessoa pode estar pronta para passar para um novo nível na oração, mas não consegue porque alguma questão precisa ser tratada. Por exemplo, ela pode precisar perdoar alguém para que o seu relacionamento com Deus possa melhorar. Ou pode precisar de uma revelação mais profunda do amor de Deus antes de se lançar em direção a uma oportunidade pessoal ou ministerial mais desafiadora. Entretanto, todos nós começamos em algum lugar e vamos para algum lugar. Deus nos permite começar onde quer que estejamos e depois nos ajuda a crescer.

> Nunca nos tornamos peritos graduados em oração e nunca paramos de aprender a nos comunicar com Deus; nossas experiências vão apenas se tornando melhores e mais ricas.
>
> ⤙⤜ • ⤛⤚

A oração é progressiva e todos nós passamos de um

nível para outro. Ninguém nunca "domina" a oração porque não há limite para a profundidade que podemos ter com Deus em nosso relacionamento; ele simplesmente continua crescendo, continua indo mais fundo e se fortalecendo cada vez mais. Nossa capacidade de orar se aprimora e se aperfeiçoa com o tempo. Nunca nos tornamos peritos graduados em oração e nunca paramos de aprender a nos comunicar com Deus; nossas experiências vão apenas se tornando melhores e mais ricas.

Talvez você não tenha chegado ao seu destino final, mas pode agradecer a Deus por estar no caminho que o levará até ele. Desde que esteja fazendo progresso, realmente não importa se você está rastejando, andando ou correndo. Simplesmente continue seguindo em frente!

RESUMO

Deus realmente quer que desfrutemos de um tempo reservado para a oração, mas Ele tem muito mais para nós! Ele anseia que façamos continuamente orações simples. Ele quer que vivamos uma vida de oração e oremos ao longo de cada dia. O desejo Dele é que o nosso coração seja sensível às muitas coisas que Ele faz por nós e nos lembremos de dizer um rápido "Obrigado, Senhor!". Ele está ávido para que peçamos a Ele tudo que precisamos em todas as situações e mantenhamos um diálogo constante com Ele enquanto realizamos nossas atividades diárias. Deus nos ama e quer que estejamos cientes da Sua presença em todo o tempo; e Ele quer estar em comunhão constante conosco à medida que fazemos da oração um modo de vida.

Nunca paramos de aprender a orar de forma mais eficaz e nunca paramos de descobrir as riquezas existentes em nossa comunicação com Deus. À medida que permitirmos que o Espírito Santo nos dirija, nossa vida de oração se tornará mais rica, mais profunda, mais empolgante e mais eficaz. A oração é uma experiência progressiva, e continuamos nos aprimorando ao avançarmos em sua prática. Se permanecermos sensíveis ao Espírito Santo, orarmos as orações de Deus e estivermos dispostos a fazer ajustes na maneira como oramos a fim de sermos dirigidos por Ele, Deus continuará a nos levar a novos níveis de maturidade em nossa vida espiritual e de intimidade na oração.

Chaves para a Oração

→→ Devemos orar "em todo o tempo, em todas as ocasiões, em todos os momentos". Podemos orar a qualquer hora, em qualquer lugar, e a oração deve ser tão fácil e natural quanto respirar.

→→ Pensar que eu *preciso me lembrar de tal e tal coisa quando for orar* é uma tática do inimigo para ganhar tempo. Deus ouve as orações sinceras, curtas e imediatas assim como ouve todas as outras orações.

→→ A maioria de nós vive ocupado, mas podemos orar enquanto fazemos outras coisas. Precisamos aproveitar ao máximo o nosso tempo.

→→ Também devemos orar "no Espírito", o que significa orar as orações de Deus em vez das nossas próprias orações, e deixar que o Espírito Santo nos dirija.

→→ Lembre-se de que a oração é algo progressivo. Quando parecer que está faltando alguma coisa em nossa vida de oração, pode ser que Deus queira nos levar a um novo nível de maturidade, de fé ou de eficácia na forma de nos expressarmos em oração.

→→ Deus quer que oremos, e quer que tenhamos prazer em orar.

4

O Poder da Oração

➤➤ Creio que a oração é um dos maiores poderes disponíveis em todo o universo. Essa é uma afirmação ousada, eu sei, levando em consideração todos os outros tipos de poder que podem ser obtidos hoje, mas estou convencida sem a menor dúvida de que isso é verdade. Quando pensamos no poder atômico, pensamos em forças maiores do que podemos imaginar. Quando pensamos em algo tão básico quanto a força do combustível de uma motocicleta na estrada, pensamos em algo extremamente barulhento, intenso e potencialmente perigoso.

Mas qualquer tipo de poder na terra não significa nada no céu. O poder atômico poderia exterminar toda uma cidade cheia de pessoas, mas não poderia dar a elas vida eterna. Esse poder um dia capturou a atenção de todas as nações da terra, mas nunca curou um coração partido. A força do combustível nos leva para onde quisermos no mundo, mas não nos ajuda a fazer nenhum progresso espiritual em nossa vida ou a avançar em direção a Deus. O poder que conhecemos no mundo físico é natural, mas o poder da oração é espiritual. Como mencionei anteriormente, a oração abre as portas para Deus operar. Ela é a atividade na qual você e eu podemos nos engajar na terra quando precisamos que o poder do céu entre em nossa vida e traga sabedoria, direção, encorajamento, ou uma reviravolta milagrosa. A oração libera o poder do Deus Todo-poderoso em nossas vidas diárias, e o poder da oração está no fato de nos conectar ao poder de Deus — e justamente por isso é uma força maior do que qualquer outra que podemos imaginar.

Somente o poder da oração pode mover a mão de Deus. E só o poder de Deus pode mudar o coração de alguém, libertar uma pessoa do cativeiro e do tormento, ajudar a superar decepções e tristezas profundas, quebrar o poder de um vício ou curar emoções. Só o poder de Deus pode gerar paz, dar alegria, conceder sabedoria, colocar um sentimento de valor e propósito sobre uma pessoa que não sabe mais o que fazer, e operar toda espécie de milagres. Só o poder de Deus pode restaurar a confiança e a intimidade em um casamento no qual ambos estão tão zangados e feridos que o divórcio parece ser a única opção. Na verdade, você sabia que a taxa atual de divórcios nos Estados Unidos é de 50%, mas que quando os casais oram juntos em seu lar, essa taxa é de apenas 3%?[1] Ora, *isso* é um testemunho do poder de Deus e do poder da oração.

O maravilhoso e tremendo poder de Deus — a maior liberação de poder do universo — é liberado em nossa vida por meio da oração simples, cheia de fé. Pelo fato de podermos orar, somos pessoas ordinárias com um poder extraordinário; somos pessoas naturais que podem viver uma vida sobrenatural. Podemos superar problemas que achávamos que nunca superaríamos; podemos fazer coisas que ninguém acredita que poderíamos fazer; podemos tomar decisões brilhantes; podemos andar em vitória sobre os grandes desafios da vida e sobre as inconveniências diárias — desde que estejamos ligados ao poder de Deus, o que só é possível por meio da oração.

> Pelo fato de podermos orar, somos pessoas ordinárias com um poder extraordinário; somos pessoas naturais que podem viver uma vida sobrenatural.

A ORAÇÃO LIBERA O PODER DE DEUS

Todos nós precisamos do poder de Deus em nossa vida, e a oração é a dinâmica que libera esse poder, às vezes de forma incrível. Um dos melhores exemplos bíblicos disso é a historia de Josafá, rei de Judá, em 2 Crônicas 20. Muitos "itas" — os moabitas, os amonitas e os meunitas — foram lutar contra Josafá e suas tropas. A Bíblia diz que essas nações formavam uma "grande multidão" contra Judá e que Josafá teve medo delas. Mas ele começou a orar e jejuar, e convocou todo o povo de Judá a fazer o mesmo. Lemos que "Reuniu-se, pois, o povo, vindo de todas as cidades de Judá para buscar a ajuda do Senhor" (2 Crônicas 20:4). Enquanto as pessoas oravam juntas, o Espírito de Deus veio sobre um homem chamado Jaaziel e ele começou a profetizar: "Ele disse: 'Escutem, todos os que vivem em Judá e em Jerusalém e o rei Josafá! Assim lhes diz o Senhor: 'Não tenham medo nem fiquem desanimados por causa desse exército enorme. Pois a batalha não é de vocês, mas de Deus...Vocês não precisarão lutar nessa batalha. Tomem suas posições; permaneçam firmes e vejam o livramento que o Senhor lhes dará'" (2 Crônicas 20:15-17).

Depois das orações, depois de orarem, jejuarem, buscarem juntos a Deus e de ouvirem a palavra profética de que Ele lhes daria a vitória, Josafá começou a colocar em prática a estratégia para a vitória. Ele "nomeou alguns homens para cantarem ao Senhor e o louvarem pelo esplendor de sua santidade, indo à frente do exército, cantando: 'Dêem graças ao Senhor, pois o seu amor dura para sempre'" (2 Crônicas 20:21). Antes de prosseguirmos, quero que você entenda que louvor e ações de graças são tipos de oração. Escreverei sobre isso com mais detalhes no capítulo 5, mas por ora quero que você preste especial atenção aos resultados dessas orações: "Quando começaram a cantar e a entoar louvores, o Senhor preparou emboscadas contra os homens de Amom, de Moabe e dos montes de Seir que estavam invadindo Judá, e eles foram derrotados" (2 Crônicas 20:22).

Quando oramos, Deus age. Vou lembrar a você mais uma vez: a oração abre as portas para Deus operar. No caso de Josafá, os inimigos terminaram em total confusão e destruíram-se uns aos outros, enquanto o povo de Judá realmente via o livramento de Deus. Eles haviam sido fiéis em fervorosa oração, e o resultado foi que Deus lutou e venceu a batalha por eles. O poder da oração fez com que eles prevalecessem!

Um Milagre dos Nossos Dias

A vitória de Judá é uma história tremenda sobre o poder da oração para trazer vitória à nossa vida. O poder de Deus liberado por meio da oração é tão real e válido hoje quanto nos dias do Antigo Testamento. Recentemente tomei conhecimento de um testemunho tremendo do poder da oração.

A maioria das pessoas nos Estados Unidos e muitos em todo o mundo se lembram do terrível e trágico tiroteio na Escola Secundária de Columbine, em Littleton, Colorado, em abril de 1999. Uma das vítimas feridas naquele dia foi um jovem chamado Mark Taylor, cuja história foi transmitida pelo noticiário *Rocky Mountain News*.

Mark foi um dos primeiros alunos feridos naquele dia. Ele estava do lado de fora esperando para entrar na lanchonete quando o tiroteio começou. Ele se lembra de sentir a dor insuportável do primeiro tiro e de ver o sangue jorrar do seu corpo enquanto gritava: "Ó, meu Deus, ajuda-me!". Quando tudo terminou, ele havia recebido dois tiros nas costas e cinco tiros no peito, perfurando seu baço e rasgando a região logo atrás de sua veia aorta. "Eu estava sentindo tanta dor que mal podia respirar", lembra Mark. Ele se lembra de que vários alunos passaram por cima do seu corpo ensanguentado ao fugirem dos atiradores. Acharam que ele estava morto. "Ninguém me ajudava", disse Mark, mas "Deus me ajudou".

Mark teve medo de morrer enquanto ia de ambulância até um hospital próximo. "Clamei a Deus que me salvasse, e Ele atendeu à minha súplica. Eu soube disso naquele instante e tive certeza de que Deus ia salvar minha vida".

O médico da família de Mark lembrou-se de ter falado com o cirurgião que iria operá-lo e de ter ouvido: "Estou olhando para um homem morto". Mas isso não era verdade. Deus ouviu as orações de Mark naquele dia, e depois da cirurgia e do tratamento hospitalar, ele se recuperou das lesões.[2]

O PODER DA ORAÇÃO HOJE

Eu não apenas leio histórias como a de Mark e ouço as pessoas falarem sobre o poder da oração, como também o vi agindo em minha própria vida, na de minha família, e na vida de inúmeras pessoas. Muitas vezes, durante nossas conferências e no nosso programa de televisão, oro por várias necessidades que percebo haver na vida de meus ouvintes. Não preciso saber dos detalhes da situação de cada um; apenas oro com fé de que Deus sabe e fará o que é melhor para eles. Também recebemos pedidos de oração por telefone e pelo nosso site, e nossas equipes de oração são diligentes em orar por eles. Ao longo dos anos, ouvimos muitos outros relatos milagrosos e eu gostaria de compartilhar alguns testemunhos recentes com você, como uma evidência ainda maior do poder da oração:

- Susie foi ao médico antes de assistir a uma de nossas conferências recentes para mulheres. O diagnóstico foi de cálculos biliares. Durante a conferência, orei e pedi a Deus para tocar as pessoas com o Seu poder de cura. Quando Susie voltou para casa e fez os mesmos exames novamente, seus cálculos biliares tinham desaparecido.
- Por telefone, nosso intercessor orou por uma mulher que precisava desesperadamente de uma renda. Ela estava traba-

lhando como voluntária em um emprego que amava havia anos; logo depois que oramos, foi-lhe oferecida a mesma posição, com um salário.

- Uma mulher que fumava havia vinte e cinco anos finalmente conseguiu abandonar o cigarro depois de receber oração em uma de nossas conferências.
- Denise estava inválida há muitos anos. Ela não conseguia ficar de pé e sentia dores tremendas. Depois de me ouvir orar por cura em uma transmissão do nosso programa de TV, Denise adormeceu. Quando acordou, estava livre das dores e pôde ficar de pé.
- Mary telefonou para a equipe de intercessão extremamente angustiada porque ela e seu marido não tinham dinheiro algum. Ele havia conseguido um emprego recentemente, mas precisava dirigir por mais de 160 quilômetros para ir e voltar do trabalho. Logo depois que começou a trabalhar, o motor de seu carro quebrou e eles não conseguiram pagar para consertá-lo. Depois de uma hora orando com nossos intercessores, ela recebeu um telefonema da companhia de seguros, informando que haviam cometido um erro contábil e por isso estavam enviando para eles um cheque de 1.200 dólares.
- Victoria telefonou para os nossos intercessores depois de saber que seu neto iria morrer em consequência de um grave acidente de carro. Ela estava de pé em um quarto de hospital vendo os médicos se preparando para desligar os aparelhos que o mantinham vivo enquanto, por telefone, ela orava conosco. Mais tarde ela telefonou para relatar que seu neto havia tido uma recuperação milagrosa, restabelecendo-se completamente.
- Uma presidiária nos escreveu pedindo oração por seu filho adolescente, que havia sido diagnosticado com a doença de Cushing e estava em tratamento havia seis anos. Depois que essa mãe e nossas equipes oraram, recebemos outra carta

nos informando que os médicos disseram não haver mais sinais de doença no corpo do jovem.

Também quero compartilhar com você um dos testemunhos mais notáveis recebidos pelo Ministério Joyce Meyer, um testemunho que acredito irá fortalecer sua fé e servirá como um grande encorajamento para você no desenvolvimento de sua vida de oração.

Minha mãe foi diagnosticada com câncer de ovário e útero. Quando fomos ao médico, ela assinou os formulários autorizando sua histerectomia e também uma colostomia (caso o câncer tivesse invadido seus intestinos). Basicamente, foi-nos dito que nos preparássemos para o pior. Escrevi e pedi que você orasse por ela. Você respondeu com uma carta gentil informando ter equipes de intercessores que estariam orando. Solicitei a ajuda de todos os meus amigos, de um lado a outro do país, assim como dos colegas de trabalho. Meu marido e minha irmã também pediram a todos os seus amigos que orassem. Sei em meu coração que Deus ouve a minha simples oração, mas eu queria muitas vozes clamando ao céu só para ter certeza de que Ele ouviria.

Quando chegou o dia da cirurgia, perguntei à equipe do hospital se eu poderia orar por ela antes de levarem minha mãe para a cirurgia. Eles concordaram. Na presença de meu pai e de minha mãe, pedi a Deus que desse à equipe médica "habilidade nas mãos, compaixão no coração e conhecimento na mente". Também pedi a Deus que eles tratassem minha mãe como tratariam seus entes queridos. Eu havia sido bastante calma e impassível até então, mas naquela hora, chorei. Logo depois ela foi levada para a cirurgia.

Exatamente duas horas depois da cirurgia, o médico saiu. Ele pediu que meu pai e eu fôssemos até uma sala de conferências. Naquele instante, o medo tomou conta de nós.

Nós nos sentamos e o médico passou a mão nos cabelos. Ele olhou direto nos nossos olhos e disse algo que jamais esquecerei enquanto eu viver: "Não consegui encontrar nenhum câncer. Procurei por toda parte. Abri regiões onde ele poderia estar se escondendo; pedi ao o pa-

tologista várias análises microscópicas. Não consegui sequer encontrar o lugar onde o tumor estava no Raio-X".[3]

A carta prosseguia dizendo que aquela mulher sentiu pouquíssima dor em uma cirurgia que é geralmente dolorosa, e teve alta do hospital em três dias. Esse é um testemunho realmente milagroso do poder da oração!

As pessoas que telefonam para o nosso ministério, enviam pedidos de oração, assistem às nossas conferências e aos nossos programas de TV e rádio, são pessoas comuns do nosso dia a dia, como você e eu. São pessoas reais com situações de vida reais, assim como a sua e a minha. O poder da oração fez a diferença na vida delas, até mesmo e especialmente em meio a obstáculos aparentemente intransponíveis. O poder da oração pode fazer a diferença na sua vida também. A oração traz o poder de Deus sobre as situações da nossa vida, e quando o poder de Deus toca uma situação, ela não pode continuar a mesma; ela *tem* de mudar.

> A oração traz o poder de Deus sobre as situações da nossa vida.

O PODER EM PERSPECTIVA

Muitas vezes, quando pensamos em "poder", pensamos em algo que acontece rapidamente, com uma velocidade e uma força quase milagrosa. Mas o poder da oração não é determinado pelo fato de os resultados ocorrerem instantânea ou drasticamente. Na verdade, Tiago 5:16, que menciono com frequência neste livro, nos ensina que uma maneira pela qual um poder tremendo se torna disponível quando oramos é através da "oração ardente (sincera, *incessante*)" (ênfase da autora). As orações que exigem diligência e fidelidade ao longo do tempo são igualmente poderosas, e sabemos que todas as vezes que Deus responde à oração realizando algo que parece totalmente impossível, esse é um testemunho do seu poder.

Há anos, quando Dave e eu nos casamos, ele simplesmente não conseguia entender todos os problemas que eu tinha com a minha personalidade devido aos abusos que sofri quando criança e jovem. Pelo fato de que eu era uma pessoa de difícil relacionamento, Dave costumava passar tempo a sós, orando a Deus para que Ele me transformasse e lhe desse forças para continuar casado. Dave conta que ele raramente tinha certeza do que fazer, mas depois de orar, começava a perceber pequenas mudanças em mim. Com o tempo, ele pôde ver o impacto poderoso de suas orações. Veja, eu realmente comecei a mudar quando Deus começou a me curar emocionalmente, e hoje posso dizer sinceramente que Deus transformou a minha personalidade.

> O poder da oração não é determinado pelo fato de os resultados ocorrerem instantaneamente ou drasticamente.

Tenho certeza de que algumas vezes Dave se sentia desanimado e queria desistir. Embora orar continuamente por mim fosse difícil para ele, o importante é que ele continuou orando, mesmo quando era difícil ver o progresso. Ele entendia o poder da oração perseverante, e suas orações certamente fizeram a diferença em minha vida! Não tenho certeza se teria o ministério que tenho hoje se Dave não tivesse permanecido forte nessa área e não tivesse continuado a orar por mim e pela nossa situação.

Quero encorajá-lo agora mesmo a não desistir das situações pelas quais está orando — mesmo que você esteja orando por alguém ou por alguma circunstância por dias, meses ou anos. Tenha certeza, Deus está trabalhando a seu favor mesmo que você não veja os resultados imediatamente. Oração *é algo* poderoso. Até mesmo quando as respostas parecem demorar a chegar, ela pode abrir a porta para Deus mudar as situações que parecem mais desesperadoras em sua vida.

Em outra situação familiar há alguns anos, precisei orar sem parar por meu filho mais velho, David, antes de começar a ver a guinada que eu esperava. David foi o meu filho "difícil" por muitos anos. Nossas personalidades se chocavam e eu percebia que ele estava sempre se opondo a mim, independentemente do que eu fizesse. Seu temperamento era ativo, difícil de agradar, e ele era extremamente inseguro. Parecia querer constantemente que Dave e eu provássemos que o amávamos.

Quando ele cresceu e se tornou um homem, passou a ser uma pessoa de difícil convivência. Tinha um bom coração, mas sua carne era voluntariosa! Ele trabalhava conosco, o que só aumentava os nossos desafios por estarmos juntos o tempo todo. Eu havia orado durante muitos anos por várias coisas que percebia nele e que realmente precisavam mudar. À vezes, eu realmente via alguns resultados, mas por fim ele parecia voltar a ser o mesmo de sempre. Em diversas ocasiões, Dave e eu nos sentávamos e o corrigíamos com severidade. Quando fazíamos isso, ele mudava, mas como eu disse, isso nunca durava por muito tempo. Para ser sincera, ele era muito parecido comigo há tempos atrás, mas Deus estava trabalhando em minha vida e me transformando, então eu me esforçava terrivelmente tentando ser paciente com ele.

Lembro-me de um dia quando eu estava extremamente frustrada e decidi que simplesmente não podíamos continuar trabalhando juntos. Eu achava que seria melhor para nós se tentássemos ter um relacionamento de mãe e filho sem precisarmos lidar também um com o outro diariamente no trabalho. Estava cansada de orar e basicamente tomei a decisão de lavar as mãos com relação a todo aquele caos. Eu ia despedi-lo, e pronto! Simplesmente havia desistido de ter esperança de que um dia ele mudasse; na verdade, eu não queria mais lidar com aquela situação. Esqueci-me de que a oração é poderosa, até (e principalmente) nas situações aparentemente mais desesperadoras.

Eu estava a caminho do trabalho para falar com ele quando ouvi claramente Deus falar ao meu coração: "Joyce, não desista do David". A mensagem de Deus ao meu coração era inegável, e eu soube que precisava continuar orando e esperando.

Finalmente, David realmente mudou. Não foi da noite para o dia, mas pouco a pouco, assim como todos nós mudamos. Agora temos um bom relacionamento e trabalhamos juntos no ministério. David é o CEO do nosso programa mundial de missões e está fazendo um trabalho fantástico. Viajamos juntos com alguma frequência e ficamos um com o outro por duas ou três semanas seguidas, e raramente temos sequer um momento de tensão.

> Deus é capaz de fazer qualquer coisa. Tudo é possível para Ele, mas não devemos parar de orar.
>
> ➤➤ • ◄◄

Deus é capaz de fazer qualquer coisa. Tudo é possível para Ele, mas não devemos parar de orar. Algumas orações são respondidas muito depressa e outras exigem mais tempo. Se você tem um filho que o frustra ou alguma outra situação pela qual está cansado de orar, eu o encorajo a não esmorecer e nem desistir. Hoje fico realmente feliz por não ter feito isso. Você verá o dia em que as sementes que plantou com lágrimas serão colhidas com alegria. Basta continuar confiando em Deus. Continue acreditando que haverá uma guinada, continue se lembrando de que a oração é realmente poderosa — e você verá mudanças.

QUANDO O POVO DE DEUS ORA

Confio que a sua fé está sendo fortalecida à medida que você lê sobre o poder da oração na vida das pessoas, e espero que entenda que Deus não tem favoritos. Ele está disposto e é capaz de agir poderosamente tanto em resposta às suas orações quanto em resposta às orações das pessoas que menciono neste livro. O poder da oração não é nada de novo e encontramos muitas histórias tremendas sobre ele ao longo de toda a Bíblia. O profeta Jeremias certamente estava certo quando orou a Deus dizendo: "Nada há que te seja demasiado difícil" (Jeremias 32:17, NKJV). Tanto no Novo quanto no Antigo Testamento, as pessoas oravam ao Deus para Quem nada é impossível, e Ele as atendia de forma poderosa. Dê uma olhada no que aconteceu com algumas delas.

Ana

Uma mulher que não pode conceber um filho está em uma situação desesperadora. Hoje, os avanços na tecnologia da medicina ajudaram a tornar isso uma possibilidade, mas nos dias do Antigo Testamento, não havia tais procedimentos médicos disponíveis. Uma mulher estéril realmente não tinha esperança. Durante anos, Ana quis um filho mais do que qualquer outra coisa no mundo. Chegou o dia em que ela orou a Deus e pediu a Ele para fazer o impossível. O que aconteceu? Contra todas as probabilidades, Samuel nasceu e cresceu para ser um grande profeta e sacerdote em Israel.

Elias

Somente o poder de Deus pode trazer vida a algo ou a alguém que está morto. A passagem de 2 Reis 4:8-36 nos fala de uma mulher conhecida apenas como "a mulher sunamita", que demonstrou bondade para com o profeta Elias durante suas viagens. Elias profetizou que ela e seu marido teriam um filho dentro de um determinado tempo, e eles o tiveram. Vários anos depois, porém, o menino morreu e ela mandou chamar Elias. Quando o profeta chegou, sabia que o menino estava morto, mas entrou no quarto dele, fechou a porta e "orou ao Senhor" (2 Reis 4:33). A carne do menino logo se aqueceu, depois ele espirrou sete vezes e abriu os olhos.

Ezequias

O rei Ezequias do Antigo Testamento estava muito enfermo, na verdade estava quase morto quando o profeta Isaías foi visitá-lo com uma mensagem de Deus. "Assim diz o Senhor: Ponha em ordem a sua casa, pois você vai morrer; não se recuperará" (2 Reis 20:1). Mas Ezequias queria desesperadamente viver, então ele começou de imediato a chorar amargamente e a orar fervorosamente, dizendo: "Lembra-te, Senhor, como tenho te servido com fidelidade e com devoção sincera. Tenho feito o que tu aprovas". Antes que Isaías sequer tivesse tempo de deixar o palácio, Deus falou com ele novamente, dizendo que voltasse a Ezequias e lhe dissesse: "Assim diz o Senhor... Ouvi sua oração e vi suas lágrimas; eu o curarei" (2 Reis 20:5). A oração de Ezequias tinha poder. Deus não apenas o curou, mas acrescentou quinze anos à sua vida (ver 2 Reis 20:6).

Zacarias

Como Abraão e Sara no Antigo Testamento, o Novo Testamento tem a sua história de pessoas que eram velhas demais para ter filhos. Estou falando de pessoas para quem é *biologicamente impossível* conceber um filho. Mas devemos nos lembrar de que a oração tem poder. Zacarias, um sacerdote idoso, queria ter um filho com sua mulher Isabel, e recebeu a visitação de um anjo que lhe disse: "Não tenha medo, Zacarias; sua oração foi ouvida. Isabel, sua mulher, lhe dará um filho, e você lhe dará o nome de João" (Lucas 1:13). Esse filho milagroso, fruto da oração de seus pais, veio a ser João Batista, aquele que anunciou a vinda de Jesus.

86 O Poder da Oração

Pedro

Como resultado direto da oração, Pedro foi libertado milagrosamente da prisão, onde estava acorrentado e guardado por dezesseis soldados (ver Atos 12:4,6). Depois de sua prisão, as pessoas na igreja perseveravam fervorosamente em oração por ele e, de acordo com Atos 12:5, Deus ouviu as suas orações e enviou um anjo para despertá-lo do seu sono e conduzi-lo para fora da prisão. Quando o anjo o despertou, suas cadeias caíram. O anjo instruiu-o a colocar as sandálias e a capa e a segui-lo. Essa situação foi tão milagrosa que Pedro pensou estar tendo uma visão. Ele seguiu o anjo passando pelos guardas externos da prisão, até um portão de ferro que dava para a cidade. O portão abriu sozinho; o anjo desapareceu e Pedro estava livre. Milagres acontecem quando as pessoas oram!

Em outra ocasião, uma querida mulher chamada Tabita morreu na cidade de Jope. As pessoas da região ouviram falar que Pedro estava na cidade vizinha, então mandaram chamá-lo e ele foi até eles. Quando chegou, encontrou muitos amigos de Tabita chorando em seu quarto, obviamente muito angustiados com sua morte. Atos 9:40 diz que "Pedro mandou que todos saíssem do quarto; depois, ajoelhou-se e orou. Voltando-se para a mulher morta, disse: 'Tabita, levante-se. Ela abriu os olhos e, vendo Pedro, sentou-se". Isso sim é uma oração de poder!

O PODER DAS ORAÇÕES DE JESUS

Ao encerrarmos este capítulo, gostaria de compartilhar com você uma verdade que Deus tornou real para mim certo dia, algo que realmente me encorajou em minha vida de oração. É sobre o poder das orações de Jesus.

Eu estava tão cansada de orar e sentir que havia algo errado com a minha vida de oração, que finalmente disse ao Senhor um dia: "Por que me sinto assim? Estou orando todos os dias. Estou pas-

O Poder da Oração Simples

sando bastante tempo em oração. Por que chego ao final do meu tempo de oração e me sinto tão insatisfeita? Sinto como se não tivesse funcionado. Acho que eu devia estar fazendo mais alguma coisa. Talvez eu precise orar mais tempo...". Deus me respondeu: "Isso acontece porque você acha que não está fazendo orações perfeitas. Você acha que não está orando direito. Você acha que *você* não está certa".

Percebi que era verdade; eu não sentia que estava "certa". Tinha sempre um medo perturbador que fazia com que dissesse a mim mesma: "Bem, sabe, eu não estou orando com fé suficiente ou não estou orando por tempo suficiente ou não estou orando pelas coisas certas".

Deus me libertou desse medo quando me disse: "E sabe de uma coisa, Joyce? Você está certa. Você não está fazendo orações perfeitas. Você não é perfeita e é por isso que tem Jesus como seu Intercessor".

Depois Ele prosseguiu: "Quando as suas orações chegam a mim, eu ouço orações perfeitas porque Jesus as intercepta — é isso que um intercessor faz. Ele as intercepta; Ele as interpreta; Ele conserta todas elas; e quando chegam a mim, elas soam como orações perfeitas feitas por uma pessoa perfeita".

Quando entendi isso, orar para mim se tornou mais fácil porque eu já não estava mais com a sensação de que precisava ser perfeita. Estava livre para orar o melhor que podia e confiar em Jesus, o Intercessor, para apresentar as minhas orações de forma aceitável ao Pai.

Sabemos que Jesus ora por nós. Em Lucas 22:32, Ele diz a Pedro: "Mas eu orei especialmente por você...". Em João 7:9, Ele diz com relação aos Seus discípulos: "Eu rogo por eles". Nesse mesmo capítulo, Ele continua dizendo: "Minha oração não é apenas por eles. Rogo também por aqueles que crerão em mim, por meio da mensagem deles", e isso significa você e eu (João 17:20). Do mesmo modo, Hebreus 7:25 nos diz que "Ele é capaz de salvar definitivamente aqueles que, por meio dele, aproximam-se de Deus, pois vive sempre para interceder por eles", e Romanos 8:34 nos ensina que Jesus "está à direita de Deus e também intercede por nós". Jesus é o nosso intercessor, e Ele *vive* para orar por nós!

O que um intercessor faz? Um intercessor fica na brecha que existe entre Deus e uma pessoa. Todos nós temos uma brecha entre Deus e nós. Em outras palavras, não somos tão santos como Ele é; não somos tão perfeitos como Ele é; não somos tão sábios como Ele é; mas Jesus está bem ali, na brecha, unindo Deus e eu — ou Deus e você — para que possamos ter comunhão com Ele e Ele possa responder às nossas orações. Não é tremendo saber que se nosso coração estiver reto e se crermos em Jesus, Ele interceptará, consertará, e cuidará de cada coisa imperfeita que fizermos?

> Todas as nossas orações passam pelo filtro da intercessão de Jesus.
>
> ⤙⤚ • ⤛⤜

Precisamos orar e esperar que nossas orações sejam poderosas na esfera espiritual — não por causa de nós mesmos ou da nossa maneira de orar, mas por causa de Jesus e da Sua intercessão. Não vamos orar corretamente 100% das vezes, mas Jesus vai. Nas palavras de Andrew Murray, parte do Seu ministério é "a intercessão por meio da qual nossas orações indignas se tornam aceitáveis".[4] Todas as nossas orações passam pelo filtro da intercessão de Jesus. Ele está sempre intercedendo por nós, tornando nossas orações aceitáveis a Deus. E quando nossas orações são aceitáveis a Deus, Ele as ouve e libera poder em nosso favor.

RESUMO

Não há maior poder disponível a qualquer pessoa do que o poder da oração. Até mesmo a força mais poderosa, que inspira mais assombro na terra, é impotente se comparada ao poder de Deus.

Precisamos dele nas circunstâncias e situações diárias que nos envolvem, e é a oração que nos liga ao poder de Deus e torna possível a liberação desse poder em nossa vida.

Muitas pessoas têm histórias maravilhosas sobre o poder da oração. Quando você ouvir ou ler esses relatos, deixe que o encorajem e edifiquem a sua fé. Quando Deus se mover poderosamente em sua vida, certifique-se de compartilhar isso com outros, a fim de que eles também possam ver o quanto Deus é tremendo e quanto poder há na oração.

Nunca precisamos nos esforçar para fazer orações perfeitas porque Jesus intercede por nós. A intercessão Dele é sempre perfeita e Ele está sempre intercedendo por nós. Então podemos confiar que Deus ouve o nosso coração enquanto oramos e será fiel em responder. A oração é poderosa, sendo assim, se você quer poder em sua vida, poder sobre as circunstâncias, poder nos seus relacionamentos, poder para tomar as decisões certas, poder para ter êxito, poder sobre *qualquer coisa*, ore!

Chaves para a Oração

→→ A oração é o maior poder do universo. Ela é maior que qualquer outro tipo de poder porque é espiritual e não natural. A oração libera o poder de Deus em nossa vida e nas situações que nos cercam.

→→ Leia e ouça testemunhos do poder da oração, e compartilhe suas próprias histórias. Isso edificará a sua fé e a de outros.

→→ A oração é poderosa, mesmo quando você sente que precisa continuar orando por mais tempo do que gostaria ou quando acha que a resposta está demorando demais para chegar. Nunca seja tentado a duvidar do poder da oração!

→→ Desde os dias do Antigo Testamento até agora, as pessoas têm experimentado o poder da oração.

➤ Jesus é o nosso Intercessor. Ele interceptará nossas orações imperfeitas e as entregará ao Pai como orações perfeitas feitas por uma pessoa perfeita.

5

Louvor, Adoração e Ações de Graças

A Bíblia nos ensina muitos tipos diferentes de oração, e nos próximos capítulos vamos dar uma olhada em vários deles porque quanto melhor você entender os diferentes tipos de oração, com mais eficácia poderá orar. Primeiramente, quero me concentrar no louvor, na adoração e nas ações de graças, porque essas são as orações mais simples que podemos fazer e capazes de liberar um grande poder em nossa vida. Talvez você não tenha considerado o seu louvor, a sua adoração e as suas ações de graças como orações, mas eles são — porque cada um deles é uma maneira de apresentar o seu coração a Deus e de se comunicar com Ele.

Quando uso os termos "louvor", "adoração" e "ações de graças", estou me referindo a algo mais profundo e mais sincero do que muitos de nós fazemos na igreja. Estou falando sobre se comunicar com Deus de todo o nosso coração, com sinceridade total e grande paixão. Tentar definir *louvor, adoração* e *ações de graças* em separado é um desafio porque eles são semelhantes por natureza e funcionam da mesma maneira na esfera espiritual. Assim, em nome da simplicidade, deixe-me descrever "louvor" como a nossa resposta a Deus pelo que Ele fez, está fazendo e vai fazer; e deixe-me descrever "adoração" como a nossa resposta a Ele por quem Ele é. Em outras palavras, podemos considerar que o louvor tem relação com os atos de Deus, ao passo que a adoração tem relação com o Seu caráter. Em geral experimentamos as três coisas — louvor, adoração e ações de graças — durante o culto na igreja ou durante uma conferência. Estas reuniões em geral são iniciadas com um hino ou um cântico de louvor; depois talvez alguém faça uma oração ou leia algo como uma expressão ou forma de adoração. Às vezes, nestes ambientes, as pessoas estão realmente empenhadas em louvar e adorar a Deus e às vezes parecem estar entediadas, seguindo meramente uma fórmula de comportamento predeterminada. Mas sei que o louvor, a adoração e as ações de graças são tão poderosos que devo lhe dizer uma coisa: anseio por ver um respeito maior pelo louvor e a adoração em nossas igrejas e em nossos cultos. Digo isso porque conheço o poder do louvor e da adoração a Deus. Encorajo você a sempre estar sentado no seu lugar na igreja quando o culto começar, a não ser que tenha uma emergência inevitável. Creio que devemos respeitar o momento do louvor e da adoração valorizando-o tanto quanto valorizamos o ensino da Palavra de Deus. Se estivermos atrasados para um culto por algum motivo, devemos nos sentar em silêncio no local sem perturbar os outros que estão sinceramente tentando adorar a Deus.

Anseio pelo dia em que entraremos nas salas de conferência ou nos cultos das igrejas e veremos todos louvando, adorando e agradecendo a Deus com paixão, zelo e entrega total. Almejo ver o dia em que esperaremos com ansiedade o momento de adorar a Deus, de colocar de lado os nossos problemas e as nossas pressões — e seremos cheios de louvor, adoração e ações de graças, tão cheios na verdade a ponto do que está em nós fluir naturalmente de nossos lábios nas conversas e cânticos. Aguardo pelo dia em que seremos tão cativados pelo Senhor e tão transbordantes de louvor e gratidão que nem sequer seremos tentados durante o louvor e adoração do culto a olharmos em volta para ver quem está presente na igreja ou o que eles estão vestindo!

O Poder da Oração Simples 93

Deus responde a esse tipo de louvor e adoração coletivo que acontece de forma respeitosa e sincera. Ele envia a Sua glória — a Sua presença e o Seu poder manifestos — para as pessoas que estão realmente louvando e adorando a Ele. E quando a Sua glória vem, milagres acontecem, pessoas são curadas e transformações ocorrem de dentro para fora.

Não é isto que você está realmente buscando na sua vida de oração? Você não está orando principalmente porque quer ver algum tipo de mudança ou transformação em alguma área de sua vida? Se você está orando por um novo emprego, isso é mudança. Se você está orando para que um ente querido venha a conhecer o Senhor, isso é mudança. Se está pedindo a Deus para se revelar mais a você e para ajudá-lo a crescer em maturidade espiritual, isso é mudança. Se está orando para que o adolescente que mora na sua rua pare de usar drogas e coloque a vida nos trilhos, isso é mudança. Se você está pedindo a Deus para ajudá-lo a não perder a calma com tanta facilidade, isso é mudança.

> Seja qual for o motivo da nossa oração, uma das melhores maneiras de começar é com louvor, adoração e ações de graças.
>
> ⇥ • ⇤

Seja qual for o motivo da nossa oração, uma das melhores maneiras de começar é com louvor, adoração e ações de graças. Eles manterão o nosso coração reto diante de Deus e abrirão caminho para a mudança acontecer. São orações simples, mas também são dinâmicas espirituais poderosas, sendo possível experimentar o seu poder em todos os aspectos de nossa vida.

LOUVOR

Muitas pessoas estão familiarizadas com a afirmação "Há poder no louvor!". É verdade, e quando louvamos a Deus com o nosso coração, exercemos poder na esfera espiritual. O próprio Deus habita nos louvores do Seu povo, de acordo com a Bíblia (ver Salmos 22:3). Em minhas conferências, procuro me certificar de que estarei no culto assim que o louvor e a adoração começarem, porque amo estar na presença de Deus. Na verdade, antes de falar, certifico-me de ter entrado no louvor e adoração — não porque Deus precise disso, mas porque *eu* preciso disso. Preciso expressar a minha alegria por tudo que Ele fez por mim e por tudo que vai fazer; preciso envolver meu coração em colocar o foco Nele e a minha boca em falar sobre Ele; preciso extrair o poder que é liberado através do louvor e garantir que eu tenha uma ligação clara com o céu. Faço tudo isso porque amo a Deus, mas também porque o louvor cria uma abertura na atmosfera espiritual, que capacita as pessoas a ouvirem a Palavra claramente, a recebê-la, e a tomar posse dela por meio da fé.

Pense nisto. Quantas vezes entramos em uma conferência ou um culto na igreja e nos sentimos péssimos quando chegamos, mas começamos a nos sentir melhor depois de alguns minutos louvando a Deus? O louvor gera uma liberação dos nossos fardos; ele tira o nosso foco de nós mesmos e dos nossos problemas e o coloca em Deus — e isso sempre faz com que nos sintamos melhor.

Não apenas isso, mas o louvor é uma forma de guerra espiritual. Louvar a Deus derrota o diabo e as forças do mal (lembre-se da história de Josafá). Cantar ou dar brados de louvor pode quebrar o poder do medo e nos ajudar a nos livrarmos da dúvida e da incredulidade. Isso afasta os espíritos que não são de Deus. Por exemplo, quando o espírito de medo nos ataca, trazendo pensamentos que nos fazem ter medo, precisamos dizer algo do tipo: "Eu Te louvo, Senhor, e eu engrandeço o Teu nome. Tu és digno de ser louvado. Aleluia. Obrigado, Senhor. Tu és tremendo! Não há ninguém como Tu!". Podemos usar essas palavras de guerra a qualquer momento. Podemos derrotar Satanás muito mais rapidamente cantando um cântico do que nos preocupando. É por isso que a Bíblia está cheia de exemplos de louvor e de instruções e motivos para cantarmos e louvarmos a Deus. Veja alguns deles:

- "Ó minha força, canto louvores a ti; tu és, ó Deus, o meu alto refúgio, o Deus que me ama" (Salmos 59:17).
- "Aleluia! Cantem ao Senhor uma nova canção, louvem-no na assembleia dos fiéis. Alegre-se Israel no seu criador, exulte o povo de Sião no seu rei! Louvem eles o seu nome com danças; ofereçam-lhe música com tamborim e harpa" (Salmos 149:1-3).
- "Alegrem-se sempre no Senhor. Novamente direi: Alegrem-se!" (Filipenses 4:4).
- "Vocês, porém, *são* geração eleita, sacerdócio real, nação santa, povo exclusivo de Deus, para anunciar as grandezas daquele que os chamou das trevas para a sua maravilhosa luz" (1 Pedro 2:9).

Por que a Bíblia nos diz para louvarmos e adorarmos a Deus? Por que o Salmo 149:1 nos incentiva a "cantar ao Senhor uma nova canção"? Por que Deus colocou música em nós? Por que Ele colocou canções no nosso coração? Porque há poder no louvor.

LOUVOR GERA PODER

Você deve conhecer a história de Abraão, e se não conhece, pode encontrá-la em Gênesis 12:1 a 21:7. Em poucas palavras, Deus prometeu a Abraão um filho, mas o problema era que Abraão e sua mulher Sara eram ambos idosos — *muito* idosos. Ele tinha cem anos e ela noventa, de modo que a época de terem filhos havia passado há muito tempo! Mas Abraão sabia que Deus havia falado e estava decidido a não colocar o foco na impossibilidade natural de que ele e Sara tivessem um filho. Em vez disso, ele plantou sua fé na promessa de Deus e se agarrou a essa promessa louvando a Deus. A história dele é tão notável que Paulo se referiu a ela em Romanos 4:18-21, que diz:

"Abraão, contra toda esperança, em esperança creu, tornando-se assim pai de muitas nações, como foi dito a seu respeito:'Assim será a sua descendência'. Sem se enfraquecer na fé, reconheceu que o seu corpo já estava sem vitalidade, pois já contava cerca de cem anos de idade, e que também o ventre de Sara já estava sem vitalidade. Mesmo assim não duvidou nem foi incrédulo em relação à promessa de Deus, mas foi fortalecido em sua fé e deu glória a Deus, estando plenamente convencido de que ele era poderoso para cumprir o que havia prometido".

Veja novamente o versículo 18:"Abraão, contra toda esperança, em esperança creu, tornando-se assim pai de muitas nações, como foi dito a seu respeito:'Assim será a sua descendência'". Esse homem não tinha absolutamente nenhum motivo para ter esperança. Na verdade, se houvesse alguma situação no mundo que estava além da esperança, seria a possibilidade de duas pessoas com mais de noventa anos serem capazes de ter um filho. Apesar disso, Abraão continuou esperando; ele continuou crendo na promessa de Deus. O versículo 19 diz:"E, sem enfraquecer na fé, embora levasse em conta o seu próprio corpo amortecido..." (ARA). Em outras palavras, Abraão olhou para as circunstâncias que o cercavam e estava bem ciente de tudo que cooperava contra ele, mas ainda assim não desistiu, embora a Bíblia diga que o seu corpo estava "amortecido" e o ventre de Sara estivesse estéril e "sem vitalidade". Diante de uma impossibilidade natural genuína, Abraão não vacilou na fé nem questionou a promessa de Deus. Em vez disso, "foi fortificado na fé" enquanto louvava a Deus.

O mesmo acontecerá conosco hoje quando louvarmos a Deus. Adquirimos cada vez mais força, nossa fé

> Adquirimos cada vez mais força, nossa fé aumenta, e as coisas que vêm nos derrotar são dissipadas enquanto louvamos ao Senhor.
>
> ⤜⤜ • ⤛⤛

O Poder da Oração Simples

aumenta, e as coisas que vêm nos derrotar são dissipadas enquanto louvamos ao Senhor. É por isso que precisamos ser diligentes em ouvir música de louvor e adoração. Precisamos tocar essas músicas em nossa casa e no nosso carro; precisamos aprender canções e cantá-las. Toda vez que temos uma oportunidade de louvar e adorar a Deus — até mesmo um minuto ou dois enquanto andamos pelo estacionamento de uma loja — precisamos fazer isso. Depois de algum tempo, o louvor se torna tão natural que ele flui de nós sem uma decisão deliberada da nossa parte. De repente nos vemos cantando e agradecendo a Deus como uma reação automática à nossa consciência da Sua bondade, misericórdia e graça.

Conte o Conto

Uma das maneiras pelas quais o *Dicionário Expositivo Vine de Palavras do Novo e Antigo Testamento* define "louvor" é *contar um conto* ou *uma narrativa*. Em outras palavras, louvar a Deus é simplesmente recontar ou dizer em voz alta as grandes coisas que Ele fez. Basta estarmos sentados almoçando com um amigo falando sobre as coisas maravilhosas que Deus fez para o estarmos louvando. Na verdade, a Bíblia diz que Deus gosta dessas conversas e que quando as ouve, Ele pega o Seu livro de memórias e as anota (ver Malaquias 3:16). Ele não registra as nossas murmurações, resmungos ou reclamações, mas registra as palavras que dizemos quando o louvor está nos nossos lábios.

Apenas pense em como você se sentiria se ouvisse seus filhos dizerem: "Puxa, cara, nossa mãe é incrível. Temos a melhor mãe do mundo. Não existe uma mãe melhor que a nossa! Você não acha que temos o pai e a mãe mais tremendos que existem? Eles são os melhores pais que conheço!". Tenho certeza de que se você escutasse uma conversa assim entre seus filhos, mal poderia esperar para abençoá-los!

Mas, por outro lado, e se você entrasse em uma sala e seus filhos estivessem dizendo: "Estou cansado da mamãe e do papai. Eles nunca fazem nada por nós. Eles têm todas aquelas regras e não querem que a gente se divirta. Mamãe reclama o tempo todo e nos obriga a fazer o dever de casa. Se nossos pais nos amassem de verdade, eles nos dariam o que queremos, e não o que acham que é melhor para nós".

Nossa vida com Deus não é diferente dos dois cenários que descrevi acima. Somos filhos de Deus! Ele ouve tudo que dizemos e sabe o que está no nosso coração até mesmo quando nos calamos. O que Ele quer nos ouvir dizer? O quanto Ele é grande! O quanto é tremendo! As coisas maravilhosas que fez e o que pode fazer! O que Ele fará e o que provavelmente está fazendo e nem sabemos ainda! Ele quer nos ouvir louvando-o.

Hebreus 13:15 diz: "Por meio de Jesus, portanto, ofereçamos continuamente a Deus um sacrifício de louvor, que é fruto de lábios que confessam o seu nome". Costumamos interpretar o "sacrifício de louvor" como se não significasse nada além de louvar a Deus quando não temos vontade de louvá-lo. Esse certamente pode ser um tipo de sacrifício, mas creio que o escritor de Hebreus na verdade está se referindo ao sistema de sacrifícios do Antigo Testamento, que exigia o sangue de animais para fazer expiação pelos pecados do povo.

Nós, porém, vivemos nos tempos do Novo Testamento, quando não precisamos mais colocar ovelhas, bodes e touros mortos sobre um altar. Em vez disso, o sacrifício — a oferta — que Deus quer de nós hoje é ouvir as palavras certas saírem de nossos lábios, subindo diante do Seu trono. Assim como a fumaça e o aroma dos sacrifícios de animais subiam perante o trono de Deus sob a Antiga Aliança, hoje o louvor do nosso coração sobe como um sacrifício perante Ele. Em Hebreus 13:15, o Senhor estava na verdade dizendo: *O sacrifício que desejo agora é o fruto dos seus lábios agradecendo por me conhecer.*

Precisamos aplicar essa passagem bíblica à nossa vida diária, nos dispondo a dar louvores a Deus em todas as oportunidades que tivermos. Precisamos falar às pessoas sobre as grandes coisas que Ele está fazendo por nós; precisamos agradecer e dizer a Ele que o amamos. No nosso coração e com os nossos lábios, devemos passar nossos dias dizendo: "Senhor, eu Te amo. Muito obrigado por tudo que Tu estás fazendo em minha vida. Senhor, eu Te louvo por cuidar da minha família hoje. Senhor, eu Te louvo por fazer tudo cooperar para o meu bem em todas as situações". Precisamos ser pessoas que louvam, reconhecendo Deus "constantemente e em todo o tempo", oferecendo continuamente a Ele sacrifício de louvor.

ADORAÇÃO

O *Dicionário Expositivo Vine de Palavras do Novo e Antigo Testamento* diz: "A adoração a Deus não é definida em nenhuma parte das Escrituras". Você sabe por que acho que a adoração não é definida? Porque não acho que ela possa ser definida. A adoração é algo profundo; ela é tão preciosa e tão tremenda e vem de um lugar muito profundo dentro de nós; ela é um derramamento tão poderoso do nosso coração diante do Senhor e representa tanto amor, gratidão e devoção que não podemos traduzi-la em palavras. A linguagem humana não é rica o suficiente para descrever tudo que a verdadeira adoração é. Na verdade, ela é tão pessoal e íntima que talvez não devêssemos sequer tentar limitá-la ou defini-la com nossas palavras.

Na ausência de uma definição de adoração, o *Dicionário Expositivo Vine* diz que ela "não está limitada ao louvor; a adoração é algo mais abrangente e pode ser vista como o reconhecimento direto da pessoa de Deus, de Sua natureza, seus atributos, seus caminhos e declarações". Além disso, ela pode significar "servir" ou "prestar serviço a". Algumas fontes também dizem que adorar significa "beijar", o que dá à adoração uma conotação de grande afeição e intimidade.

100　　Louvor, Adoração e Ações de Graças

Embora não consigamos encontrar uma definição para adoração na Bíblia, as Escrituras são claras em suas instruções e observações a esse respeito. Por exemplo:

- "Tributai ao SENHOR a glória *devida* ao Seu nome; trazei presentes, e vinde perante Ele; adorai ao SENHOR na beleza da Sua santidade" (1 Crônicas 16:29, NKJV, ênfase da autora).
- "Venham! Adoremos prostrados e ajoelhemos diante do Senhor, o nosso Criador" (Salmos 95:6).
- "Exaltem o Senhor, o nosso Deus; prostrem-se, voltados para o seu santo monte, porque o Senhor, o nosso Deus, é santo" (Salmos 99:9).
- "Voltado para o teu santo templo eu me prostrarei e renderei graças ao teu nome, por causa do teu amor e da tua fidelidade; pois exaltaste acima de todas as coisas o teu nome e a tua palavra" (Salmos 138:2).

Uma Posição de Poder

Assim como o louvor, a adoração é muito mais do que apenas cantar canções. Na verdade, ela é uma condição do coração e um estado da mente. Podemos adorar apaixonadamente sem cantar uma única nota. A adoração nasce no nosso coração; ela ocupa os nossos pensamentos e é expressa por meio dos nossos lábios e através do nosso corpo. Por exemplo, podemos adorar a Deus dançando, batendo palmas, erguendo nossas mãos, tocando um instrumento, dando dízimos e ofertas, caminhando ou permanecendo sentados totalmente imóveis, mas os nossos atos ou a nossa posição são um simples reflexo do que está no nosso coração.

> A adoração é uma condição do coração e um estado da mente.
>
> ✦➤ • ◄✦

Uma posição em que geralmente nos colocamos

O Poder da Oração Simples

quando vamos adorar e orar é de joelhos. Ajoelhar-se é adotar uma postura de humildade, mas fazer isso tem um poder incrível. Por ser um ato de humildade, quando ajoelhamos somos afetados de forma positiva. É uma atitude que nos permite expressar fisicamente nosso clamor por total dependência daquele que é Senhor do nosso coração. Ajoelhar-se é dizer a Ele: "Preciso de Ti, Deus. Estou submisso a Ti. Quero seguir-te e obedecer-te. Não posso viver sem Ti. Não posso fazer nada sem Ti. Estou desesperado por Ti!".

Por ser uma posição de poder, quando nos ajoelhamos enviamos uma potente mensagem ao inimigo. O diabo odeia isso! Quando nos ouve cantando um cântico, ele não sabe o que está no nosso coração, mas quando nos vê ajoelhados ou levantando nossas mãos ou começando a bater palmas ou a dançar, ele fica nervoso. Um crente cujo coração está cheio de adoração é o pior pesadelo para ele! Embora eu não consiga ficar de joelhos por muito tempo, frequentemente me prostro diante do Senhor e simplesmente digo: "Obrigada, Senhor, por tudo que Tu fizeste por mim. Obrigada por me ajudar hoje". Às vezes estou ocupada e paro bem no meio da minha atividade para fazer isso. Às vezes, quando estou filmando para a televisão, é assim que adoro a Deus quando estou sozinha no meu vestiário. Às vezes a primeira coisa que gosto de fazer pela manhã é me ajoelhar ao lado da minha cama, apenas para dizer: "Eu Te amo, Senhor. Obrigada por tudo que planejaste para mim hoje". Eu o encorajo a desenvolver alguns desses hábitos. Lembre-se disto: o diabo odeia o louvor e a adoração e ele é derrotado por eles.

O motivo pelo qual ele despreza tanto a adoração é porque ele foi o anjo encarregado da adoração no céu. Ele foi o arcanjo Lúcifer e seu corpo era feito de instrumentos musicais. Quando ficou orgulhoso e cheio de si, Deus o expulsou do céu e ele caiu como um raio (ver Isaías 14:12-15; Lucas 10:18). Ele ainda está irado com Deus e fará qualquer coisa para impedir as pessoas de o adorarem realmente. É claro que ele não gosta de nos ver fazendo o trabalho dele! Além disso, podemos saber com certeza que quando o inimigo se opõe assim a alguma coisa, isso significa que ela é boa para nós, que exerce poder contra ele na esfera espiritual e agrada a Deus.

Admito ser emotiva no que se refere ao meu relacionamento com Deus. Sou entusiasmada, cheia de zelo e bastante empolgada. Gosto de ficar em silêncio às vezes, mas também gosto de ser expressiva no louvor e na adoração. Encorajo você realmente a também ser expressivo na sua adoração. Sim, cante. Cante com todo o seu coração, mas, além disso, ajoelhe-se, prostre-se, dance, bata palmas, ou erga suas mãos a fim de fazer recuar o inimigo, para celebrar a vitória de Deus em sua vida, e para expressar fisicamente a devoção do seu coração para com o Senhor de todas as formas possíveis. Deus lhe deu emoções, portanto, não tenha medo de usá-las para honrá-lo. Fico impressionada com o fato de que as pessoas aceitam facilmente exibições de intensa emoção em um jogo de futebol, mas parecem julgar os outros como pessoas "emocionais" quando as veem expressar seu entusiasmo durante o louvor e a adoração.

Coloque o Seu Coração Nisso

O mundo costuma pensar em adoração como "religião", o que não poderia estar mais distante do conceito bíblico de adoração. Quando lemos a respeito dela na Bíblia, estamos lendo sobre um relacionamento pessoal, sobre intimidade espiritual e sobre expressões apaixonadas de devoção de pessoas que amam e adoram a Deus de todo o coração. Essa é a verdadeira adoração — do tipo que brota dentro de nós quando temos o fogo de Deus em nossa vida, quando o nosso amor por Ele transborda sobre tudo, e quando somos zelosos e entusiasmados pelo nosso relacionamento dinâmico com Ele.

De acordo com João 4:23, esse tipo de adorador é aquele por quem Deus está procurando e esse é o tipo de adoração que Ele deseja. O versículo diz: "No entanto, está chegando a hora, e de fato já chegou, em que os verdadeiros adoradores adorarão o Pai em espírito e em verdade. São estes os adoradores que o Pai procura". Deus está procurando verdadeiros e genuínos adoradores que realmente o adorem de todo o coração.

Sempre me entristeci um pouco pelo fato de Deus precisar procurar verdadeiros adoradores. Creio que deveria haver uma fartura deles e que deveríamos nos dedicar a ser o tipo de adoradores que Deus deseja. Mas acho interessante que Deus não queira simplesmente que qualquer um o adore. Ele quer os *verdadeiros* e *genuínos* adoradores. Ele não está procurando pessoas que o adorem por medo, obrigação ou religião, mas por causa de um relacionamento de amor.

> Devemos nos dedicar a ser o tipo de adoradores que Deus deseja.

E. M. Bounds escreveu que "a religião tem a ver com tudo, menos com o nosso coração".[1] Isso é verdade, mas é igualmente verdade o fato de que a verdadeira adoração tem a ver mais com o nosso coração do que com qualquer outra coisa. Obviamente, nem todos os que parecem estar adorando são verdadeiros adoradores. A verdadeira e sincera adoração vem do coração e da intimidade com Deus; por isso adoração é algo tão importante para a nossa vida de oração.

Adorar em espírito e em verdade é muito mais do que comportamentos ou hábitos aprendidos que nos fazem ir a um determinado lugar em uma determinada hora para repetir certos rituais. Entrar em um prédio chamado igreja e ajoelhar-se em certa hora, ficar de pé em outros momentos, repetir algumas frases ou ler o que está escrito em um livro pode ser adoração se tudo isso vier do nosso coração. Entretanto, essas atitudes podem ser formais e legalistas se não forem nada além de palavras e atos ensaiados e despojados de qualquer sinceridade.

Algumas igrejas não usam livros e nem formas preestabelecidas de adoração. Nesses lugares, somos tentados a pensar: *Estou adorando. Estou olhando para o alto. Estou cantando. Estou até batendo palmas!*

Mas essas coisas também não são adoração se não vierem do coração. Deus não se agrada porque comparecemos ao mesmo lugar todos os domingos, dedicamos uma quantidade específica de tempo e depois vamos para casa e não pensamos mais Nele até a mesma hora da semana seguinte. Nossos corações precisam estar ligados com o que estamos fazendo e precisamos estar focados nele, ou não estaremos envolvidos no verdadeiro louvor e adoração. Na adoração genuína, não podemos honrar a Deus apenas com os lábios; é preciso dar a Ele o nosso coração, e os verdadeiros adoradores são aqueles que expressam com seus lábios a adoração do seu coração.

Em Mateus 15:7-9, Jesus disse: "... Bem profetizou Isaías acerca de vocês, dizendo: 'Este povo me honra com os lábios, mas o seu coração está longe de mim. Em vão me adoram; seus ensinamentos não passam de regras ensinadas por homens'". Não queremos que a nossa adoração — ou as nossas orações — sejam inúteis, então, para mantê-las renovadas, vibrantes e verdadeiras, precisamos manter o nosso coração nelas.

AÇÕES DE GRAÇAS

Conforme escrevi anteriormente neste capítulo de forma bastante simplificada, louvamos a Deus pelo que Ele fez, está fazendo e vai fazer, e o adoramos por quem Ele é. A gratidão genuína é uma resposta tanto a quem Deus é quanto ao que Ele fez, está fazendo e fará. Não é apenas um reconhecimento dessas coisas; é um reconhecimento *grato*. É uma expressão de apreço verdadeiro e sincero.

Ações de graças devem ser parte de quem somos no fundo do nosso coração; elas são um tipo de oração e devem fluir de nós de forma natural, pura e sincera. Ser grato não significa ficarmos simplesmente sentados no final do dia, tentando lembrar todas as coisas pelas quais precisamos ser gratos porque achamos necessário agradecer a Deus, seja para fazê-lo feliz ou para satisfazer alguma exigência espiritual, ou ainda para tentar persuadi-lo a fazer algo por nós. Pelo contrário, significa ter, no dia a dia, um coração sen-

O Poder da Oração Simples

105

sível à obra de Deus. Basta sussurrarmos orações simples de ações de graças todas as vezes que o vemos trabalhando em nossa vida ou nos abençoando. Por exemplo, "Senhor, obrigado por uma boa noite de sono" ou "Deus, eu Te agradeço porque minha visita ao dentista não doeu tanto quanto eu imaginei" ou "Pai, obrigado por me ajudar a tomar boas decisões hoje" ou "Senhor, obrigado por me manter encorajado". Deus é sempre bom para nós, é sempre fiel conosco, está sempre trabalhando com diligência em nossa vida. Ele está sempre fazendo algo por nós visando o nosso melhor interesse, então precisamos responder fazendo com que Ele saiba que apreciamos tudo isso. Devemos agradecer a Deus em silêncio no nosso coração e também declarar a nossa gratidão em voz alta porque isso nos ajuda a permanecer conscientes e cientes do Seu amor, demonstrado por meio da Sua bondade para conosco.

Assim como a Bíblia nos instrui a louvarmos a Deus e a adorá-lo, ela também nos dá motivos para agradecermos a Ele e nos ensina como oferecer-lhe nossa gratidão, conforme demonstrado nas escrituras abaixo:

- "Damos-te graças, ó Deus, damos graças, pois perto está o teu nome; todos falam dos teus feitos maravilhosos." (Salmos 75:1).
- "Como é bom render graças ao Senhor e cantar louvores ao teu nome, ó Altíssimo" (Salmos 92:1).
- "Vamos à presença dele com ações de graças; vamos aclamá-lo com cânticos de louvor" (Salmos 95:2).
- "Entrem por suas portas com ações de graças, e em seus átrios, com louvor; deem-lhe graças e bendigam o seu nome" (Salmos 100:4).

É a Vontade de Deus

A maioria dos cristãos quer conhecer a vontade de Deus. Ao longo desses anos de ministério, observei que um grande número de pessoas realmente estão ávidas por conhecer a vontade Dele — a vontade Dele para suas vidas pessoais, para suas famílias, ministérios e carreiras. Às vezes elas tratam a vontade de Deus como o mistério mais complicado do universo e dizem coisas do tipo: "Bem, se eu pelo menos soubesse qual é a vontade de Deus, eu obedeceria" ou "Eu realmente quero seguir a Deus; apenas não estou certo de qual é a vontade Dele".

Deixe-me compartilhar com você aquilo que diz respeito pelo menos a uma parte da vontade de Deus. Não posso lhe dizer se é ou não da vontade Dele que você se mude para outra cidade, ou para qual escola deve mandar seus filhos, nem se vai ficar com o papel principal na peça de Páscoa da sua igreja. Mas posso lhe dar uma maneira absolutamente infalível de conhecer e obedecer à vontade de Deus para sua vida: seja grato. Seja grato — o tempo todo, independentemente do que você esteja passando. Isso mesmo; simplesmente mantenha um coração grato em todas as circunstâncias. Às vezes nossas ações de graças são apresentadas com facilidade e às vezes é mais difícil, mas se desenvolver e mantiver uma atitude de ações de graças, você estará dentro da vontade de Deus. Como posso estar tão certa disso? Porque li 1 Tessalonicenses 5:18, que diz: "Dêem graças em todas as circunstâncias, pois esta é a vontade de Deus para vocês em Cristo Jesus".

Agora, observe que o versículo não nos instrui a sermos gratos *por* tudo; ele nos diz para sermos gratos *em* tudo. Por exemplo, digamos que você abra a geladeira um dia e veja que a luz está apagada e a sua comida não está tão refrigerada quanto deveria estar. Você não precisa começar a dizer: "Ó Deus, obrigada porque esta geladeira está quebrada! Pai, obrigada porque o nosso leite estragou. Senhor, que benção a geladeira ter queimado, eu Te agradeço por

> Posso lhe dar uma maneira absolutamente infalível de conhecer e obedecer à vontade de Deus para sua vida: seja grato.

isso". Isso seria ridículo, mas ser grato em todas as circunstâncias significa ser grato por ter uma geladeira e comida para colocar dentro dela. Significa ser grato porque ela pode ser consertada e conseguir manter um coração grato enquanto espera por isso. É isso que significa dar graças em tudo — e esta é a vontade de Deus. Viva assim e você estará dentro da vontade de Deus.

Dar graças em tudo também significa estar ciente das bênçãos de Deus que são diárias e corriqueiras— nossa saúde, nossa liberdade, nossa capacidade de entrar no carro e ir a algum lugar. Também devemos agradecer a Deus o tempo todo pelas pessoas que Ele coloca em nossa vida. Deus nos dá pessoas para nos apoiarem e fazerem coisas para nós, pessoas com quem podemos rir, pessoas que nos desafiam e nos transmitem sabedoria. Pessoas com quem podemos desfrutar a vida.

Por exemplo, há uma jovem que viaja conosco, e ela sente que é chamada para um ministério específico que realmente nos auxilia. Ficamos por muito tempo na estrada e gosto de levar tudo que *imagino possa ser possível querer* enquanto estamos longe de casa. Essa moça chega ao nosso destino várias horas antes de nós, pega a nossa bagagem (que é enviada na frente em um caminhão), desfaz as malas para nós e faz todo o possível para que nos sintamos em casa no nosso quarto de hotel. Quando chegamos, nossas roupas estão penduradas e arrumadas no armário e tudo está exatamente da maneira que gostamos.

Se você não viaja muito, talvez não entenda a benção que esse tipo de trabalho representa. Se você fica em casa a maior parte do tempo, pense em como seria maravilhoso se alguém entrasse lá de tempos em tempos e colocasse tudo no lugar, enfeitasse com flores frescas e se empenhasse para você ter tudo que precisa. Se você passa muito tempo na estrada, então pode realmente entender e apreciar o quanto é bom ter essa jovem na nossa equipe. Embora ela tenha o chamado e o dom para nos ajudar dessa maneira, e eu saiba que ela realmente gosta de fazer isso, há pouco tempo me surpreendi agradecendo a Deus pela vida dela. Quando eu pensava em tudo que ela faz para nos servir e tornar a nossa vida mais fácil, meu coração se encheu de gratidão. Eu disse: "Ó, Deus, obrigada por aqueles que nos ajudam. Deus, sou tão grata! Senhor, Tu nos abençoaste e nos ajudaste tanto colocando pessoas boas na equipe. Sou muito grata pela Tua provisão nesse aspecto".

Precisamos aprender a exercitar o privilégio da oração simples em todas as situações, e uma maneira de fazer isso é agradecendo a Deus pelas pessoas que Ele coloca em nossa vida. Precisamos receber e desfrutar o que Ele nos dá, mas nunca devemos considerar as bênçãos que recebemos como sendo algo banal. Em vez disso, devemos sempre valorizar o que Ele faz e garantir que ações de graças fluam de nós continuamente como parte da nossa rotina diária.

FECHE A PORTA PARA A RECLAMAÇÃO

E. M. Bounds escreveu que "a gratidão e as ações de graças sempre se opõem a toda murmuração quando Deus está tratando conosco, e a toda reclamação a respeito de nossa vida. A verdadeira oração corrige a reclamação e promove a gratidão e as ações de graças".[2] Quando mantemos uma atitude de ações de graças, fechamos a porta para a reclamação — que parece ser uma tentação sempre presente. Nunca precisei desenvolver uma atitude de reclamação; eu nasci com ela. Por outro lado, foi necessário desenvolver e alimentar uma atitude de gratidão. Aprendi com as Escrituras que a reclamação é algo ruim aos olhos de Deus e permite que o diabo gere destruição em nossa vida. A gratidão abre a porta para Deus nos abençoar, enquanto a reclamação abre a porta para o diabo nos amaldiçoar.

Se permanecermos ocupados louvando, adorando e agradecendo a Deus, não haverá espaço para reclamar, procurar defeitos e murmurar. A Bíblia diz em Filipenses 2:14: "Façam tudo sem queixas nem discussões...". E ela diz em 1 Coríntios 10:9,10: "Não devemos pôr o Senhor à prova, como alguns deles fizeram — e

O Poder da Oração Simples

foram mortos por serpentes. E não se queixem, como alguns deles se queixaram — e foram mortos pelo anjo destruidor".

Uma Chave para a Oração

Dar graças é muito importante para a oração porque, assim como o louvor e a adoração, é algo ao qual Deus *responde*. É algo que Deus, ama e que aquece o Seu coração. Todas as vezes que damos prazer a Deus dessa forma, nossa intimidade com Ele aumenta — e isso contribui para termos uma vida de oração melhor.

Do mesmo modo, quando somos gratos, estamos em posição de receber mais do Senhor. Se não somos gratos pelo que temos, por que Deus nos daria algo mais? Para murmurarmos? Por outro lado, quando Deus nos vê apreciar verdadeiramente e sermos gratos pelas grandes e pequenas coisas, Ele se inclina para nos abençoar ainda mais. Filipenses 4:6 diz: "Não andem ansiosos por coisa alguma, mas em tudo, pela oração e súplicas, e com ação de graças, apresentem seus pedidos a Deus". De acordo com esse versículo, tudo que pedimos a Deus deve ser precedido e acompanhado por ações de graças — e depois disso, devemos agradecer a Ele por nos ouvir e por atender às nossas orações!

Independentemente do que peçamos em oração, as ações de graças devem sempre acompanhá-la. Um bom hábito a ser desenvolvido é iniciar todas as nossas orações com ações de graças. Um exemplo disso seria: "Obrigado por tudo que Tu fizeste em minha vida, Tu és tremendo e eu realmente o amo".

Eu o encorajo a examinar sua vida, a prestar atenção aos seus pensamentos e às suas palavras, e a ver o quanto de gratidão você expressa.

> Tudo que pedimos a Deus deve ser precedido e acompanhado por ações de graças — e depois disso, devemos agradecer a Ele por nos ouvir e por atender às nossas orações!
>
> ⟶⟫ • ⟪⟵

Você se queixa e reclama das coisas? Ou é grato? Se você quer um desafio, tente passar um dia inteiro sem pronunciar uma única palavra de reclamação. Gosto do que Madame Guyon disse: "Até um suspiro indica que estamos infelizes com a nossa vida". Desenvolva uma atitude de ações de graças em todas as situações. Na verdade, você deve simplesmente se tornar alguém escandalosamente grato — e observar enquanto sua intimidade com Deus aumenta e Ele derrama mais bênçãos do que nunca.

RESUMO

O louvor, a adoração e as ações de graças são as orações mais simples que podemos fazer, mas também representam dinâmicas espirituais poderosas. Podemos chamá-las de oração porque são expressões do nosso coração para com o Senhor. Quando louvamos, adoramos ou damos graças, estamos falando com Deus — e é isso que a oração realmente é.

O louvor, a adoração e as ações de graças aperfeiçoam e conferem poder à nossa vida de oração porque mantêm nosso coração focado no Senhor, e não em nós mesmos. Eles permitem que nos conectemos com Deus de uma maneira apaixonada e encontremos a Sua presença na nossa vida diária. Não precisamos esperar por um culto da igreja ou por uma reunião coletiva para experimentarmos ou expressarmos louvor, adoração e ações de graças; podemos colocá-los em tudo o que fazemos, durante todo o dia.

Chaves Para a Oração

➻➤ O louvor, a adoração e as ações de graças são tipos de oração porque todos eles são formas de nos comunicarmos com Deus.

➻➤ Em poucas palavras, o louvor é a nossa resposta a Deus pelo que Ele fez, está fazendo e vai fazer; a adoração é a nossa resposta a quem Deus é. As ações de graças são um reconhecimento agradecido tanto do caráter de Deus quanto de todas as coisas que Ele fez, está fazendo e vai fazer.

➤ O louvor libera poder na esfera espiritual e é uma forma de guerra espiritual que sempre leva à vitória.

➤ A Bíblia nunca define adoração, mas nos mostra como ela funciona. Adoramos a Deus quando derramamos o nosso coração diante Dele de uma maneira profunda, pessoal e íntima, refletindo a nossa devoção apaixonada, nossa gratidão e nosso amor por Ele.

➤ Adoração é mais que cantar canções; é um estado e uma atitude do nosso coração.

➤ Reclamar, procurar defeitos, resmungar e murmurar são coisas perigosas porque abrem a porta para o diabo trabalhar em nossa vida. Mas, graças a Deus, o louvor mantém essa porta fechada.

➤ O Senhor está sempre fazendo coisas tremendas por nós e Ele é sempre fiel. Precisamos ser pessoas gratas, expressando continuamente a nossa gratidão a Ele em qualquer situação.

6

Consagração e Compromisso

Como você já leu, Efésios 6:18 diz: "Orem no Espírito em todas as ocasiões, com toda oração e súplica". Abordamos o orar em todas as ocasiões; vimos o que significa orar no Espírito; e agora estamos em meio a uma sequência de capítulos sobre os diferentes tipos de oração, entendendo melhor quando Paulo diz "com toda oração".

Se orarmos em todas as ocasiões no Espírito, logo perceberemos que o Espírito Santo nos levará a vários momentos em nossa vida de oração; e há diferentes tipos de orações para cada um desses momentos. O louvor, a adoração e as ações de graças são tipos de oração que fazemos diariamente, assim como em ocasiões específicas. Elas são muito valiosas como formas de guerra espiritual contra o diabo e como um meio de manter o nosso próprio espírito leve e livre. O louvor impede que nos sintamos sobrecarregados e impede também a depressão e o desânimo. O louvor e a adoração honram a Deus, mas há momentos em que precisamos nos envolver em outros tipos de oração por outras razões. Quero continuar agora compartilhando com você sobre as orações de consagração e compromisso, que também podem ser chamadas de orações "de transferência", porque elas resultam em *nos* entregarmos a Deus (na oração de consagração) e em entregarmos a ele as nossas *situações* (na oração de compromisso).

A ORAÇÃO DE CONSAGRAÇÃO

Amo erguer as minhas mãos pela manhã e fazer a oração de consagração que se encontra no Salmo 25:1: "A Ti, Senhor, elevo a minha alma". Essas palavras realmente definem a consagração — a rendição completa e voluntária ao Senhor. Na oração de consagração, você diz a Ele: "Eis-me aqui, Deus. Eu me entrego a Ti, não apenas o meu dinheiro, mas a mim mesmo. Não apenas uma hora no domingo de manhã, mas a mim mesmo. Não apenas uma parte do meu dia, mas a mim mesmo. Não apenas os meus relacionamentos com os meus 'amigos da igreja', mas a mim mesmo. A Ti, Senhor, elevo *toda* a minha vida. Eu a entrego no Teu altar. Faze o que quiseres comigo. Fala através de mim hoje, toca as pessoas através de mim hoje. Vá a lugares através dos meus pés. Faze a diferença no meu universo através de mim hoje. Eis aqui tudo o que me diz respeito; eis aqui todos os recursos que Tu colocaste em minhas mãos; não sou o proprietário; sou um mordomo. Seja o que for que me deixares usar, tudo na verdade pertence a Ti, e se Tu precisares pegar de volta, quero que esteja tudo disponível para Ti hoje". É isso que queremos dizer quando falamos: "A Ti, Senhor, elevo a minha alma". É isso que queremos dizer com *consagração*.

Quando consagramos alguma coisa, nós a separamos para o uso de Deus. Portanto, quando consagramos nossa vida, nós damos as costas para os nossos desejos carnais e valores mundanos, para o nosso pensamento carnal, para o nosso modo de vida indisciplinado, para os nossos maus hábitos e tudo o mais que não está de acordo com a Palavra de Deus. Nós colocamos deliberadamente uma distância entre nós mesmos e as coisas que não pertencem a Deus de modo que estejamos preparados e disponíveis para que Ele nos use. E. M. Bounds define consagração como "a dedicação voluntária de si mesmo a Deus, uma oferta feita de forma definitiva, e sem quaisquer reservas. É a separação de tudo o que somos, de tudo o que temos e de tudo que esperamos ter ou ser, para Deus em primeiro lugar".[1] Consagração não é algo fácil, mas vale a disciplina e o sacrifício.

> Quando consagramos alguma coisa, nós a separamos para o uso de Deus.
>
> ➤➤ • ◄◄

Quando nos consagramos ao Senhor, devemos estar certos de entregarmos a Ele tudo que somos, mas devemos também saber que estamos dando a Ele tudo o que não somos. Deus se mostra forte e em geral mais eficaz nas nossas fraquezas, por isso não precisamos sentir que precisamos escondê-las Dele. Ele sabe tudo sobre nós e nos ama incondicionalmente, portanto não esconda nada Dele, nem mesmo as suas fraquezas. Entregue tudo como uma oferta ao Senhor e você ficará impressionado em ver o quanto se sentirá livre.

O Assunto é Sério

Antes de seguirmos em frente falando sobre a ideia de consagração, quero me certificar de que você entenda que consagrar ou dedicar sua vida a Deus não é algo para ser encarado superficialmente. A oração de consagração é algo sério, e quando vem de um coração sério, os resultados são sérios. O que quero dizer com "resultados sérios" é que quando dizemos a Deus "Toma tudo que há em mim e faz o que quiseres em minha vida", Deus começa a trabalhar. Como sabemos, todos nós temos fraquezas; então, quando nos consagramos, Deus começa a tratar delas. O que damos a Deus pertence a Deus, e se Ele vai nos usar, precisará fazer uma obra dentro de nós — e nós precisamos permitir que Ele faça isso.

A consagração é um processo e por isso leva tempo. Esse tipo de oração é simplesmente um convite para que Deus nos transforme, nos reorganize e nos purifique. Quando Deus nos prepara para sermos usados por Ele, geralmente começa nos limpando daquilo que não o honra, como padrões de pensamento impróprios, más atitudes ou maus hábitos.

Por exemplo, todos nós conhecemos pessoas que têm dificuldade em manter a boca fechada. Posso escrever sobre isso, porque eu fui uma delas! Quando pessoas assim fazem uma oração sincera de consagração, Deus pode começar a tratar com elas na área das palavras. Elas descobrirão que não podem dizer as coisas que diziam antes sem que haja consequências. Descobrirão que estão mais conscientes das suas palavras, e por isso podem tomar mais cuidado com o que dizem. Com o tempo, elas aprenderão a falar de uma maneira que edifique e encoraje outros e honre a Deus. Outros têm problemas diferentes, e Deus trata com o que for necessário tratar a fim de nos preparar para sermos usados para os Seus propósitos.

Uma maneira por meio da qual Deus pode precisar tratar conosco é nos separar de determinadas pessoas. Por exemplo, podemos depender demais de um amigo, a ponto de não dependermos do Senhor como deveríamos. Se não conseguimos manter o equilíbrio nos relacionamentos, Deus irá eliminá-los a fim de que possamos pertencer inteiramente a Ele.

Outro possível momento em que Ele pode tratar conosco é quando temos um emprego ou um cargo na igreja ou na comunidade, uma posição que faça nos sentirmos importantes e seguros. Deus quer que nossas raízes estejam nele e não na posição ocupada por nós. Quer que saibamos do nosso valor porque Ele nos ama, e não por termos um determinado título ou papel a exercer. Deus removerá as coisas que não podemos manter equilibradas.

Ter amigos ou posições não é errado. Na verdade, Deus deseja que desfrutemos das duas coisas, mas Ele não quer que dependamos demais delas. Tudo neste mundo pode ser abalado e pode mudar em um instante, só Deus nunca muda. Ele quer que dependamos Dele antes de qualquer coisa, para não nos machucarmos no futuro e nem nos decepcionarmos por causa de pessoas e coisas caso mudem quando menos esperarmos.

Vivi uma experiência pessoal que é um exemplo perfeito do que estou tentando dizer: tive um grupo de amigas que significavam muito para mim. Achava que elas sempre seriam fiéis e nunca me magoariam. Eu também ocupava uma posição na equipe da igreja, em que ensinava no Seminário Bíblico com estudos bíblicos semanais. Eu era muito conhecida naquela igreja e parte integrante de todos os trabalhos internos da organização. Tinha meu pequeno grupo de amigas e minha posição, e me sentia bem comigo mesma por causa disso. Eu só não percebia que estava excessivamente dependente dessas coisas e extraindo o meu senso de valor delas, até perder as duas coisas de uma hora para a outra.

Minhas amigas fizeram o que eu achava que jamais fariam. Elas se voltaram contra mim e me acusaram falsamente de coisas terríveis. Mais ou menos na mesma época, o Senhor deixou muito claro para mim que eu devia deixar o cargo na igreja. Senti que havia perdido tudo! Não entendia por que aquilo havia acontecido ou o que estava acontecendo em minha vida, mas no fim Deus me mostrou que tudo fazia parte da resposta Dele às minhas orações de consagração.

> O processo de consagração em geral não é confortável e nem fácil, mas é sempre bom, e seus benefícios são impressionantes.
>
>

Pedi a Deus para tomar tudo em Suas mãos; eu me entreguei a Ele, e fui sincera. Apenas não estava esperando por aqueles resultados. Havia coisas que estavam no caminho de Deus e Ele precisou removê-las. A princípio, me senti sozinha e ferida, mas no fim comecei a ver que a minha segurança e valores estavam firmados em minhas amigas e na minha posição na igreja, e que, na verdade, Deus havia me feito um imenso favor tirando de mim essas coisas.

Se fizer a oração de consagração, você pode esperar que o fogo de Deus desça e limpe você e a sua vida. O processo de consagração em geral não é confortável e nem fácil, mas é sempre bom, e seus benefícios são impressionantes.

Consagração Total

Os cristãos se tornam perigosos para o inimigo quando começam a viver vidas consagradas e totalmente dedicadas e entregues a Deus. Esse tipo de devoção significa darmos tudo ao Senhor; não podemos reter nada. Como você a esta altura já sabe, quando nos consagramos, tudo em nós se torna um alvo do tratamento de Deus.

Se realmente levarmos a sério o fato de nos separarmos para sermos usados por Deus, precisamos perguntar a nós mesmos se existe alguma área da nossa vida que estamos nos recusando a entregar a Ele. Que pequenos lugares secretos nós temos escondido no nosso coração? Quais são as coisas sobre as quais dizemos "Bem, Deus, Tu podes ter tudo, menos *aquilo*" ou "Ó não, Deus! Não estou pronto para *isso*!" ou "Deus, apenas não toque *naquele* relacionamento ainda", ou "Senhor, não me peça para parar de fazer *isso*!"? Consagração total não é dizer "Senhor, vou ler a minha Bíblia todos os dias; vou decorar versículos e esconder a Tua Palavra no meu coração e orar muitas horas por dia, mas, por favor, não me peça para abrir mão do meu pequeno vício favorito!". Na verdade, consagração total é dizer de todo o seu coração: "Eu me entrego — inteiramente — a Ti, Senhor".

Espero que minhas palavras não estejam lhe dando a ideia errada de que devemos esperar que Deus tire tudo de que gostamos de nós, pois Ele não vai fazer isso — mas tudo precisa estar à disposição Dele. Deus é quem deve fazer as escolhas do que é realmente bom para nós e do que não é; nosso trabalho é apenas confiar nele completamente.

O objetivo principal de Deus é nos tornar semelhantes a Jesus. Romanos 8:29 diz que Ele quer que sejamos "conformes à imagem de Seu Filho". Isso significa que Ele deseja que continuemos a nos tornar mais semelhantes a Jesus em nossos pensamentos, em nossas palavras, na maneira como tratamos as pessoas, em nossa vida pessoal e em nossas atitudes. Tornar-se como Jesus não acontece da noite para o dia. Requer um processo de consagração e significa ser necessário eliminar nossas tendências pessoais e carnais.

Romanos 12:1 diz: "Rogo-lhes pelas misericórdias de Deus que se ofereçam em sacrifício vivo...". Isso significa que devemos fazer uma escolha — tomar uma decisão deliberada — de nos entregarmos a Deus. Ele nos deu o livre arbítrio, e a única maneira de pertencermos a Ele é nos entregando livremente em Suas mãos. Ele nunca nos obrigará a amá-lo ou a servi-lo. Ele nos conduzirá, nos orientará e nos estimulará, mas sempre deixará a decisão de nos rendermos a nosso cargo. Deus criou seres humanos e não robôs, por isso não irá tentar nos programar para nos comportarmos de uma determinada maneira, pois nos deu a liberdade de fazermos nossas próprias escolhas — e deseja que o escolhamos. Ele quer que entreguemos a nossa vida no altar de bom grado todos os dias, dizendo "Deus, seja feita a Tua vontade, e não a minha". Essa é uma das orações mais poderosas que podemos fazer quando realmente é feita com sinceridade. Ela é curta e simples, mas representa o tipo de entrega completa que Deus requer. Se Ele está tratando com você a respeito de qualquer coisa, eu o encorajo a não adiar mais e a entregá-la. Nos seus pensamentos, você pode até pretender se entregar daqui a algum tempo, mas lembre-se de que boas intenções não são o mesmo que obediência — e obediência é o que Deus exige.

Apresente os Seus Membros a Deus

Paulo continua em Romanos 12:1 e nos exorta: "dediquem seus corpos [apresentando todos os seus membros e faculdades] a Deus"

(AMP). Se realmente dedicamos o nosso corpo a Deus, não podemos ficar deitados no sofá o dia inteiro comendo rosquinhas e assistindo novela, achando que estamos vivendo uma vida consagrada. Para viver uma vida assim, precisamos nos levantar de manhã, pegar a nossa Bíblia, passar um tempo com Deus e nos dedicarmos a Ele. Quando virmos o nosso corpo como um presente ao Senhor e como um instrumento que Ele quer usar, não abusaremos dele; não o encheremos de lixo sem parar nem não o privaremos do descanso adequado. Nós nos vestiremos adequadamente, de uma maneira que honre a Deus; podemos estar na moda e *ainda assim* nos vestirmos adequadamente. Precisamos lembrar que representamos Deus, e não o mundo.

Para obedecer a Romanos 12:1, também precisaremos optar por entregar ao Senhor "os nossos membros e faculdades". Em outras palavras, oferecermos a Ele a nossa mente, a nossa capacidade e as nossas emoções. Não devemos deixar que o diabo use a nossa mente. A mente humana é o campo de batalha favorito dele para atirar pensamentos em nossa direção o dia inteiro. Na maior parte do tempo, eles serão pensamentos dissimulados, sutis e enganosos de tal maneira que acharemos fácil acreditar neles. Ele vai mentir, acusar e dizer qualquer coisa em que consiga pensar para roubar a nossa alegria, a nossa paz, e fazer com que nos sintamos péssimos e indignos. Ele enche a nossa mente com pensamentos que não procedem de Deus sobre outras pessoas também. Não podemos impedi-lo de enviar pensamentos em nossa direção, mas podemos resistir, repreender e combatê-los . Atacar o povo de Deus é um modo de vida para o diabo, então a oração precisa ser um modo de vida para nós. Para ser sincera, há dias em que preciso expulsar uma dúzia de pensamentos só durante o tempo em estou me maquiando! Mas, graças a Deus, sei como fazer isso. Uma das melhores maneiras pelas quais aprendi a combater o diabo quando ele me dá pensamentos errados sobre alguém é começar a orar por essa pessoa imediatamente. Quando enchemos o nosso pensamento com as coisas certas, as coisas erradas não têm espaço para entrar.

> **A Palavra de Deus nos dá poder para resistir ao inimigo.**
>
> ➵ • ◄◄

Como fazemos para paralisar as mentiras de Satanás? Precisamos fazer o mesmo que Jesus; abrir nossa boca e dizer: "Está escrito...". Depois precisamos citar um versículo bíblico que prove o quanto o diabo é mentiroso. Por exemplo, se ele está lhe dizendo mentiras sobre alguém, refute essas ideias dizendo: "A Bíblia diz que o amor tudo crê e tudo espera. Estou andando em amor, e o amor sempre crê no melhor de todas as pessoas. Não tenho provas de que fulano é assim, e não vou acreditar nisso". A Palavra de Deus nos dá o poder para resistirmos ao inimigo. Quando, por exemplo, o diabo tenta dizer que o meu futuro é sombrio, cito Jeremias 29:11, que diz que Deus tem um bom plano para o meu futuro. Um dos motivos pelos quais aprendemos a Palavra é para podermos derrotar Satanás com ela. A Palavra é a nossa arma de ataque contra ele, e precisamos usá-la.

Quando consagramos os nossos "membros e faculdades" ao Senhor, também damos a Ele nossas habilidades, talentos e a nossa capacidade. Muitas pessoas usam suas habilidades no trabalho, o que significa que sua vida profissional — a integridade no trabalho, a administração do tempo, a mordomia dos recursos da companhia e o modo como tratam seus colegas de trabalho — devem dar honra a Ele. Precisamos nos ver como pessoas que trabalham para Deus, e não para um patrão. Precisamos ir trabalhar todos os dias com a determinação de fazer tudo certo, com excelência.

Se uma pessoa vai trabalhar todos os dias e fica na Internet quando ninguém está vendo, ela está roubando. Isso é a mesma coisa que entrar no departamento financeiro e roubar dinheiro. Se as pessoas concordaram em trabalhar por um número específico de horas por dia em troca de certa remuneração, elas precisam manter seu compromisso. Não devemos tentar sair ilesos se fazemos coisas que não devemos fazer quando ninguém está olhando; não devemos tentar descobrir um jeito de sair cedo ou burlar as normas sem sermos notados. Pessoas cujas vidas são consagradas ao Senhor sabem que Ele está sempre olhando, estão cientes de que estão vivendo na presença Dele e querem agradá-lo com os seus pensamentos e atitudes. Elas querem viver na luz, diante de Deus, obedecendo a Colossenses 3:23, que basicamente diz que devemos fazer tudo de todo o coração, como para o Senhor, sabendo que a nossa recompensa vem do Senhor, e não dos homens.

Estamos Aqui para Fazê-lo Feliz

Fazer tudo como para o Senhor de todo o nosso coração é a marca de uma vida consagrada. É uma maneira de dizer: "Deus, eu pertenço a Ti". A maior revelação que eu poderia transmitir neste instante é que você não pertence a si mesmo. A passagem de 1 Coríntios 6:19-20 diz: "Acaso não sabem que o corpo de vocês é santuário do Espírito Santo que habita em vocês, que lhes foi dado por Deus, e que vocês não são de si mesmos? Vocês foram comprados por alto preço. Portanto, glorifiquem a Deus com o corpo de vocês".

Fomos comprados por um preço — o sangue de Jesus Cristo. Deus nos comprou para si, não pertencemos a nós mesmos, e se as nossas vidas são consagradas a Deus, deliberadamente abrimos mão de todos os direitos que imaginávamos ter. Não estamos aqui na terra para que Deus tenha pessoas a quem agradar. O trabalho Dele não é nos fazer feliz. Ao contrário, estamos aqui para servi-lo, fazê-lo feliz e para executar os Seus propósitos na terra. Pessoalmente, não consigo pensar em privilégio maior, nem posso me imaginar fazendo qualquer coisa que me fizesse mais feliz do que realizar o chamado de Deus sobre a minha vida.

Algumas pessoas têm tanto medo de que ninguém as faça felizes que pensam ser necessário fazer isso por si mesmas. Elas acreditam que precisam cuidar de si mesmas porque ninguém mais fará isso. Mas Deus realmente nos dará uma vida que nos agrada e cuidará de nós. É isso que acontece se dissermos: "Deus, não vou viver para agradar a mim mesmo. Vou viver para agradar a Ti, acreditando que se eu viver para Ti e para o Teu prazer, Tu cuidarás de mim e da minha felicidade".

Da melhor maneira que nos é possível, Dave e eu consagramos nossas vidas ao Senhor. Fizemos isso de forma geral, e fazemos isso regularmente em assuntos específicos que enfrentamos diariamente. Queremos que tudo que nos diz respeito pertença a Deus. Trabalhamos duro. Viajamos o tempo todo. Derramamos o nosso coração em benefício de outros, e sabe de uma coisa? Deus cuida muito bem de nós! Ele supre cada necessidade e cuida de pequenas coisas especiais que sem Ele jamais poderíamos ter ou dar a nós mesmos.

Por exemplo, não é segredo que Dave ama jogar golfe. Quando começamos a viajar, ele participava de ligas de golfe e tinha um grupo com quem jogava golfe aos sábados pela manhã e todo tipo de atividade girava em torno do golfe. Mas como parte da sua consagração de vida ao Senhor, Dave teve de colocar seu esporte favorito no altar. Ele precisava ir para o campo de golfe sozinho quando queria jogar, porque não estava em casa nos finais de semana quando seus amigos jogavam. Isso foi um sacrifício para ele, porque o golfe era algo que ele realmente amava.

Hoje, anos depois, Deus abençoou Dave tremendamente. Ele consegue jogar na maioria dos melhores campos de golfe do mundo — geralmente sem pagar nada por isso! Ele joga com alguns dos profissionais, e às vezes eles até mandam tacos novos para ele ou a última invenção do esporte. Foi difícil para Dave abrir mão do golfe por amor a Deus, mas ele fez isso de bom grado. Agora Deus está dando a ele coisas que ele nunca poderia ter recebido se tivesse tentado cuidar de si mesmo. Quando nos entregamos a Jesus, Ele nos dá favor. Começam a acontecer coisas que nos impressionam e nos trazem grande alegria!

A consagração gera bênçãos. É uma honra entregar sua vida ao Senhor; você não faz isso para ser abençoado, mas as bênçãos real-

O Poder da Oração Simples

mente vêm. Separar sua vida para o uso de Deus dá alegria a Ele, e por Sua vez, Ele cuidará de você e o ajudará a desfrutar sua vida.

Dê Tempo ao Tempo

Assim como Dave precisou esperar vários anos antes de poder jogar golfe como faz agora, o processo de consagração e as bênçãos resultantes de uma vida consagrada têm um período de gestação para todos nós. Quando Deus está tratando conosco e nos separando para o Seu uso, é preciso ser paciente. Ele não perde tempo quando está trabalhando conosco, mas leva o tempo necessário para fazer uma obra profunda, completa e duradoura em nossa vida. Precisamos ser diligentes para nos guardarmos contra o "zelo carnal", que significa tentar "fazer alguma coisa acontecer", tentando entender as coisas ou realizar os propósitos de Deus na nossa própria força.

Vi muitos crentes tentarem apressar Deus ou "ajudá-lo" enquanto Ele trabalhava em suas vidas. Eu mesma fiz isso — e esse tipo de esforço na carne definitivamente nos esgota. Mesmo quando o nosso coração é dedicado a Deus, ainda precisamos nos submeter ao Seu tempo enquanto Ele continua a nos purificar, para que possamos servi-lo com mais eficácia. Talvez não entendamos o Seu

> Mesmo quando o nosso coração é dedicado a Deus, ainda precisamos nos submeter ao Seu tempo enquanto Ele continua a nos purificar, para que possamos servi-lo com mais eficácia.
>
> ->- • -<-

tempo e talvez até fiquemos frustrados ou impacientes com isso. Nesse caso, é importante mantermos os nossos olhos no prêmio. A Bíblia diz que recebemos a herança prometida por meio da fé e da *paciência* (ver Hebreus 6:12). Honramos a Deus quando consagramos nossas vidas a Ele, mas para fazer isso totalmente precisamos permitir que Ele nos leve através do processo de consagração, dentro do cronograma de Sua escolha. Quando fizermos isso, colheremos ricas recompensas na Sua presença e receberemos poder em nossa vida, e experimentaremos a indescritível benção de sermos usados por Deus.

Espero que você tome cuidado para que a oração de consagração não seja feita de maneira leviana, sem sinceridade. Mas se a fizer de forma sincera, você nunca se decepcionará com o resultado.

A ORAÇÃO DE COMPROMISSO

Se você algum dia já se aproximou de outro ser humano, se já esteve em um relacionamento, se já tentou administrar seu dinheiro e também tentou descobrir e cumprir o propósito de Deus para a sua vida ou para o seu crescimento espiritual — então você provavelmente teve alguns problemas. Eles fazem parte da vida, e quando você se livra de um problema, provavelmente virá outro logo atrás! Isso é verdade para todos nós, e ainda que possamos nos desenvolver e amadurecer nossas habilidades de confrontar, resistir, ser firmes e viver em vitória, estaremos sempre contendendo com um problema ou outro.

Se você tem problemas, a oração de compromisso é para você. O que é a oração de compromisso? Em poucas palavras, é entregar seus problemas a Deus. Significa entregar as coisas a Ele, liberar-se das pressões e dos problemas da vida e deixar que Ele resolva tudo. Se aprendermos a entregar o nosso estresse e as nossas circunstâncias a Deus, desfrutaremos mais a vida, seremos pessoas mais divertidas de se conviver, mais felizes e relaxados. Deus pode fazer mais em um instante do que nós podemos fazer por meio de toda uma vida de esforço. Nada é grande demais para Deus realizar, e nada é pequeno demais para Ele se preocupar. Deus se importa com *tudo* que diz respeito a você, portanto entregue tudo a Ele e comece a desfrutar sua vida.

O Poder da Oração Simples   125

Entregue Tudo a Deus...

A maioria das pessoas reage aos problemas de forma semelhante: elas começam imediatamente a tentar resolvê-los sozinhas. Se isso não funciona, pegam o telefone e ligam para um amigo ou para alguém que elas acham ser capaz de resolver a situação. Mas gosto de dizer que precisamos correr para o trono antes de corrermos para o telefone! Como escrevi anteriormente neste livro, a oração precisa ser nossa primeira reação a todas as situações.

Quando Deus realmente começa a intervir em nossa vida? Quando paramos de tentar vivê-la para nós mesmos e de acordo com as nossas boas ideias. Quando Deus começa a colocar nossos problemas nos eixos? Quando abrimos mão das nossas tentativas de resolvê-los. Quando Ele se envolve nas situações que nos afligem? Quando deixamos de nos preocupar com elas. Quando Deus nos dá respostas? Quando finalmente paramos de tentar entender tudo por nós mesmos. O Salmo 37:5 (ARA) diz: "Entrega o teu caminho ao SENHOR, confia nele, e o mais ele fará", e Provérbios 16:3 (ARA) diz: "Confia ao SENHOR as tuas obras, e os teus desígnios serão estabelecidos".

> O que realmente significa entregar o nosso caminho a Deus? Significa "lançá-lo" de nós e "enviá-lo" para Deus.
>
> →➤ • ◄←

Muitas vezes, as nossas "obras" são as coisas que nós "produzimos" na nossa mente — nosso raciocínio, nossas análises e nossas tentativas de entender o que está acontecendo ou o que devemos fazer. Mas Deus diz que se confiarmos nossas obras a Ele, nossos pensamentos serão estabelecidos. Em outras palavras, se conseguirmos fazer a nossa mente se acalmar, teremos ideias claras e Deus poderá nos dar reflexões, estratégias e direções. Quando tiramos pensamentos errados da nossa mente, Deus pode nos dar pensamentos corretos. Quando a esvaziamos de ideias ruins, Deus pode nos dar ótimas ideias.

O primeiro passo da oração de compromisso é parar de se preocupar e de racionalizar e confiar nossas obras (nossos pensamentos) ao Senhor. A oração de compromisso diz ao Senhor: "Deus, entrego isto a Ti. Eu Te entrego este problema. Eu Te entrego esta situação. Entrego este relacionamento. Eu o libero completamente e abro mão dele. É demais para mim. Não consigo lidar com ele. Vou parar de me preocupar e parar de tentar entender tudo — e vou deixar que Tu cuides disso. Deus, eu também me entrego a Ti porque não posso fazer nada por mim mesmo. Eu entrego *tudo* a Ti. Eu Te entrego as minhas fraquezas e problemas. Quero mudar, mas Tu precisas me mudar". Foi um grande dia para mim quando finalmente aprendi que me transformar era trabalho de Deus, e que o meu trabalho era crer!

O que realmente significa entregar o nosso caminho a Deus? Significa "lançá-lo" de nós e "enviá-lo" para Deus. A Amplified Bible expressa isso lindamente em Provérbios 16:3: "Lança as tuas obras para o Senhor [entrega e confia-as totalmente a Ele; Ele fará com que os seus pensamentos se tornem agradáveis à Sua vontade] e os seus planos serão estabelecidos e terão êxito". Quando entregamos nossos problemas e raciocínios humanos a Deus, o que significa confiá-los a Ele inteiramente — nesse momento Deus transforma os nossos pensamentos e faz com que eles concordem com a Sua vontade. Em outras palavras, os pensamentos Dele passam a ser os nossos de modo a querermos o que Ele quer. Quando isso acontece, nossos planos têm êxito porque eles estão em plena concordância com os planos de Deus. Muitas vezes temos problemas porque tentamos resistir à vontade de Deus ou não queremos concordar com o jeito Dele, mas quando entregamos esses problemas a Ele, terminamos felizes e abençoados.

... E Não Pegue de Volta!

Como você se sentiria se uma amiga lhe desse um presente de aniversário, talvez uma joia, durante um almoço em sua homenagem e depois fosse com você até sua casa e dissesse: "Posso ficar com esta joia por algum tempo? Quero usá-la esta noite". Você poderia achar estranho, mas se ela voltasse no dia seguinte e dissesse: "Obrigada, era exatamente o que eu precisava. Sei que é sua, então agradeço por ter me emprestado. Não vou pedir de novo", então você provavelmente acreditaria nela. Mas se ela voltasse no dia seguinte e dissesse "Será que eu poderia usar aquela joia para ir a uma reunião hoje e depois ficar com ela para ir a uma festa no fim de semana? Tentarei devolvê-la na semana que vem se eu não tiver nenhum outro lugar onde usá-la", então você se perguntaria, para início de conversa, se ela realmente havia *dado* aquele presente a você — e a verdade é que ela não teria dado realmente!

Quando oramos, entregamos nossas situações a Deus e confiamos nossos problemas a Ele de verdade, precisamos deixar tudo em Suas mãos. Mas é mais fácil dizer isso do que fazer. Todos nós tendemos a tomar os nossos problemas de volta porque temos medo que Deus não faça nada, ou porque achamos que Ele não está agindo rápido o bastante, ou por não gostarmos da maneira como Ele está lidando com a situação. Muitos de nós entregamos nossos problemas a Deus várias vezes ao dia. Eu certamente faço isso, mas também já costumei orar e dizer "Tudo bem, Senhor, coloco esta pessoa em Tuas mãos. Eu Te entrego esta situação". Depois vou embora e quando me dou conta, aquela pessoa ou situação está me seguindo! Logo me vejo pensando no assunto outra vez, me preocupando com ele de novo, ou então o diabo me dá uma nova ideia sobre como lidar com ele!

Como impedir que venhamos a tomar de volta coisas que já entregamos a Deus? Aprendendo a entregar nossos cuidados a Ele. A versão *Amplified* do Salmo 37:5 diz que devemos lançar os nossos cuidados sobre Deus, e acrescenta que de-

> Quando nossos problemas estão descansando nas mãos de Deus, não devemos ficar verificando como estão!
>
> ➤➤ • ◄◄

vemos "repousar" cada fardo Nele: "Entrega o teu caminho ao Senhor [lança e repousa os cuidados e fardos sobre Ele]; confia Nele (depende Dele e conta com Ele) e Ele tudo fará". A palavra "repousar" significa *descansar*. Quando alguma coisa está descansando, ela não deve ser perturbada. Quando nossos problemas estão descansando nas mãos de Deus, não devemos ficar verificando como estão! Devemos deixá-los quietos. Ao mesmo tempo, precisamos manter a nossa mente descansada, mantendo-nos plenamente confiantes de que Deus fará um trabalho magistral lidando com o que confiamos a Ele.

1 Pedro 5:7 diz: "Lancem sobre ele toda a sua ansiedade, porque ele tem cuidado de vocês". Observe que este versículo diz que devemos lançar todas as nossas ansiedades, as nossas preocupações e aflições *"de uma vez por todas"*. Isso significa que não podemos pegá-las de volta. Quando as entregamos ao Senhor, devemos manter nossas mãos fora delas!

O lema de meu esposo na vida tem sido "lança os teus cuidados". Nos primeiros anos do nosso casamento, eu me preocupava e ele desfrutava a vida. Eu ficava zangada por precisar cuidar de tudo enquanto ele apenas se divertia, mas finalmente aprendi que toda a minha preocupação não trazia nenhum bom resultado. Pelo contrário, ela me dava dor de cabeça, dores nas costas, no pescoço, no estômago, e me deixava nervosa e irritada, mas não trazia nenhum de benefício. Depois de anos me atormentando com a preocupação e a ansiedade, finalmente também aprendi a lançar os meus cuidados. Na verdade, aprendi que Deus não cuida de nós até que lancemos todos os nossos cuidados sobre Ele.

Quando somos tentados a trazer nossos problemas de volta para a nossa mente, ou a fazer algo a respeito deles de uma forma natural, devemos parar e dizer: "Não! Não posso pensar nisto! Eu não vou tentar fazer nada a respeito disto!". Precisamos nos recusar a nos preocuparmos com o que entregamos a Deus, porque esse é o verdadeiro significado da oração de compromisso.

RESUMO

Não é possível vivermos como cristãos vitoriosos e vencedores sem confiarmos nossa vida a Deus. Quando fazemos a oração de consagração, escolhemos nos entregar, entregar todo o nosso ser e tudo o que nos diz respeito a Deus. Isso inclui tomar a decisão deliberada de colocar nas mãos Dele o nosso corpo, a nossa mente, as nossas habilidades e as nossas fraquezas bem como as nossas atitudes e motivos. Quando nos entregamos a Ele dessa forma, também o convidamos e permitimos que Ele trate com cada uma dessas áreas, de forma a nos tornar santos e mais semelhantes a Ele.

Quando fazemos a oração de compromisso, estamos liberando nossos problemas e preocupações a Deus, confiando nele para cuidar deles. Depois de entregar nossos cuidados a Ele, não podemos pegá-los de volta. Deus não nos programou para sermos burros de carga dos nossos problemas, mas nos criou sim para lançá-los sobre Ele. Temos um relacionamento com Ele; Deus é nosso Pai e nosso amigo; e Ele é o único capaz de cuidar de todas as situações.

As orações de consagração e compromisso trarão uma grande liberdade à sua vida, por isso eu o encorajo a fazê-las com frequência. E lembre-se disto: nada é grande demais e nem pequeno demais. Ore por tudo!

Chaves Para a Oração

→→ As orações de consagração envolvem nos entregarmos a Deus, enquanto as orações de compromisso tratam de entregar as situações que nos envolvem a Ele.

→→ A oração de consagração é uma entrega completa e voluntária de nós mesmos e de tudo que diz respeito à nossa vida ao Senhor. Significa não retermos nada e tomarmos uma decisão deliberada de deixar que Ele trate de qualquer coisa que queira tratar em nossa vida.

Consagração e Compromisso

→→ A consagração envolve não apenas nosso corpo, nosso comportamento e nossas palavras, mas também nossos pensamentos, atitudes e motivos.

→→ É uma honra viver uma vida consagrada. Nem sempre é fácil, mas realmente gera bênçãos que jamais poderíamos imaginar.

→→ Quando fazemos uma oração de compromisso, estamos entregando todos os nossos problemas ao Senhor. A oração de compromisso acontece quando entendemos que não podemos dirigir nossa própria vida, controlar as pessoas, ou entender tudo que acontece. Significa deixar Deus no comando. Quando realmente entregamos nossos problemas a Deus, não podemos pegá-los de volta; não podemos nos preocupar com eles; não podemos continuar especulando sobre esses problemas em nossa mente. Nós os lançamos para o Senhor e os deixamos lá.

7
Petição e Perseverança

Parece que todo mundo, em todo lugar, quer alguma coisa. É difícil encontrar alguém que esteja completamente satisfeito e não consiga pensar em uma única coisa que deseje. A Bíblia diz que não temos porque não pedimos (ver Tiago 4:2), e quando queremos algo de Deus, devemos pedir a Ele. O tipo de oração que fazemos quando pedimos chama-se oração de petição — e esse tipo de oração é importante. Somos parceiros de Deus por meio dessa oração. Ela é simplesmente o meio através do qual cooperamos com Ele e trabalhamos juntos na esfera espiritual a fim de realizar as coisas na esfera natural. A oração traz o poder do céu a terra.

Às vezes nossas orações parecem ser respondidas rapidamente e outras vezes sentimos que precisamos perseverar até Deus responder. Nesse caso, estamos fazendo orações de perseverança. Deus nos direciona a orar com perseverança não por não nos ouvir na primeira vez que oramos, mas por estar desenvolvendo a nossa fé e nos ajudando a formar nossos músculos espirituais enquanto aprendemos a resistir através da oração.

Um dos motivos pelos quais precisamos perseverar é porque os espíritos malignos podem se opor às respostas de nossas orações. Encontramos um exemplo disso em Daniel 10, quando Daniel jejuou e orou por vinte e um dias até que a resposta à sua oração chegasse. Deus enviou a resposta no primeiro dia em que Daniel orou, mas um espírito maligno, o príncipe da Pérsia, estava impedindo a resposta. Como Daniel se recusou a desistir e continuou a orar, Deus enviou o Arcanjo Miguel para guerrear contra o príncipe da Pérsia e a vitória foi garantida. Daniel recebeu a resposta que esperava de Deus!

Precisamos fazer petições a Deus e fazer nossos pedidos conhecidos Dele, e também precisamos perseverar em oração até as respostas se manifestarem na terra. Ambos os tipos de oração são vitais e necessários para termos uma vida de oração eficaz.

A ORAÇÃO DE PETIÇÃO

Quando pedimos a Deus coisas que queremos e precisamos, estamos fazendo orações de petição. É provável que façamos esse tipo de oração mais do que qualquer outro e essa foi uma das maneiras que Jesus nos instruiu a orar. Ele disse em Mateus 7:7: "Peçam, e lhes será dado; busquem, e encontrarão; batam, e a porta lhes será aberta". Se ninguém bater, nenhuma porta será aberta. Se ninguém buscar, ninguém encontra. Se ninguém pedir, ninguém recebe.

Já que é necessário pedirmos para receber, nossas petições são muito importantes. Quando fazemos pedidos a Deus, porém, queremos garantir que as nossas petições não superem nosso louvor e ações de graças, porque não precisamos pedir mais do que as coisas pelas quais somos gratos. Lembre-se de que Filipenses 4:6 nos instrui: "Não andem ansiosos por coisa alguma, mas em tudo, pela oração e súplicas, e com ação de graças, apresentem seus pedidos a Deus". Quando nossos pedidos estão em equilíbrio com o nosso louvor e gra-

> Quando nossos pedidos estão em equilíbrio com o nosso louvor e gratidão, fazer petições a Deus é algo tremendo e excitante.
>
> ➤➤ • ◄◄

tidão, fazer petições a Deus é algo tremendo e excitante. Isso é real. É maravilhoso pedir algo a Deus acreditando que Ele o fará, e depois vê-lo fazer aquilo acontecer em nossa vida. Podemos saber no nosso coração que recebemos a resposta sem nunca precisarmos mencionar aquilo a Deus outra vez, ou podemos sentir ser necessário perseverar em oração; de um modo ou de outro, podemos ter certeza de que Deus ama dar; Ele ama responder às nossas orações, na Sua sabedoria, no Seu tempo e à Sua maneira. Portanto, vá em frente — peça!

Petição e Desejo

Eis como acredito que a petição deve funcionar. Digamos que você está ocupado servindo a Deus. Você está obedecendo à Sua Palavra e buscando a Sua justiça; você está realmente buscando em primeiro lugar o Reino de Deus, conforme está escrito em Mateus 6:33. O verdadeiro clamor do seu coração é tratar as pessoas bem, viver com integridade, ser sábio e estar no centro da vontade de Deus. Agora, quando tem um desejo, o que você faz? Menciona isso a Deus, dizendo algo do tipo: "Sabe, Deus, realmente preciso de um carro novo. Sei que Tu és bom, Senhor, e queres que sejamos abençoados, então oro para dares um jeito para que eu tenha esse carro, porque não vejo como eu possa fazer isso acontecer na minha própria força". O que você faz em seguida? Volta a servir a Deus, vivendo como sempre fez e aguardando com expectativa que Ele o ajude a conseguir aquele carro novo.

A petição em geral se baseia no desejo. Acredito que precisamos desejar algo antes para depois pedir a Deus. Acredito que Ele coloca os desejos certos no nosso coração, e devemos saber a diferença entre os desejos da nossa carne e os verdadeiros desejos do nosso coração. Concordo com Charles Spurgeon, que observou que "[Deus] direcionará os seus desejos às coisas pelas quais você deve buscar. Ele lhe ensinará o que querer...".[1] Quando Deus coloca um desejo dentro de nós, estamos reagindo adequadamente ao dizer-mos "Deus, quero aquilo", e a Bíblia diz que Deus nos dará o dese-jo do nosso coração se nós nos deleitarmos nele (ver Salmos 37:4). Mas temos também desejos carnais que não foram dados por Deus — e Ele não promete conceder tais desejos. A maneira adequada de reagir a esses desejos é liberá-los, simplesmente abrir mão deles. Às vezes uma oração não é atendida porque está relacionada a um desejo carnal e não está realmente sendo guiadas ou inspiradas pelo Espírito Santo (ver Tiago 4:3).

Descobrimos com frequência que não podemos ter certeza se o nosso desejo vem do nosso coração ou da nossa carne. Nesse caso, simplesmente oro "Senhor, estou Te pedindo isso, mas se não for a coisa certa para mim, eu confio que Tu farás o melhor". Como sei que Deus é bom e que me ama e deseja boas coisas para mim, não faria sentido algum insistir em querer uma coisa se Deus não quis que eu a tivesse. O Papai sempre sabe muito mais!

Precisamos seguir o Espírito Santo quando oramos por algo que queremos. Precisamos permitir que Ele nos ensine a lidar com os nossos desejos, principalmente quando eles não se realizam tão de-pressa quanto gostaríamos. Não podemos permitir que um desejo se transforme em algo desequilibrado e resulte em uma obsessão, e isso pode acontecer quando nossos desejos não estão sujeitos a Deus. Quando nosso desejo de possuir alguma coisa se torna tão forte que achamos impossível sermos felizes sem aquilo, esse de-sejo se transformou em cobiça — e cobiça é pecado. Não existe nada nesta terra sem o qual não podemos ser felizes uma vez que estamos em Cristo e Ele é realmente a nossa alegria. Pessoalmente, esforço-me para não permitir que nenhum desejo me controle e recuso-me a cobiçar qualquer coisa, pois sei que seja o que for, se Deus me pedir para abrir mão disso, Ele me compensará grande-mente com a Sua presença em minha vida.

Deixe-me dar um exemplo prático de quando um desejo sai do controle. Existem algumas mulheres solteiras que não conseguem pensar em nada além de se casarem. Elas ficam dizendo a Deus:

"Preciso me casar. Preciso me casar". Pedem ao grupo de oração para entrar em concordância com elas, e durante o tempo de oração, pedem a Deus que lhes mande um marido. Elas pedem oração sem cessar nessa mesma área. Falam sobre isso o tempo todo e ficam deprimidas e desanimadas por causa disso. Tomaram a decisão de que absolutamente não podem ser felizes a não ser que se casem. Sabe de uma coisa? Pessoas assim podem ficar solteiras para sempre e, se isso não acontecer, podem acabar casando-se com alguém que as faça desejar ter permanecido solteiras!

Certamente não há nada de errado em uma pessoa solteira dizer: "Senhor, sinto-me só, e realmente gostaria de ter alguém para compartilhar minha vida. E estou pedindo que Tu tragas a pessoa certa", ou "Quero me casar" ou ainda "Preciso de amigos". Com certeza, não é errado orar por isso, mas precisamos ser diligentes evitando que se torne uma ideia fixa. Não podemos permitir que um desejo se torne o foco de nossa vida. Concentre-se em servir a Deus e em obedecer-lhe. Coloque o seu foco em ser uma benção e esteja certo de que, seja qual for a vontade de Deus para você, ela acontecerá no tempo certo. Você não precisará se esforçar, ficar frustrado ou angustiado. Você pode desfrutar do lugar onde está enquanto está a caminho.

Estou compartilhando isso com você porque realmente quero ajudá-lo a ter uma vida vitoriosa, e não quero que cometa os mesmos erros que eu cometi. Em outro tempo, permiti que meus desejos relacionados ao meu ministério se tornassem excessivamente importantes para mim. Tudo que me importava — e tudo pelo que orava — era o meu ministério. É verdade, Deus colocou um desejo ardente no meu coração de impactar as pessoas e de pregar a Sua Palavra. Um ministério de sucesso e eficaz era o desejo Dele para mim, mas eu deixei que o meu próprio desejo em relação a isso se tornasse desequilibrado. Como resultado, comecei a buscar o que Deus havia me dado com mais diligência do que buscava a Ele.

Deixe-me compartilhar outro exemplo. Dave e eu temos filhos.

Se, quando tivemos o nosso primeiro bebê, eu tivesse deixado de prestar atenção nele, Dave provavelmente não iria querer que eu tivesse mais filhos. Mas pelo fato do meu relacionamento com ele ter se aprofundado por causa desse bebê, ele quis que eu tivesse outros caso desejasse.

Com Deus acontece o mesmo. Se nos dá algo e isso nos separa Dele, Ele não vai querer nos dar mais nada. Mas se Deus nos dá algo, e isso aprofunda o nosso relacionamento com Ele, nos inspirando a amá-lo e a adorá-lo ainda mais, então Ele não se importa com o que pedimos. Deus quer que tenhamos qualquer coisa com a qual possamos lidar — em uma medida com a qual possamos lidar — desde que nós o mantenhamos no primeiro lugar em nossa vida.

> Deus quer que tenhamos qualquer coisa com a qual possamos lidar — em uma medida com a qual possamos lidar — desde que nós o mantenhamos no primeiro lugar em nossa vida.
>
> ->- • -<-

Ao mesmo tempo, nem sempre somos inteligentes o suficiente para sabermos pedir corretamente. Jesus disse que se pedirmos pão, Ele não nos dará uma pedra, e se pedirmos peixe, Ele não nos dará um escorpião (ver Mateus 7:9,10). Mas sabe de uma coisa? Às vezes pensamos que estamos pedindo pão, quando na verdade estamos pedindo uma pedra. Em outras palavras, podemos pedir algo que realmente pensamos ser certo, mas Deus sabe que se concedesse aquele pedido, seria a pior coisa que Ele poderia nos dar. Nós somos capazes de pedir, com toda a inocência, algo que é potencialmente perigoso sem sequer nos darmos conta disso. Nesse caso, precisamos ser gratos por Deus não nos tê-lo dado! Às vezes, podemos estar pedindo alguma coisa ou que alguém entre em nossa vida e mal sabemos que se Deus dissesse "sim" a esse pedido, seria como deixar uma serpente entrar em nossa casa. Então, precisamos confiar em Deus o suficiente para dizer: "Sabe, Deus, tenho confiança para Te pedir qualquer coisa. Mas não quero nada que não seja a Tua vontade para mim. Confio em Ti, Deus. Se eu não a tiver, saberei que o tempo não é o certo ou que Tu tens algo melhor para mim e que eu simplesmente não pensei em pedir ainda. Mas não vou ter uma atitude negativa nem fazer cara feia porque Tu não dás tudo o que quero".

Somos filhos de Deus, e Ele quer que sejamos abençoados e tenhamos não apenas o que queremos, mas o que é melhor para nós. Precisamos ter sempre isso em mente quando fazemos orações de petição. Se realmente confiamos em Deus, devemos confiar nele quando diz "não" aos nossos pedidos tanto quanto confiamos quando diz "sim".

O rei Davi queria muito construir uma casa para Deus. Deus disse que ele não construiria o templo, mas seu filho o faria. Davi não teve uma atitude negativa e nem mesmo ficou triste, em vez disso, ele se ocupou dando e recolhendo recursos de outras pessoas para a construção do templo.

Se Deus não deixar você fazer ou ter exatamente o que quer, descubra o que Ele aprova e ocupe-se com isso. Não passe a vida confuso porque não consegue entender os caminhos de Deus. Não cabe a nós entender Deus; cabe a nós confiar nele. Não existe confiança sem algumas perguntas não respondidas em nossa vida.

VENHA COM CONFIANÇA

Romanos 8:26 diz: "... pois não sabemos que oração fazer, nem como fazê-la tão dignamente quanto deveríamos..." (AMP). Às vezes não nos aproximamos de Deus com confiança porque nos sentimos tão indignos, ou mesmo condenados ou envergonhados. Outras vezes não achamos que Ele realmente quer nos ajudar, o que também é uma manifestação de um sentimento de indignidade. Algumas pessoas só oram nos dias em que acham que Deus as aprova porque foram "boas" naquele dia! Todas essas ideias são mentiras do inimigo. É verdade, não sabemos como orar dignamente na nossa própria força, mas não vamos a Deus na nossa própria força; vamos a Ele na justiça de Jesus Cristo. Porque Jesus nos justificou, o Espírito Santo intercede por nós (ver Romanos 8:26). Isto, somado ao fato de Jesus viver para interceder por nós (ver Hebreus 7:25), deveria nos convencer de que Deus realmente ouvirá nossas orações e deveria nos dar coragem para nos aproximarmos Dele com confiança.

Não precisamos bater na porta do céu, entrar na Sua presença com a cabeça baixa dizendo "Hummm, desculpe, Deus. Hummm, desculpe, mas o Senhor tem um segundo? Não vou demorar muito, só queria lhe pedir — bem, esqueça — é , tudo bem, se não se importa, será que o Senhor poderia me ajudar?". Não! Precisamos ser seguros o suficiente do nosso relacionamento com Ele para nos aproximarmos Dele com ousadia. Nunca me esquecerei da mulher que me pediu para orar por ela uma vez. Quando concordei, ela parou, olhou para mim timidamente, e perguntou hesitante: "Eu poderia pedir duas coisas?". Eu garanti a ela que Deus ficaria feliz em ouvir todos os pedidos dela e que Ele não ficaria contando.

Aproximar-se de Deus com ousadia em oração pode ser comparado a ir a um banco fazer um saque. Se eu sei que tenho cinquenta dólares no banco porque depositei esse valor na semana passada, não vou hesitar em entrar no banco e descontar um cheque de cinquenta reais. Sei que tenho o dinheiro, ele é meu, e posso retirá-lo do banco se quiser. Quando apresento meu cheque, espero receber meus cinquenta reais. Precisamos nos aproximar de Deus com o mesmo tipo de ousadia. Precisamos entender o que está a nossa disposição por causa de Jesus e precisamos orar com confiança e plena expectativa de recebermos o que nos pertence. Deus disponibilizou uma tremenda provisão para nós em Cristo e só precisamos pedir as bênçãos que Ele já comprou para nós. Quando temos problemas nos sentindo indignos, tudo que precisamos fazer é pedir ao Espírito Santo ajuda, porque "O próprio Espírito testemunha ao nosso espírito que somos filhos de Deus. Se somos filhos, então

O Poder da Oração Simples

139

somos herdeiros; herdeiros de Deus e co-herdeiros com Cristo, se de fato participamos dos seus sofrimentos, para que também participemos da sua glória..." (Romanos 8:16-17).

Porque somos filhos e herdeiros de Deus, podemos fazer exatamente como Hebreus 4:16 diz: "Assim sendo, aproximemo-nos do trono da graça com toda a confiança, a fim de recebermos misericórdia e encontrarmos graça que nos ajude no momento da necessidade". Uma das principais razões pelas quais as pessoas não oram e relutam em pedir a Deus o que precisam e querem é o fato de não se sentirem dignas. Não se sentem bem consigo mesmas; não acham que são suficientemente espirituais; elas não acham que Deus realmente as ouviria de verdade. Não têm certeza se têm o direito ou não de pedir a Ele que as abençoe, porque foram "más". Isso acontece quando elas captaram a realidade do Seu perdão e graça, capazes de permitir que as Suas bênçãos fluam mesmo quando elas cometeram erros.

Quando fazemos orações de petição, precisamos entender nossa posição como filhos de Deus, justificados através do sangue de Jesus. Costumamos pensar que a nossa justiça se baseia em fazer as coisas "certas" — em dizer as palavras "certas", em se comportar da maneira "certa", ou em ter a atitude "certa". Na verdade não podemos nos tornar justos. Podemos nos tornar religiosos, mas não podemos nos tornar justos. Justiça não tem nada a ver com fazer tudo certo; ela tem a ver com o fato de que Jesus derramou o Seu sangue para que pudéssemos ser purificados da nossa injustiça. Só estamos certos diante de Deus através do sangue de Cristo. Se acreditarmos nisso, então começaremos a expressar essa justiça em nossas vidas, mas até crermos nisso, não a expressaremos nem nos aproximaremos de Deus com base nela.

> Quando fazemos orações de petição, precisamos entender a nossa posição como filhos de Deus, justificados através do sangue de Jesus.
>
> ╍➤ • ◄╍

140   Petição e Perseverança

Ao longo de todo o Novo Testamento, lemos que Jesus nos justifica. Dê uma olhada em algumas dessas passagens:

- "Deus tornou pecado por nós aquele que não tinha pecado, para que nele nos tornássemos justiça de Deus" (2 Coríntios 5:21).
- "Conseqüentemente, assim como uma só transgressão resultou na condenação de todos os homens, assim também um só ato de justiça resultou na justificação que traz vida a todos os homens. Logo, assim como por meio da desobediência de um só homem muitos foram feitos pecadores, assim também, por meio da obediência de um único homem muitos serão feitos justos" (Romanos 5:18,19).
- "Não anulo a graça de Deus; pois, se a justiça vem pela Lei, Cristo morreu inutilmente!" (Gálatas 2:21).
- "Porque o fim da Lei é Cristo, para a justificação de todo o que crê" (Romanos 10:4).
- "Pois todos pecaram e estão destituídos da glória de Deus, sendo justificados gratuitamente por sua graça, por meio da redenção que há em Cristo Jesus" (Romanos 3:23,24).

Quando ensino sobre justiça, gosto de usar a seguinte ilustração, e peço que você a experimente. Sente-se em uma cadeira, e depois tente sentar-se nessa mesma cadeira. Sei que parece tolice, porque você já está sentado na cadeira. Uma vez estando sentado na cadeira, você não pode estar mais nela do que já está. A mesma ideia se aplica à justiça. Jesus nos coloca no trono da justiça, e uma vez que estejamos lá, não podemos fazer nada para tentar chegar lá outra vez. Nele, estamos assentados nesse lugar diante de Deus. Quando realmente acreditarmos que somos justos na presença de Deus por causa do sangue de Cristo, começaremos a nos comportar de forma justa. Entretanto, nenhuma atitude correta pode nos tornar justos diante de Deus separados de Cristo. Afirmando isso, o apóstolo Paulo orou para que ele fosse achado e conhecido como estando em Cristo, não tendo justiça própria, mas apenas por aquela posição justa que vem pela fé em Cristo (ver Filipenses 3:9).

Quando realmente entendemos que não podemos fazer nada para nos tornarmos justos e também não temos de provar nada a Deus, podemos descansar no dom da justiça que Jesus nos dá — e isso nos fará ousados nas nossas petições e confiantes no desejo de Deus de nos atender. Sei que Deus não ouve ou responde às minhas orações porque sou bom; Ele ouve e responde porque Ele é bom!

A ORAÇÃO DE PERSEVERANÇA

A oração de perseverança, que também é chamada a oração da insistência, é a oração que não esmorece. É a oração que continua e não desiste. Às vezes você ora algumas palavras ou frases uma vez e depois vai cuidar de outros assuntos; essa não é a oração da insistência. Outras vezes, porém, uma pessoa ou situação continua voltando sempre ao seu coração e você simplesmente sabe que não terminou de orar a respeito daquilo. Quando o Espírito Santo traz algo constantemente ao seu coração, Ele provavelmente está atraindo você para continuar a orar de forma perseverante e insistente.

Uma forma de perseverar pode ser simplesmente tornar o seu pedido conhecido a Deus através da oração de petição e depois continuar agradecendo a Ele pela resposta até que você a veja. Você a recebe pela fé em seu coração, sabe que ela vai se manifestar, e ao pensar na situação, sempre diz simplesmente: "Obrigado, Senhor, porque Tu ouviste a minha oração e a resposta está a caminho. Sei que Tu não tardarás, nem mesmo um único dia". A sua oração de perseverança pode tomar a forma de ações de graças perseverantes.

Outra maneira de perseverar em oração é respondendo às "missões de oração" que Deus nos dá. Há muitas pessoas ou situações pelas quais oro uma só vez, e isso é tudo. Mas também creio que Deus nos dá pessoas por quem devemos orar até que Ele faça nelas ou realize através delas o que deseja. Oro por uma pessoa há vinte e cinco anos, literalmente, e continuarei a fazer isso até que eu morra ou até que Deus me libere, ou até que a pessoa morra ou aquilo que precisa acontecer suceda. Na verdade, há ocasiões em que me canso de orar por ela, mas não importa como eu me sinto, ainda me pego orando. Sei que Deus me deu esta missão e não desistirei! Creio que Deus está usando minhas orações para ajudar a moldar o destino dessa pessoa.

Há outras vezes em que sinto que "deveria" estar orando por alguém mais do que oro, mas não importa como eu me sinta, essa pessoa simplesmente não vem à minha mente quando estou orando. Posso tentar orar, mas não tenho desejo, ou não consigo encontrar muitas palavras para dizer, e até mesmo o que digo é seco e sem vida.

> Se Deus lhe der a missão de orar por alguém ou por alguma coisa, você não vai precisar "tentar" criar um desejo de orar; você perceberá que está fazendo isso espontaneamente.
>
> ➤➤ • ◄◄

Se Deus lhe der a missão de orar por alguém ou por alguma coisa, você não vai precisar "tentar" criar um desejo de orar; você perceberá que está fazendo isso espontaneamente. Você se pegará orando sem ter conscientemente planejado fazer isso.

Há pessoas que foram designadas para orarem por mim. Provavelmente existem muitas que eu não conheço, mas que oram por mim, mas sei de duas. Uma mulher em Minnesota me diz frequentemente: "Joyce, você é a minha missão". Por esse motivo, ela ora por mim o tempo todo. Outra senhora, minha amiga pessoal, na verdade me disse que assumiu muitas novas obrigações em sua igreja e perguntou a Deus se poderia ser liberada de orar por mim o tempo todo — e Deus não a liberou. O desejo dela de orar por mim continuou tão forte que ela não podia fazer nada além disso, ou ficava extremamente infeliz. Fico feliz porque Deus me deu intercessores. Preciso de cobertura de oração sobre a minha vida, e você também.

Com relação às orações insistentes, Andrew Murray escreveu: "Ó que profundo mistério celestial é este da oração perseverante. O Deus que prometeu, que anseia, cujo propósito permanente é abençoar, retém a bênção. É para Ele uma questão de grande e profunda importância que Seus amigos na terra saibam e confiem plenamente no seu rico amigo no céu, para que Ele os treine, na escola da resposta que tarda a chegar, para descobrir como a perseverança deles por fim realmente prevalece, e qual o grandioso poder que eles podem exercer no céu, se tão somente se dedicarem a isso".[2]

Em minha própria vida, existem coisas que sei que não são vontade de Deus porque posso vê-las na Sua Palavra. Quando oro sobre elas e não experimento uma mudança total, volto para Deus e digo "Aqui estou novamente. Deus, não quero parecer desrespeitosa, mas não vou ficar quieta até obter uma mudança nessa área. Não vou embora. Estou pedindo novamente, Senhor, e vou continuar pedindo até conquistar vitória nesta área". Algumas vezes, precisamos ser como o patriarca Jacó, que disse ao Anjo do Senhor: "Não te deixarei ir, a não ser que me abençoes". Deus realmente abençoou Jacó, e disse ter feito isso porque Jacó era um homem que sabia como lutar com os homens e com Deus e prevalecer. Em outras palavras, Jacó foi perseverante e não desistiu (ver Gênesis 32:24-28).

Quando sei qual é a vontade de Deus, posso orar de acordo com ela e me recusar a desistir. Quando a resposta vem, percebo que a perseverança realmente prevalece e sou encorajada pelo grandioso poder que posso exercer no céu através da oração perseverante — e você também pode.

A Viúva Que se Recusou a Desistir

Um dos melhores exemplos na Bíblia da oração de insistência está em Lucas 18:1-6:

"Então Jesus contou aos seus discípulos uma parábola, para mostrar-lhes que eles deviam orar sempre e nunca desanimar. Ele disse: 'Em certa cidade havia um juiz que não temia a Deus nem se importava com os homens. E havia naquela cidade uma viúva que se dirigia continuamente a ele, suplicando-lhe: 'Faze-me justiça contra o meu adversário'. Por algum tempo ele se recusou. Mas finalmente disse a si mesmo: 'Embora eu não tema a Deus e nem me importe com os homens, esta viúva está me aborrecendo; vou fazer-lhe justiça para que ela não venha me importunar'. E o Senhor continuou: 'Ouçam o que diz o juiz injusto'".

O que Jesus quer provar nesta parábola é que se um juiz injusto e mau pode ser vencido pela persistência, quanto mais um Deus justo e amoroso fará por nós se nos recusarmos a desistir? Ele fará infinitamente mais do que podemos sonhar — se tão somente não desistirmos. Mesmo quando as circunstâncias parecem desesperadoras ou os problemas parecem intransponíveis, podemos vencer se prosseguirmos e orarmos. Romanos 8:28 nos diz que "... Deus age em todas as coisas para o bem daqueles que o amam, dos que foram chamados de acordo com o seu propósito". Essa escritura familiar aparece no contexto da oração, e creio que o ponto principal desse versículo é o fato de todas as coisas poderem não cooperar para o bem se não continuarmos a orar. Se perseverarmos em oração, independentemente do que aconteça em nossa vida, todas as coisas — por piores que possam ser — podem cooperar segundo a sabedoria de Deus e se transformarem para o nosso bem, enquanto continuamos orando à medida que a situação se desenrola.

Jesus disse: "Acaso Deus não fará justiça aos seus escolhidos, que clamam a ele dia e noite? Continuará fazendo-os esperar? Eu lhes digo: ele lhes fará justiça, e depressa. Contudo, quando o Filho do homem vier, encontrará fé na terra?" (Lucas 18:7-8).

> Continue orando e veja Deus transformar o caos em milagre.
>
> →→ • ←←

O Poder da Oração Simples

Quantas vidas poderiam ser radicalmente transformadas se as pessoas tivessem continuado a orar quando a tragédia as atingiu, em vez de ficarem amarguradas e desistirem. Continue orando e veja Deus transformar o caos em milagre. Deus quer que sejamos determinados nas nossas orações. Ele não quer que desistamos de nada. Na verdade, quando voltar a terra, Ele estará procurando pela fé que não desiste, pela oração que continua orando, e pelas pessoas que se recusam a desistir.

A Perseverança Gera Bênçãos

Um motivo pelo qual podemos perseverar em oração é o fato de sabermos que receberemos resposta. Sabemos que Deus é confiável, e não nos deixará frustrados nem as nossas orações sem resposta. Fui encorajada de forma especial por esta história de oração perseverante e espero que você também seja.

John e Trish tinham filhos de casamentos anteriores, mas acreditaram que Deus havia falado ao coração deles e lhes dito que teriam um filho juntos. Eles oravam sobre isso, e Trish ficou grávida. O casal se alegrou com a boa notícia, mas logo essa alegria se desvaneceu e transformou-se em lamento quando Trish abortou espontaneamente. O casal se ergueu novamente, e continuou orando ao Senhor e declarando a Palavra de Deus.

"Deus, Tu abres e fechas a madre" (ver Gênesis 29:31, 30:22; 1 Samuel 1:5), John orava. Trish acrescentava: "Senhor, Tua Palavra diz no Salmo 21 que quando o rei te pediu vida, Tu a destes a ele, e Tu não fazes acepção de pessoas". O casal estava pedindo a Deus vida, e eles realmente acreditavam que Deus ia lhes dar exatamente isto — outra vida.

Logo Trish engravidou novamente, porém abortou espontaneamente pela segunda vez. Eles não conseguiam acreditar. Outra vez? Ainda assim, o casal orou. E novamente, Trish estava grávida e abortou pela terceira vez. Muitos sugeriram a adoção ou simplesmente que desistissem de uma vez por todas, mas John e Trish não podiam abandonar a convicção de que Deus lhes havia falado e lhes prometido claramente que teriam um bebê e que Trish daria à luz.

Mais uma vez, John e Trish conceberam, e mais uma vez, Trish abortou. Um aborto pode ser bem difícil, mas quatro? Com o apoio dos intercessores de sua igreja e de seus pastores, John e Trish continuaram firmes no que Deus lhes havia dito, e continuaram orando a Palavra em meio às circunstâncias que sugeriam que eles desistissem. E novamente, John e Trish conceberam. Trish orava fervorosamente: "A fé é a certeza daquilo que esperamos e a prova das coisas que não vemos". Desta vez, enquanto oravam, Deus colocou no coração deles Êxodo 23:26: "Em sua terra nenhuma grávida perderá o filho, nem haverá mulher estéril. Farei completar-se o tempo de duração da vida de vocês".

Fielmente, Deus respondeu à oração de John e Trish. Ela deu à luz a Frances Faith, que hoje é um agradável testemunho da bondade de Deus, uma grande benção para seus pais e um grande encorajamento para todos os que oraram por eles e os viram perseverar em oração.

Insistente Sim, Repetitivo Não

Quero fazer uma distinção antes de prosseguirmos. Uma oração perseverante e insistente não é o mesmo que uma oração repetitiva, e quero realmente encorajar você a fazer orações perseverantes na direção do Espírito Santo — não orações repetitivas que não vêm do seu coração ou que você só ora porque as decorou na escola dominical. É possível usar a sua boca para dizer palavras durante uma oração que em si não têm significado nenhum, e essas orações não são nada além de obras mortas. Eu poderia citar toda a oração do Pai Nosso enquanto estou pensando em outra coisa.

O culto de lábios não faz nada por Deus nem realiza nada em nossa vida, então, mesmo quando sempre oramos pela mesma coisa

O Poder da Oração Simples

seguidamente, precisamos tomar cuidado para não cairmos em repetição. Em vez disso, devemos permitir que o Espírito Santo nos guie de uma nova maneira, mesmo quando estamos tratando de um assunto sobre o qual temos orado há muito tempo.

Como afirmei anteriormente, algumas pessoas têm missões de oração, e em geral a necessidade de ser perseverante em oração acompanha essa missão. Às vezes Deus lhe dará uma pessoa, e o Espírito Santo a colocará em seu coração várias vezes por dia. Ela ficará na sua mente e você terá uma energia sobrenatural ou um desejo de orar por ela com frequência e às vezes com grande intensidade.

Não podemos decidir quais são nossas missões. Deus as escolhe, então precisamos aprender a ser sensíveis e obedientes a Ele nessa área e seguirmos em frente. Qualquer coisa que Deus nos dê a energia para fazer é uma missão, mesmo que seja por um curto período. A oração de insistência pode ter menos a ver com o tempo que ficamos em oração, do que com a determinação com a qual oramos. Talvez tenhamos de fazer a oração de insistência por meses ou anos, mas por outro lado, podemos precisar aplicar o mesmo tipo de determinação a uma oração

> Para sermos eficazes na oração, é importante aprendermos a discernir quando devemos prosseguir orando mais fervorosamente por uma situação e quando devemos liberá-la.
> →→ • ←←

que Deus responde em poucos dias. Podemos ter alguma coisa ou alguém no nosso coração o dia inteiro, por dias seguidos, ou até por várias horas em um dia.

Para sermos eficazes na oração, é importante aprendermos a discernir quando devemos prosseguir orando mais fervorosamente por uma situação e quando devemos liberá-la. O fato de querermos muito alguma coisa não é motivo para continuarmos bombardeando Deus com orações urgentes, caso Ele já tenha prometido

148   Petição e Perseverança

aquilo e pedido para confiarmos no tempo Dele. Não devemos permitir que os nossos pensamentos ou emoções determinem em que situações devemos perseverar; em vez disso, devemos ser guiados pelo Espírito Santo. Precisamos aprender a discernir quando há uma unção (o dom de Deus) sobre algo e quando não há. Eis uma maneira fácil de saber a diferença: se a unção de Deus está sobre alguma coisa, há uma sensação de facilidade nela; há um fluir; há uma graça em se permanecer com ela. Você pode sentir a presença do Espírito Santo quando ora por ela. Por outro lado, quando é preciso nos esforçar e lutar para orar por certo assunto, então não há uma unção para orar por ele.

Quando perceber a unção de Deus sobre alguma coisa em oração, fique com ela e não pare até sentir o Senhor conduzindo-o em outra direção. Ore com perseverança todas as vezes que Ele o direcionar assim. Deus é infinitamente mais bondoso que aquele velho juiz obstinado em Lucas 18, e quando vê que você conhece a Sua vontade e se recusa a se contentar com nada menos que ela, Ele responde.

Nada disso significa que a oração ainda assim não possa ser simples. Só porque perseveramos não significa ser necessário complicar as coisas. Quando oramos, estamos sendo parceiros de Deus dando voz à Sua vontade na terra. Oração exige compromisso; ela pode definitivamente ser um esforço, mas não precisa ser difícil. A oração é até considerada por alguns como sendo um trabalho, e realmente é. Ela é uma obra do Espírito que realiza coisas tremendas na terra.

RESUMO

Muitas pessoas fazem mais orações de petição do que de qualquer outro tipo. Deus quer que peçamos a Ele o que precisamos e Ele ama nos abençoar. Entretanto, precisamos tomar cuidado para que os nossos pedidos não superem o nosso louvor e a nossa gratidão.

Quando nos aproximamos de Deus com uma petição, precisamos fazer isso com ousadia e confiança em nossa posição como

O Poder da Oração Simples

149

Seus filhos e filhas. Em nós mesmos, não somos dignos de orar, mas o sangue de Jesus nos torna totalmente justos diante de Deus, de modo que nunca precisamos ser tímidos ou envergonhados quando oramos.

Algumas orações exigem perseverança — uma atitude persistente que se recusa a desistir até que Deus responda. A perseverança não é arrogante; ela é uma dinâmica espiritual e exige força espiritual. Não devemos ser preguiçosos ao orar. Às vezes, tudo que Deus está procurando é alguém que peça com ousadia e persevere até que a transformação aconteça.

Chaves Para a Oração

→→ Orações de petição são orações em que fazemos nossos pedidos a Deus. É tremendo orar e pedir algo a Deus, crer que Ele o fará e ver isso acontecer, mas precisamos equilibrar o nosso pedir com louvor e ações de graças.

→→ Deus nos concederá os desejos do nosso coração se tivermos prazer nele. Não devemos permitir que os desejos da alma fiquem em desequilíbrio. Em vez disso, devemos render os nossos desejos a Deus e deixar que o Espírito Santo nos dirija em nossos pedidos de oração.

→→ Jesus nos torna justos. Seu sacrifício na cruz nos coloca em um relacionamento reto com Deus. Portanto, podemos nos aproximar de dele com ousadia e confiança quando oramos.

→→ A oração de insistência é a oração que não desiste, Ela continua batendo na porta do céu com perseverança e fé até que venha uma resposta.

→→ Receba "missões de oração" de Deus e deixe que Ele use você poderosamente para manter alguém dentro da Sua vontade.

Aprenda a reconhecer a unção do Espírito Santo sobre uma oração específica — uma graça, um fluir, uma facilidade, uma sensação de poder quando você ora por aquilo. Enquanto a unção estiver presente, continue perseverando. Quando ela for retirada, libere o problema e agradeça a Deus por ouvir e responder à sua oração.

8

Intercessão e Concordância

A oração é um relacionamento pessoal, uma atividade íntima que ocorre principalmente entre Deus e uma pessoa. Como crentes, porém, não existimos em um vácuo. Somos parte da família de Deus; estamos ligados ao corpo de Cristo, e parte do poder da vida cristã encontra-se em nossos relacionamentos com as pessoas. Deus as usa para nos afiar, nos fortalecer, nos ajudar, para comemorarem e andarem conosco em meio aos altos e baixos da vida diária.

Assim como os nossos relacionamentos são parte importante da nossa vida social, eles são igualmente ou mais importantes na nossa vida de oração. Às vezes oramos *pelas* pessoas que nos cercam e outras vezes oramos *com* elas. Quando oramos por elas, fazemos orações de intercessão, e quando oramos com elas, fazemos orações de concordância. Os dois tipos de oração são extremamente poderosos e precisamos entendê-los e saber como agir por meio deles.

A ORAÇÃO DE INTERCESSÃO

Intercessão é simplesmente orar por alguém que não seja você mesmo. É clamar a Deus em favor de alguém e levar as necessidades dessa pessoa a Ele em oração. A intercessão é um dos tipos mais importantes de oração porque muitas pessoas não oram por si mesmas ou não sabem como orar. Por quê? Porque não têm um relacionamento com Deus. Também há momentos em que as circunstâncias são tão difíceis, o estresse é tão grande, a dor é avassaladora e as coisas estão tão confusas, que as pessoas não sabem como orar pelas suas próprias dificuldades. Em outros momentos as pessoas já oraram inúmeras vezes por si mesmas e simplesmente não têm mais forças para orar.

Há muitas razões pelas quais as pessoas não podem ou não conseguem orar, mas o mais importante é que quando encontramos pessoas assim ou sabemos de um crente que não consegue orar, nós nos levantamos em favor deles diante de Deus e oramos em seu benefício segundo a direção do Espírito Santo. Por exemplo, uma vez visitei uma amiga que estava no hospital sofrendo de câncer. Ela havia lutado essa batalha corajosamente e orado como uma guerreira, mas chegou ao ponto em que não tinha forças suficientes para orar como queria, e disse: "Joyce, simplesmente *não consigo* mais orar". Ela precisava que suas amigas orassem por ela — não apenas que *orassem* por ela, mas realmente orassem *por* ela — que orassem no lugar dela porque ela não podia orar.

> Eu encorajo você a se aproximar de Deus juntando-se a Jesus no Seu ministério de intercessão.
>
> ➤➤ • ◄◄

Tanto Andrew Murray quanto Watchmann Nee escreveram sobre a intercessão como uma função "sacerdotal" — como a oportunidade do crente de participar do ministério de Jesus de orar pelas pessoas. Watchmann Nee diz: "Compareçamos diante do Senhor

O Poder da Oração Simples

para orar por outras pessoas. Na verdade isto é ter comunhão com Ele na Sua função de sumo sacerdote, como Ele próprio intercede incessantemente pelo Seu povo e pelas necessidades dele".[1] Andrew Murray escreveu que um sacerdote "não vive absolutamente para si mesmo. Ele vive com Deus e para Deus... Ele vive com [os outros] e para [os outros]. O trabalho dele é descobrir o pecado e a necessidade das pessoas e trazê-las à presença de Deus, oferecer sacrifício e incenso em nome delas, obter o perdão e a benção para elas, e depois sair a abençoá-las em Seu nome".[2]

Encorajo você a se aproximar de Deus juntando-se a Jesus no Seu ministério de intercessão. A sua família e amigos precisam das suas orações; seus vizinhos e colegas de trabalho precisam das suas orações; as pessoas da sua igreja, da sua comunidade e o mundo inteiro precisam das suas orações. Vivemos dias difíceis e precisamos orar uns pelos outros. A sua intercessão é o presente mais poderoso e valioso que você pode dar aos que o cercam, e ele fará uma diferença eterna nas vidas deles e na sua. Pode haver momentos em que você é a única pessoa na terra que está orando por alguém — e a sua intercessão pode mudar totalmente a vida dessa pessoa.

Colocando-se na Brecha

Uma brecha é um espaço entre duas coisas; ela impede que dois objetos, dois espaços, dois seres ou duas pessoas tenham contato uma com a outra. Quando prego em países estrangeiros, há uma brecha entre a audiência e eu. Pode ser uma brecha física se eu estiver em uma plataforma; pode ser uma brecha cultural; mas estou mais preocupada com a brecha do idioma. Se eu quiser que as pessoas me entendam, preciso de um intérprete, de alguém que fique na brecha do idioma para mim, para eu poder comunicar a mensagem com eficácia. Ele precisa trabalhar para mim para que a brecha possa ser eliminada e as pessoas possam compreender o que estou dizendo.

Ezequiel 22:29-31 fala sobre colocar-se na brecha — e creio que essa passagem contém uma das afirmações mais tristes da Bíblia: "O povo da terra pratica extorsão e comete roubos; oprime os pobres e os necessitados e maltrata os estrangeiros, negando-lhes justiça. *Procurei entre eles um homem que erguesse o muro e se pusesse na brecha diante de mim e em favor da terra, para que eu não a destruísse, mas não encontrei nem um só.* Por isso derramarei a minha ira sobre eles e os consumirei com o meu grande furor; sofrerão as consequências de tudo o que eles fizeram, palavra do Soberano Senhor" (ênfase minha).

Deus estava dizendo basicamente: "Precisei de alguém para orar, e não consegui achar ninguém que fizesse isso, então eu precisei destruir a terra". Tudo que Ele necessitava era de *uma* pessoa para orar, e toda a terra poderia ter sido poupada. Você está vendo como a intercessão é importante? Apenas uma pessoa poderia ter feito uma enorme diferença em todo um país e ter salvado todos naquele lugar por meio da oração! Precisamos estar dispostos a orar; precisamos ser sensíveis aos momentos em que o Espírito Santo está nos direcionando a interceder e precisamos obedecer. Nunca saberemos quando a nossa oração pode ser exatamente aquela necessária para preencher uma brecha e resultar na conexão do poder de Deus com uma situação desesperadora.

Deus Muda de Ideia

Você pode ver na história de Ezequiel que a intercessão é poderosa e que as orações de alguém poderiam ter salvado muitas pessoas. Mas você sabia que a intercessão também pode fazer Deus mudar de ideia? Como resultado da oração, Deus pode realmente reconsiderar algo que havia planejado fazer.

Você se lembra desta história? "Então o Senhor disse a Moisés: 'Desça, porque o seu povo, que você tirou do Egito, corrompeu-se. Muito depressa se desviaram daquilo que lhes ordenei e fizeram um ídolo em forma de bezerro, curvaram-se diante dele, oferece-

O Poder da Oração Simples

155

ram-lhe sacrifícios, e disseram: Eis aí, ó Israel, os seus deuses que tiraram vocês do Egito'" (Êxodo 32:7-8).

Aconteceu que Moisés subiu o Monte Sinai para pegar os Dez Mandamentos e ficou por mais tempo do que o povo queria. Na ausência do seu líder, eles se esqueceram do Senhor, cederam aos seus desejos carnais, e decidiram derreter todas as suas joias para fazer um bezerro de ouro e adorá-lo. Deus falou com Moisés na montanha e, na essência, disse o seguinte: *É melhor você voltar lá para baixo, porque o povo já se meteu em encrenca. E estou furioso com isso* (Graças a Deus, o Salmo 30:5 diz que a ira Dele dura apenas um instante, mas a Sua misericórdia dura para sempre!).

A história continua: "Disse o Senhor a Moisés: Tenho visto que este povo é um povo obstinado. Deixe-me agora, para que a minha ira se acenda contra eles, e Eu os destrua. Depois farei de você uma grande nação" (Êxodo 32:9-10).

Que bom o fato de Moisés ser um homem de Deus, do contrário ele poderia ter dito: *Ótima ideia, Deus! Esqueça esse povo, e faça algo grande comigo.* Em vez disso, Moisés começou a interceder pelo povo porque ele se importava muito com eles. A Bíblia diz: "Moisés, porém, suplicou ao Senhor" (Êxodo 32:11). Isso significa que ele não deixou Deus em paz. Mas Deus já havia dito: *Deixe-me em paz. Não venha orar, porque se você fizer isso, Eu vou ter de ouvir você.* Mas Moisés insistiu: "Ó Senhor, por que se acenderia a tua ira contra o teu povo, que tiraste do Egito com grande poder e forte mão?" (Êxodo 32:11). Moisés recusou-se a desistir porque o problema ainda não estava resolvido no seu coração. Ele amava o povo; ele conhecia a natureza de Deus e o Seu caráter. Além de tudo, ele sabia que Deus amava mesmo o povo e não queria realmente abandoná-lo.

Então, como Moisés tratou dessa situação enquanto orava e falava com Deus sobre ela? Ele na verdade pediu a Deus que mudasse de ideia (ver Êxodo 32:12) e, em resumo, disse: *Ora, vamos lá, Deus. Não quero que a Tua reputação fique arruinada entre os egípcios. Tu não queres que eles digam que não és capaz de livrar o Teu povo. Tu não queres que eles pensem que deixaste o Teu povo sofrer e morrer no deserto. Vamos lá, Deus, isto não tem a ver conosco, tem a ver contigo. Estou te pedindo, Deus, para livrá-los, não por eles, porque realmente são uns pilantras, mas por amor ao Teu nome. Eu realmente não quero que a Tua reputação seja afetada por tudo isso, então, Deus, por que Tu não vais em frente e os livra para que todos saibam o quanto Tu és grande?* (ver Êxodo 32:12,13).

A Bíblia diz que Deus mudou de ideia. Êxodo 32:14 na verdade diz: "E sucedeu que o Senhor arrependeu-se do mal que ameaçara trazer sobre o povo". Isso faz parte do propósito e do poder da intercessão. Nós *podemos* fazer a diferença quando oramos!

A Intercessão Faz a Diferença

Ao longo deste livro, espero que você esteja aprendendo com várias histórias e exemplos de quanto poder existe na oração e que grande diferença a oração faz na vida das pessoas quando oramos por elas. Deixe-me compartilhar uma situação específica e muito prática em minha vida na qual a intercessão realmente fez a diferença. Eu estava tendo muita dificuldade em me disciplinar para fazer exercícios. Normalmente sou uma pessoa disciplinada, mas eu simplesmente não conseguia manter a prática de um programa regular de exercícios. Francamente, eu detestava aquilo! O exercício era realmente o pior tipo de cativeiro para mim. É claro que Dave sempre se exercitou durante toda a vida. Então a sua enorme disciplina estava sempre me espreitando e me condenando todos os dias. Ainda por cima, todos os médicos que eu consultava queriam saber: "Você está se exercitando?" E eu sempre tinha de dizer "Bem, não". O pior é que eu via o meu corpo despencar, saindo de lugares onde ele deveria estar para lugares onde ele definitivamente *não* deveria estar. Quando me olhava no espelho, perguntava a mim mesma: "Para onde foi a Joyce?". E quando finalmente entendi que eu era a mulher no espelho, perguntei: "O que podemos fazer com todas essas gordurinhas?". A resposta era sempre

O Poder da Oração Simples

a mesma: exercício. Então, gemi, resmunguei e tentei iniciar todo tipo de programa de exercício, o que só durava até meus músculos começarem a doer. Então eu interrompia o programa, porque não gostava de me sentir desconfortável intencionalmente.

Então, um amigo nosso muito ungido me telefonou e disse: "Joyce, Deus colocou em meu coração que orasse por você, por algo que você deseja pessoalmente — mas não tem nada a ver com o seu ministério; algo que você simplesmente deseja".

Bem, sei que esse homem é um intercessor poderoso, então pensei: *Vou pensar nisso com atenção, porque provavelmente conseguirei qualquer coisa pela qual ele ore.* Pensei e pensei, e cheguei à conclusão de que iria pedir a ele que orasse por mim para que eu desenvolvesse uma disciplina para me exercitar. Eu sabia que precisava disso porque queria continuar por aqui até o fim — e ter uma longa jornada. Eu queria estar viva para irritar o diabo até Jesus voltar! Então finalmente respondi: "Quero que você ore para que eu consiga me disciplinar para manter um bom programa de exercícios".

Simplesmente compartilhar essa fraqueza com um intercessor e dizer: "Não consigo me disciplinar nesta área" foi incrivelmente poderoso e muito libertador. Depois que ele começou a orar por mim, pude me exercitar — de forma consistente e disciplinada — pela primeira vez em minha vida. Não muito depois que comecei, cheguei até mesmo ao ponto de poder dizer: "Estou começando realmente a gostar de me exercitar".

Um Fardo de Oração

Às vezes, quando você está orando pelas pessoas, sente o que chamamos de um fardo, ou um fardo de oração, ou de intercessão. Um fardo é algo que vem ao seu coração e faz com que ele se sinta pesado, como se guardasse algo importante; é algo do qual você não consegue se livrar. Às vezes, você nem mesmo sabe o que é exatamente esse fardo ou não o entende totalmente, mas só sabe que *precisa* orar.

Eu recebi um fardo de oração há pouco tempo. Estava tentando assistir algo na televisão, um programa que eu realmente queria assistir. Mas estava com dificuldade de me concentrar e sentia vontade de chorar. Eu não conseguia entender o que estava acontecendo comigo, mas parecia ser algo no meu interior dizendo "Ugh!".

Então, desliguei a televisão, deitei-me com o rosto voltado para o chão, e comecei a orar e a soluçar diante do Senhor. De repente, uma jovem veio à minha mente. Eu sabia que ela estava passando por um momento difícil, e durante cerca de quinze minutos, orei, intercedi, chorei e clamei por ela. Fiz isso e depois que terminei de orar, o fardo retirou-se. Levantei-me, assisti a meu filme, e ficou tudo bem.

> Um fardo é algo que vem ao seu coração e faz com que ele se sinta pesado, como se guardasse algo importante; é algo do qual você não consegue se livrar.
>
> ➤➤ • ◄◄

Deixe-me compartilhar algo sobre um fardo de oração: você não pode inventá-lo nem falsificá-lo. Mas se tentar ignorá-lo, não conseguirá encontrar alívio. Se você nunca experimentou nada parecido com o que aconteceu comigo e sentir um fardo de oração em algum momento, não comece a se perguntar o que há de errado com você. Deus não me dá fardos como aquele com frequência; a maioria das minhas orações são simples, normais e corriqueiras. Por outro lado, algumas pessoas parecem ter um fardo de oração toda vez que fecham os olhos. Tenho uma boa amiga e ela é uma intercessora, toda vez que começa a orar, cinco minutos depois, está chorando como um bebê. Ela tem um tipo de chamado diferente do meu, mas não me sinto menos espiritual quando oro com ela. Quando Deus me dá um fardo, respondo da forma adequada; mas quando Ele não me dá, não me sinto condenada nem começo a me perguntar se há algo errado com a minha vida espiritual.

O Poder da Oração Simples

159

Como intercessores, precisamos aprender a receber nossas missões de Deus e saber como distinguir se algo é um verdadeiro fardo de Deus ou não. Do mesmo modo, os intercessores não tentam fazer o que Deus chamou outra pessoa para fazer; eles simplesmente obedecem a Ele orando fielmente por tudo que Deus os está chamando para orar e perseveram nisso até o fardo ser retirado.

Todos nós temos o ministério da intercessão, a responsabilidade de orar pelos outros de acordo com a direção de Deus. Algumas pessoas são chamadas e especialmente dotadas de um ministério de intercessão e poderíamos dizer que ocupam o ofício espiritual de intercessores. Elas podem orar pelos outros por muitas horas todos os dias ou várias vezes por semana. Essas pessoas podem ter experiências na oração que outras não têm, mas lembre-se de que Deus está nos ensinando a orar de forma individual. Não devemos ficar intimidados pela experiência de outra pessoa com a oração.

Encontre o Seu Lugar na Oração

Todo crente é chamado a orar e interceder, mas nem todos são chamados para o "ofício espiritual" de um intercessor. Por exemplo, acredito que Deus chamou Dave como intercessor pelos Estados Unidos. Ele parece ter uma missão "oficial" do Senhor de orar pelo nosso país, um verdadeiro fardo por assuntos e questões nacionais, um anseio por ver o avivamento em nossa terra e um profundo e prolongado interesse pelas coisas que dizem respeito aos Estados Unidos. Ele estuda com diligência a história norte-americana e se mantém informado sobre o que se passa no governo do país. Também há um fervor incomum acompanhando suas orações. É isso que quero dizer quando digo haver pessoas que operam no ofício de intercessores.

Desde 1997, tenho observado Dave orar, chorar e bombardear o céu em favor dos Estados Unidos. Não choro pela nossa nação como ele faz, mas isso não significa que não me importo ou que não oro pelos nossos líderes. Significa apenas que não posso me obrigar a ter a mesma paixão de Dave, porque essa paixão foi dada a ele por Deus. Isso também significa que Deus está usando Dave e eu como uma equipe; Ele usa Dave jogando em uma posição e a mim jogando em outra. Se eu começar a me perguntar o que há de errado comigo por não interceder como Dave intercede, acabo me sentindo condenada — e isso me impedirá de cumprir o que Deus me chamou para fazer. Entretanto, se eu estiver confiante na minha posição e colocar o meu foco em ser excelente nela, nosso time sempre vai vencer. Deus não designa tudo a todos. O Espírito Santo divide as tarefas da maneira como considera ser mais adequada, e tudo que precisamos é fazer a nossa parte.

Quando Não Orar

Você sabia que às vezes podemos orar por alguém e estarmos nos opondo à vontade de Deus? Acredite ou não, há momentos em que não devemos interceder por uma pessoa. Deus disse a Jeremias em Jeremias 7:16: "Mas a você, Jeremias, não ore por este povo nem faça súplicas ou pedidos em favor dele, nem interceda por ele junto a mim, pois eu não o ouvirei".

Às vezes, através das nossas orações, podemos proteger as pessoas e manter o inimigo longe delas. Mas em outras ocasiões, o inimigo precisa se aproximar delas o bastante para que tenham de passar por algo desagradável, porque essa dificuldade é justamente aquilo que as fará se voltar para Deus. Isso é importante, porque o inimigo quer que pensemos que estamos pecando se não orarmos por alguém. Ele usará o fato de não estarmos intercedendo para nos condenar e nos impedir de orarmos como Deus quer que oremos nessa situação. Por isso precisamos ser guiados pelo Espírito Santo. Pode ser que Ele não nos diga para orar por alguém com muita frequência, mas quando fizer isso, precisamos conhecer a Sua voz, resistir ao inimigo, e obedecer.

O Poder da Oração Simples

161

Uma Oração Muito Poderosa

Uma das orações mais poderosas que você pode fazer é pelos seus inimigos. Se você quer conhecer uma pessoa poderosa em oração, procure alguém que interceda por um inimigo. Creio que Deus nos abençoa tremendamente quando intercedemos por aqueles que nos ofenderam ou traíram.

> Se você quer conhecer uma pessoa poderosa em oração, procure alguém que interceda por um inimigo.
>
> ⟶ • ⟵

Você se lembra de Jó? Ele teve de orar pelos seus amigos depois que eles o magoaram e decepcionaram. Mas logo após essa oração, Deus começou a restaurar a sua vida. Na verdade, Deus deu-lhe de volta em dobro tudo que Jó havia perdido (ver Jó 42:10)! Orar por alguém que nos feriu é muito poderoso porque, quando fazemos isso, estamos andando em amor para com aquela pessoa e obedecendo à Palavra de Deus.

O que Jesus nos diz para fazermos em Mateus 5:44? Ele nos instrui a orar pelos nossos inimigos, dizendo: "Mas eu lhes digo: Amem os seus inimigos e orem por aqueles que os perseguem". Quando você pensar nas pessoas que usaram e abusaram de você, que o importunaram e falaram mal de você, abençoe-as; não as amaldiçoe. Ore por elas. Deus sabe que abençoar os seus inimigos não é fácil e que você talvez não sinta vontade de fazer isso. Mas você não faz isso porque sente vontade — faz como para o Senhor. Optar por orar e abençoar em vez de amaldiçoar é muito poderoso na esfera espiritual, e Deus fará grandes coisas na sua vida em decorrência disso.

A ORAÇÃO DE CONCORDÂNCIA

Quando você está orando por alguma coisa e não parece estar fazendo nenhum progresso, talvez precise chamar alguém para orar em concordância com você. Esse tipo de unidade estabelece uma dinâmica espiritual poderosa, e de acordo com o Salmo 133, ela é boa e atrai a bênção de Deus.

Quando duas ou mais pessoas entram em concordância, o próprio Jesus promete estar com elas, e Sua presença exerce mais poder do que podemos imaginar sobre a nossa vida e circunstâncias. Ele diz em Mateus 18:19-20: "Também lhes digo que se dois de vocês concordarem na terra em qualquer assunto sobre o qual pedirem, isso lhes será feito por meu Pai que está nos céus. Pois onde se reunirem dois ou três em meu nome, ali Eu estou no meio deles". Deus também está conosco individualmente, mas o nosso poder aumenta quando estamos juntos em unidade e concordância. A Bíblia diz que uma pessoa pode colocar mil em fuga e que duas podem colocar dez mil para correr (ver Deuteronômio 32:30). Gosto desse tipo de matemática!

O inimigo sabe que as bênçãos de Deus repousam sobre a unidade e que a Sua presença está com aqueles que concordam em Seu nome, por isso trabalha diligentemente para dividir as pessoas, gerar contendas nos relacionamentos, provocar ira e ciúmes, e para manter as pessoas em divergência. Precisamos entender o poder da unidade e da concordância, e embora precisemos ter momentos de comunhão íntima com Deus, também precisamos exercitar o poder de orarmos juntos em concordância.

Vivendo em Concordância

A oração de concordância só é eficaz quando os envolvidos estão vivendo em concordância em sua vida natural diária. Isso não significa que não podermos ter nossas próprias opiniões, mas que existe harmonia e respeito mútuo, e que honramos uns aos outros em nossos relacionamentos. Significa que existe uma ausência de coisas que geram divisão e contenda como o egoísmo, a ira, o ressentimento, os ciúmes, a amargura, ou a competição. Viver em

O Poder da Oração Simples

163

concordância é como estar no mesmo time de futebol — todos trabalham juntos, apoiam e encorajam uns aos outros, acreditam e confiam uns nos outros enquanto perseguem o mesmo objetivo e compartilham a vitória.

Meu marido Dave e eu vivemos em concordância. Isso não significa que nunca temos opiniões divergentes ou que nunca discordamos. Entretanto, significa estarmos comprometidos em evitar conflitos e divisões no nosso relacionamento. Também significa às vezes termos de "concordar em discordar", enquanto honramos e respeitamos um ao outro.

Do mesmo modo, vivo em concordância com as pessoas do Ministério Joyce Meyer. Não estou intimamente envolvida em todas as decisões tomadas, mas transmiti às pessoas que trabalham para nós as coisas que estão no meu coração. Quando elas tomam decisões, fazem isso em concordância com a visão que Deus me deu e que eu passei para elas. Deste modo, todos nós estamos orando e trabalhando em concordância com o propósito dado por Deus ao ministério, vivenciando grandes bênçãos e sendo usados para abençoar outros além do que jamais pude imaginar.

Assim como quero que você conheça o significado de viver em concordância, também quero que saiba o que *não é* viver em concordância. Por exemplo, não podemos fofocar sobre o pastor a semana inteira e depois pedir a ele que ore conosco em concordância por cura se recebemos um diagnóstico negativo do médico. Não podemos gritar com nossos filhos todos os dias, implicar com eles, ou ficar apontando o tempo todo seus erros, e depois dizer que concordamos com eles em oração para tirarem uma boa nota na escola. Não podemos falar pelas costas de um colega de trabalho e depois pedir a ele que concorde conosco em oração para mantermos nosso emprego quando houver eminência de demissões. Não podemos brigar com o nosso cônjuge a todo o momento, reclamar dele com nossos amigos e depois, quando ele perder o emprego, dizer: "Bem, vamos orar em concordância para que você consiga outro emprego logo". Não podemos guardar um ressentimento não declarado contra um membro da família durante anos e depois, quando chegar a hora da leitura do testamento do vovô, pedir a ele que ore em concordância para ambos sermos poderosamente abençoados.

> A concordância é incrivelmente poderosa, mas ela precisa ser pura, e vir de um lugar onde há humildade.
>
> ->>- • -<<-

Manter a unidade e a harmonia exige esforço, mas o poder liberado quando pessoas que vivem em harmonia oram vale o esforço. Deus é honrado quando nos comprometemos a viver em unidade porque Ele sabe que isso nem sempre é fácil. Seja um gerador e um mantenedor da paz e você será chamado de filho de Deus (ver Mateus 5:9).

Ore em Concordância; Ore a Deus

Em Lucas 18:10-11, lemos sobre dois homens que foram ao templo orar. Um era fariseu e o outro coletor de impostos. Jesus disse: "O fariseu, em pé, orava no íntimo: 'Deus, eu te agradeço porque não sou como os outros homens: ladrões, corruptos, adúlteros; nem mesmo como este publicano'". Então ele começou a enumerar todas as suas boas obras.

O que gosto nesta passagem é que a Bíblia não diz que o fariseu estava orando a Deus. Ela diz que ele foi ao templo para orar, mas fazia isso "no íntimo" (ou consigo mesmo). Aqui lemos sobre um homem que parecia estar orando, mas a Bíblia diz que ele não estava nem mesmo falando com Deus; ele estava falando consigo mesmo! Creio que às vezes também oramos para impressionar as pessoas, talvez até para impressionar a nós mesmos. Vamos ser sinceros: podemos nos impressionar com a nossa própria eloquência. Quando estamos orando em concordância com alguém ou com um grupo de pessoas, devemos tomar muito cuidado para não es-

O Poder da Oração Simples

tarmos pregando para as pessoas e nem tentando parecer super-respirituais, mas que nossas orações sejam guiadas pelo Espírito e estejamos realmente abrindo o nosso coração diante de Deus. A concordância é incrivelmente poderosa, mas ela precisa ser pura, e vir de um lugar onde há humildade.

Poder Multiplicado

Jesus prometeu que se duas pessoas na terra concordarem em alguma coisa, Deus fará com que ela aconteça (ver Mateus 18:19). Como já mencionei, Ele responde às orações de concordância quando aqueles que estão orando já expressam concordância em sua vida diária. Ele aprecia muito aqueles que pagam o preço para viverem em concordância, em unidade e em harmonia. A esses Ele diz essencialmente o seguinte: "Quando vocês se reúnem assim, o meu poder é liberado entre vocês. O poder da sua concordância é tão dinâmico que, sem dúvida, conseguirão o que desejam. Eu farei isso".

Como você pode ver, a concordância é tão poderosa que é um princípio de multiplicação e não de soma. Por isso a Bíblia diz que uma pessoa pode colocar mil para correr e duas podem colocar dez mil em fuga (ver Deuteronômio 32:30). Se a concordância estivesse baseada na soma, uma pessoa colocaria mil para correr e duas colocariam duas mil. Mas a unidade ordena a benção de Deus — e a benção de Deus gera multiplicação. Por esse motivo, a oração onde há verdadeira concordância é uma força poderosa no reino espiritual.

Há pouco tempo, ouvi a história de um jovem que fez a oração de concordância com os pastores de sua igreja. Este é um grande testemunho do poder desse tipo de oração, e acredito que o ajudará tanto a entender como orar em concordância com outras pessoas quanto o encorajará a fazer isso.

Alan tinha vinte e um anos quando sentiu em seu coração que Deus queria lhe dar uma esposa. Para muitos, ele era jovem demais para estar pensando em um compromisso como esse, mas depois de falar com seus pastores, eles também concordaram que era o Senhor quem o estava direcionando a crer em uma resposta a esse pedido. Ele tinha um relacionamento íntimo com seus pastores e prestava conta de seus passos a eles, praticando o princípio de viver em unidade.

Por entender e acreditar na oração de concordância, e para demonstrar que ele encarava sua oração com total seriedade, Alan ligava para um de seus pastores todos os dias a fim de orar por sua esposa. Alan orava: "Deus, a Bíblia diz que Tu fazes com que o solteiro tenha uma família, e estou pedindo que Tu me envies a minha esposa, no Teu tempo perfeito".

Do outro lado do telefone, seu pastor entrava em concordância com o pedido de Alan. "Senhor, eu concordo com Alan", ele dizia, "e a Tua Palavra diz que se dois concordarem na terra a respeito de qualquer coisa que peçam, vos será feito por meu Pai que está no céu. Assim, Senhor, concordamos e acreditamos que a esposa de Alan virá depressa em nome de Jesus".

Logo depois de seis breves semanas, Deus respondeu à oração de Alan. Com uma certeza misteriosa, ele sabia que sua esposa seria uma jovem que ele havia conhecido meses antes. Até então, nenhum deles tinha nenhum interesse pelo outro, mas depois que Alan e seu pastor começaram a orar todos os dias, os sentimentos começaram a mudar tanto em Alan quanto na garota.

A princípio, ambos descartaram a hipótese, uma vez que Alan estava certo de que o Senhor não responderia tão rápido. Ele esperava que Deus enviasse sua esposa meses mais tarde, se não anos. Mesmo assim, ele ainda estava preparado para orar todos os dias por sua futura esposa, mas seis semanas pareciam ser um pouco antes do programado! Depois de conterem seus sentimentos por algum tempo, ambos entenderam que realmente Deus os estava direcionando a se casarem. Eles cortejaram por sete meses antes disso.

O Poder da Oração Simples

Olhando para trás, Alan relaciona o casamento deles diretamente às noites em que ligava fielmente para o seu pastor, e eles concordavam que Deus enviaria e abençoaria uma parceira para ele. O casal agora está casado há mais de dois anos, esperando o seu primeiro filho, e servindo a Deus de todo o coração.

Deixe-me dizer que nem todos que fazem a oração de concordância pedindo um cônjuge talvez venham a encontrar o seu parceiro ou parceira tão depressa quanto Alan. Lembre-se de que Alan estava pedindo a Deus que lhe mandasse sua esposa no tempo perfeito de Deus, mas acontece que Ele optou por responder rapidamente.

Todos nós podemos experimentar o poder da oração de concordância, assim como Alan. Eu experimentei pessoalmente o poder da concordância em muitas áreas de minha vida e ministério. Sei que a oração de concordância é realmente um tipo de oração que libera um poder multiplicado, e acredito que orar dessa maneira trará resultados tremendos à sua vida.

RESUMO

Como crentes, somos parte de uma família — a família de Deus. Os relacionamentos constituem parte vital da vida cristã e devemos ajudar uns aos outros, encorajar uns aos outros, compartilhar uns com os outros, e levar as cargas uns dos outros. Também devemos incluir nossos irmãos em nossa vida de oração *por* outras pessoas e *com* outras pessoas.

Quando oramos pelas pessoas, estamos praticando um tipo de oração conhecido como intercessão. Quando intercedemos, estamos nos unindo a Jesus no Seu ministério e cooperando com Ele enquanto intercede no céu por nós na terra. A intercessão pode realmente mudar o rumo da vida de uma pessoa e somos privilegiados por podermos orar por aqueles que nos cercam. Nunca devemos desvalorizar o poder das nossas orações; as orações de uma única pessoa podem fazer uma enorme diferença!

Não apenas podemos orar pelas pessoas, como também podemos orar com elas em concordância. A harmonia nos relacionamentos leva à unidade na oração, que libera um grande poder na vida e nas situações que as pessoas enfrentam. Andrew Murray escreve: "[Deus] nos dá uma promessa muito especial para a oração em conjunto feita por duas ou três pessoas que concordam no que estão pedindo".[3] Essa promessa se refere ao poder, ao consolo e à direção que está disponível para nós em Sua presença quando oramos. O poder, o consolo e a direção de Deus estão disponíveis para você. Ele quer que você experimente essas coisas de uma forma pessoal e poderosa — e eu também.

Chaves para a Oração

→→ Intercessão é orar por outras pessoas. Quando intercedemos, nos colocamos na brecha entre Deus e a outra pessoa.

→→ Deus pode mudar de ideia como resultado da intercessão.

Na intercessão, deixe que o Espírito Santo dirija e coopere com o que Ele está fazendo na vida das pessoas por quem você está orando. Quando você tiver um fardo de oração, ore até que ele seja retirado. Se sentir que, por algum motivo, não deve orar por uma situação, confie em Deus para cuidar dela e não se obrigue a orar.

→→ Todos nós precisamos encontrar o nosso lugar na oração e ser fiéis em cumprir as missões de intercessão que Deus nos der.

→→ Algumas das orações mais poderosas que podemos fazer são as orações pelos nossos inimigos.

→→ Uma dinâmica espiritual poderosa entra em cena quando pessoas que vivem em concordância começam também a orar em concordância.

O Poder da Oração Simples

➤➤ Viver em concordância inclui harmonia, pureza, honra e humildade em um relacionamento. Isso requer a ausência de conflitos, ciúmes, ressentimento, ira e amargura.

➤➤ A oração de concordância traz o poder da multiplicação e a benção de Deus para uma situação.

9

A Palavra e o Espírito

Nos últimos capítulos, examinamos diferentes tipos de oração. Seja qual for o tipo de oração que façamos — quer seja de consagração ou de compromisso, de petição ou de perseverança, de intercessão ou de concordância, de louvor, adoração ou ações de graças, em todas elas a Palavra de Deus é um ingrediente essencial. Nossas orações são sempre eficazes quando "lembramos" a Deus a Sua Palavra e oramos com fé no fato de que Ele é capaz de realizar o que disse.

Também acredito que para ser mais eficaz, a oração precisa ser feita "no Espírito". Como mencionei no capítulo 3, diferentes grupos de pessoas em todo o corpo de Cristo têm ideias diferentes sobre o que significa "orar no Espírito", mas a maioria dos cristãos parece concordar que significa permitir que o Espírito Santo nos dirija enquanto oramos, em vez de orarmos pelo que desejamos orar. Tenho uma convicção pessoal sobre o significado de "orar no Espírito", que pretendo desenvolver mais adiante neste capítulo, porém, acima de qualquer outra coisa, acredito que todos nós devemos nos esforçar ao máximo para permitir que o Espírito Santo inspire e dê poder às nossas orações.

Precisamos tanto da Palavra quanto do Espírito em nossas orações para permanecermos equilibrados e fortes na nossa vida espiritual. Se as pessoas buscam experiências sobrenaturais ou até se tornam exageradas nas questões espirituais, elas podem ser enganadas e se tornarem excessivamente emotivas ou até excêntricas. Ao mesmo tempo, se nos concentrarmos na Palavra sem sermos também sensíveis ao Espírito, podemos nos tornar legalistas e secos. Quando temos o Espírito e a Palavra juntos, podemos viver uma vida sólida e equilibrada — fundamentada na verdade e adornada de alegria e poder. Precisamos do firme fundamento da Palavra de Deus e do entusiasmo e empolgação do Espírito. Orar em concordância com a Palavra e no Espírito nos mantém orando de acordo com a vontade de Deus. Essas coisas fazem com que nossas orações sejam eficazes e deem excelentes frutos em nossa vida. Em tudo o que fizer, eu o encorajo a encher suas orações da Palavra e a deixar que o Espírito Santo o dirija. Você verá resultados tremendos.

ORANDO A PALAVRA DE DEUS

Isaías 62:6 nos instrui a "lembrarmos" a Deus das promessas que Ele nos fez, e uma das melhores maneiras de fazer isso é orando a Sua Palavra. Esse versículo diz: "O Jerusalém, sobre os teus muros pus guardas, que todo o dia e toda a noite jamais se calarão; ó vós, os que [são Seus servos e pelas suas orações] *fazeis lembrar ao SENHOR [as Suas promessas], não haja descanso em vós*" (ênfase minha, AMP).

A Palavra de Deus é extremamente valiosa para Ele e também deve ser para nós. A *Amplified Bible* traduz o Salmo 138:2 da seguinte forma: "Inclinar-me-ei para o Teu santo templo, e louvarei o Teu nome pela Tua benignidade, e pela Tua verdade e fidelidade; pois engrandeceste a Tua palavra acima de todo o Teu nome!". Esse versículo indica que Deus engrandece a Sua Palavra até mesmo acima do Seu nome. Se Ele a honra a tal ponto, precisamos fazer com que a nossa prioridade seja conhecer a Palavra, estudar a Pa-

172 A Palavra e o Espírito

lavra, amar a Palavra, ter a Palavra profundamente enraizada em nosso coração, estimar a Palavra mais que qualquer outra coisa, e incorporar a Palavra às nossas orações.

Quando honramos a Palavra e nos comprometemos com ela, como acabei de descrever, estamos "permanecendo" nela. Jesus disse em João 15:7: "Se vocês permanecerem em mim, e as minhas palavras permanecerem em vocês, pedirão o que quiserem, e lhes será concedido". Como podemos ver nesse versículo, permanecer na Palavra e permitir que ela permaneça em nós está diretamente ligado à nossa confiança na oração e a ver nossas orações atendidas. Quando oramos a Palavra de Deus, é menos provável que oremos por coisas que não sejam da vontade de Deus para nós.

> Permanecer na Palavra e permitir que ela permaneça em nós está diretamente ligado à nossa confiança na oração e a ver nossas orações atendidas.

Andrew Murray escreveu: "Nada pode tornar os homens fortes, a não ser a palavra que vem até nós pela boca de Deus: por ela devemos viver. É a palavra de Cristo, amada, vivida, permanecendo em nós, tornando-se parte do nosso ser através da obediência e da ação, que nos torna um com Cristo e nos capacita espiritualmente a tocarmos e recebermos a Deus".[1] Ele também diz: "É permanecer em Cristo que dá o direito e o poder para pedirmos o que quisermos: a extensão dessa permanência é a medida exata do poder na oração".[2] Jesus Cristo é o Verbo vivo (ver João 1:1-4), e quando permanecemos na Palavra, permanecemos nele — e isso confere um poder indizível às nossas orações.

Orações Baseadas na Palavra

A Palavra de Deus é um grande tesouro. Ela é cheia de sabedoria, direção, verdade e tudo o mais que precisamos para viver vidas

O Poder da Oração Simples

173

poderosas, vitoriosas e com propósito. Precisamos incorporar a Palavra às nossas orações, confessando-a sobre cada circunstância e situação. A palavra "confessar" significa *dizer a mesma coisa que*, então, quando confessamos a Palavra, estamos dizendo aquilo que Deus diz; devemos nos colocar em concordância com Ele. Se realmente quisermos ter um relacionamento profundo e dinâmico com Deus, precisamos concordar com Ele, e nada melhor para nos ajudar a fazer isso do que confessar a Palavra. Nossa confissão fortalece o nosso conhecimento da Palavra e a nossa fé em Deus, e consequentemente aumenta a precisão e a eficácia das nossas orações.

Para confessar a Palavra precisamos conhecê-la, porque só podemos concordar com Deus quando sabemos o que Ele fez e disse. Costumo encontrar pessoas que estão pedindo a Deus para lhes dar algo que elas já têm ou para fazer delas alguém que já são, e tenho vontade de dizer: "Parem de orar assim! Deus já completou a obra que vocês estão pedindo a Ele para fazer". Orações que pedem a Deus algo que Ele já nos deu são totalmente desnecessárias. Quando oramos a Palavra de Deus, ou fazemos com que Ele se lembre dela, precisamos fazer isso de forma adequada, ou seja, declarando o que a Palavra diz que Ele fez, em vez de pedirmos algo que Ele já fez. Por exemplo:

- Em vez de orar pedindo para ouvirmos a voz de Deus, precisamos agradecer a Ele porque nós a ouvimos (ver João 10:27).
- Em vez de orar para sermos libertos, precisamos agradecer a Deus por já nos ter libertado (ver Gálatas 5:1).
- Em vez de orar e pedir a Deus para ter um bom plano para a nossa vida, precisamos agradecer a Ele por já ter um bom plano (ver Jeremias 29:11).
- Em vez de orar para que Deus nos torne justos, devemos agradecer a Ele por já ter feito isso (ver 2 Coríntios 5:21).
- Em vez de orar e pedir a Deus para nos abençoar, devemos agradecer a Ele porque já somos abençoados com toda sorte de bênçãos (ver Efésios 1:3).

174   A Palavra e o Espírito

- Em vez de orar para sermos aceitos, devemos agradecer a Deus por já nos ter aceitado em Cristo (ver Efésios 1:6).

Orações-Modelo

Creio que a maneira como as pessoas oram e as coisas pelas quais oram revelam muito a respeito do seu caráter e da sua maturidade espiritual. Houve uma época em que minha vida de oração não indicava muita maturidade espiritual. Embora houvesse nascido de novo e fosse uma pregadora batizada com o Espírito Santo, minhas orações eram pateticamente carnais. Quando eu orava, tinha uma lista de pedidos aos quais eu achava que Deus precisava dizer "sim" para que eu pudesse ser feliz, e todos eles eram coisas naturais: "Ó Senhor, faça meu ministério crescer. Dê-nos um carro novo; faça isto; faça aquilo. Faça Dave mudar. Faça as crianças se comportarem", e assim por diante.

Como resposta, Deus simplesmente me disse: "Quero que você examine as orações de Jesus e as de Paulo. Então falaremos sobre a sua vida de oração". É claro que há várias orações em toda a Bíblia, principalmente nos Salmos, mas Deus me disse para fazer as orações de Jesus, que se encontram nos evangelhos, e as orações de Paulo, que se encontram nas Epístolas.

Quando comecei a orar como Jesus orava e como Paulo orava, descobri que realmente não existe uma maneira mais poderosa de orar do que orar a Palavra de Deus, porque ela nos mostra o que é importante para Ele. Dê uma olhada em algumas das orações de Jesus:

- "Pai, perdoa-lhes, pois não sabem o que estão fazendo" (Lucas 23:34).
- "Santifica-os na verdade; a tua palavra é a verdade" (João 17:17).

O Poder da Oração Simples

- "Eu neles e tu em mim. Que eles sejam levados à plena unidade, para que o mundo saiba que tu me enviaste, e os amaste como igualmente me amaste" (João 17:23).
- "Mas eu orei por você, para que a sua fé não desfaleça. E quando você se converter, fortaleça os seus irmãos" (Lucas 22:32).
- "Pai, eu te agradeço porque me ouviste" (João 11:41).

Também quero que prestemos atenção especial a algumas das orações de Paulo. Quando li suas orações em Efésios, Filipenses e Colossenses, elas me levaram às lágrimas. Senti-me muito mal com a carnalidade da minha vida de oração, e as orações de Paulo me afetaram tão poderosamente que desde então nunca mais fui a mesma. Vi que ele nunca orava para que as pessoas tivessem uma vida fácil ou fossem libertas das dificuldades. Em vez disso, ele orava para que elas conseguissem suportar o que quer que lhes acontecesse, para que elas fossem firmes, para que resistissem e para que elas fossem exemplos vivos da graça de Deus para outras pessoas. Ele orava pelo que é importante para Deus, e posso lhe garantir por experiência própria que Deus libera um poder incrível para nós quando oramos assim.

> Paulo nunca orava para que as pessoas tivessem uma vida fácil ou fossem libertas das dificuldades.
>
> ➤➤ • ◀◀

Em Efésios 1:17, Paulo disse: "Peço que o Deus de nosso Senhor Jesus Cristo, o glorioso Pai, lhes dê espírito de sabedoria e de revelação...". Seguindo esse exemplo, também precisamos orar por um espírito de sabedoria e revelação — e esse precisa ser um dos nossos principais pedidos. Na verdade, acredito que pedir a Deus por revelação — discernimento e entendimento espiritual — é uma das orações mais importantes que podemos fazer. Revelação significa "descobrir", e precisamos pedir a Deus para descobrir para nós tudo que nos pertence em

Cristo. Precisamos que Ele nos revele e descubra as verdades da Palavra revelada a nós para entendermos como orar por nós mesmos e pelas pessoas. Quando alguém lhe fala sobre um princípio bíblico ou uma verdade espiritual, isso é uma dose de *informação*. Mas quando Deus ajuda você a entendê-la, ela se torna uma *revelação* — e isso é algo que nenhum diabo no inferno ou nenhuma pessoa na terra pode tirar de nós. A revelação é *nossa*, pois é dada a nós por Deus.

Também precisamos pedir ao Senhor continuamente que nos dê percepção dos mistérios espirituais "no pleno conhecimento dele", como indicado no final do versículo. Paulo continuou em Efésios 1:18 dizendo que era seu desejo que "os olhos do coração de vocês" (que considero ser a mente) fossem "iluminados, a fim de que conheçam a esperança para a qual Ele os chamou". Ainda oro estas palavras com frequência: "Deus, mostra-me a grande esperança que tenho em Ti, para que eu não desanime em minha vida".

No versículo seguinte, Paulo continuou dizendo: "A fim de que vocês conheçam... a incomparável grandeza do seu poder para conosco, os que cremos, conforme a atuação da sua poderosa força" (vv. 18-19). Em termos mais simples, ele estava dizendo: *Oro para que você conheça o poder que está disponível a você como crente.* Esse é o tipo de oração que estou fazendo por você enquanto lê este livro, porque quero que você experimente o poder tremendo e ilimitado disponível a todos nós quando temos comunhão com Deus por meio da oração.

Em Efésios 3:16, Paulo disse: "Oro para que, com as suas gloriosas riquezas, ele os fortaleça no íntimo do seu ser com poder, por meio do seu Espírito". Precisamos orar por isso regularmente. Precisamos dizer: *Deus, dá-me forças e poder no meu homem interior, e permita que o Espírito Santo habite em mim e flua através da minha personalidade.* Esse tipo de oração nos transformará.

Também amo Efésios 3:19, quando Paulo orou: "... para que vocês sejam cheios de toda a plenitude de Deus". Precisamos orar para estarmos tão cheios de Deus que não haja espaço em nossa vida para nada mais.

O Poder da Oração Simples

Paulo também orou sobre o amor de Deus. Ele disse: "... e oro para que, estando arraigados e alicerçados em amor vocês possam [...] conhecer o amor de Cristo que excede todo conhecimento, para que vocês sejam cheios de toda a plenitude de Deus" (Efésios 3:17,19). Ele desejava que as pessoas conhecessem o amor de Deus pessoalmente — não apenas de ouvirem falar dele através de outras pessoas, não apenas que ouvissem um sermão a respeito dele, mas realmente conhecessem o amor de Deus por si mesmas. Uma das orações mais transformadoras que podemos fazer por alguém é pedir que ele conheça realmente o amor de Deus de uma maneira poderosa e pessoal. Paulo não orava para que as pessoas amassem a Deus; ele orava para que elas o conhecessem e tivessem a revelação do Seu tremendo amor.

Paulo continua falando sobre o amor em outra epístola: "Esta é a minha oração: que o amor de vocês aumente cada vez mais em conhecimento e seja demonstrado em maior profundidade..." (Filipenses 1:1, AMP). Você sabe o que ele está dizendo? *Quero ver vocês amando uns aos outros. Quero ver isso. Não quero apenas ouvir falar disso; quero ver. Demonstrem amor e deixem as pessoas verem como vocês amam uns aos outros. Coloquem seu amor à mostra e deixem-no crescer.*

Em Filipenses 1:10, Paulo também pediu que aqueles por quem ele orava não fizessem outras pessoas tropeçarem. Ele orou para que eles aprendessem a valorizar e escolhessem coisas excelentes, entendessem o que tinha real valor na vida, e buscassem essas coisas. Ele orou para que eles fossem estáveis e continuassem demonstrando o fruto da justiça durante os momentos de dificuldade.

Ele disse em Colossenses 1:11: "[Oramos] para que vocês sejam revigorados e fortalecidos com toda a fortaleza, segundo o poder da Sua glória, [para exercer] todo tipo de resistência e longanimidade (perseverança e domínio próprio) com alegria" (AMP). Em outras palavras: *Independentemente do que vocês estejam passando, continuem felizes. Independentemente de quanto tempo dure a provação, resistam a ela — e não maltratem as pessoas quando estiverem passando por ela. Sejam vitoriosos.*

Por que Paulo orava dessa forma? Porque ele estava orando por coisas que são importantes para Deus. Eu o encorajo a pegar sua Bíblia e olhar as orações de Paulo nas cartas aos Efésios, Filipenses e Colossenses. Depois, anote-as ou digite-as e estude-as; faça essas orações por si mesmo e por outras pessoas; deixe que elas mergulhem no seu espírito. Perceba que em nenhum momento em qualquer dessas orações Paulo pediu algo que não fosse espiritual. Sabe por quê? Porque Mateus 6:33 diz: "Busquem, pois, em primeiro lugar o Reino de Deus e a sua justiça, e todas essas coisas lhes serão acrescentadas". E o Salmo 37:4 diz: "Deleite-se no Senhor, e ele atenderá aos desejos do seu coração". Seja como Paulo. Compreenda e ore pelo que Deus quer que você ore, entendendo uma coisa: Ele cuidará de tudo que é importante para você.

> Compreenda e ore pelo que Deus quer que você ore, entendendo uma coisa: Ele cuidará de tudo que é importante para você.
>
> ✈ • ✈

Não é errado pedir a Deus algo para nós mesmos. Já definimos que Deus diz que não temos porque não pedimos. Ele disse: "Peçam, e lhes será dado" (Mateus 7:7). Nossos pedidos a Deus são importantes. Mas não acredito que 90% deles devam ser por coisas mundanas e naturais e apenas 10% por questões espirituais. Mais uma vez, tudo deve ser mantido em equilíbrio, do contrário abriremos a porta para Satanás operar em nossa vida (ver 1 Pedro 5:8).

Como Orar a Palavra

Talvez você nunca tenha ouvido a expressão "orar a Palavra" e esteja se perguntando como pode fazer isso. Creio que orar a Palavra, ou "orar as Escrituras", como algumas pessoas dizem, é a forma mais simples de oração disponível a qualquer crente. Basta ler ou me-

morizar as palavras da Bíblia e orá-las de maneira a torná-las pessoais ou então aplicá-las a alguém. Acredito que a melhor maneira de
fazer isso é acrescentar um
prefácio à passagem bíblica,
dizendo: "Deus, a Tua Palavra diz (inserir a Escritura)
e eu creio nisto".

Se você estivesse orando
Jeremias 31:3 para si mesmo, diria algo assim: *Deus,
a Tua Palavra diz que Tu me*
amaste com um amor eterno e me atraíste com bondade. Eu Te agradeço
por me amares tanto e por continuares a me atrair para perto de Ti com
tanta bondade. Ajuda-me, Senhor, a ser consciente do Teu amor por mim.
Se estivesse orando essa mesma Escritura por sua amiga Susie, que
estivesse tendo dificuldades em crer que Deus realmente a ama,
você diria algo do tipo: *Deus, a Tua Palavra diz que Tu amaste Susie*
com amor eterno e que a atraíste com bondade. Deus, sabes que Susie não
tem se sentido muito segura do Teu amor ultimamente, então eu peço que a
verdade desta promessa prevaleça sobre as suas emoções.

Conheço uma mulher chamada Beth que tem um grande testemunho relacionado a orar a Palavra de Deus em favor de uma
necessidade pessoal. Ela desejava progredir em sua profissão. Depois
de trabalhar em uma empresa por um bom tempo e perceber que
tinha poucas oportunidades de crescer ali, ela se candidatou a um
emprego em outra empresa e foi contratada para atuar em uma
posição de maior influência, responsabilidade, autoridade e com
maiores oportunidades de realizar o trabalho de que gostava. Ela
falou com seu chefe e deu a ele duas semanas de aviso prévio antes
de iniciar em seu novo emprego. Cinco minutos após entregar o
aviso prévio, seu novo empregador telefonou e disse: "Pare! Não
entregue seu aviso prévio. Nossa empresa está sendo vendida e é
possível que não tenhamos uma vaga para você".

> As promessas de Deus são para você; elas são para todos os crentes — e Ele ama quando conhecemos a Sua Palavra e a oramos.

180   A Palavra e o Espírito

A assistente de Beth recusou-se a voltar ao cargo de assistente, e o chefe concordou com ela, mas aceitou que Beth ficasse no cargo por quatro semanas em vez de duas. Ela precisava desesperadamente de um emprego, e não podia se dar ao luxo de perder dias de pagamento procurando outro. Assim, ela pediu a Deus para colocar no seu coração uma Escritura específica que ela pudesse orar e reivindicar como promessa da Sua Palavra.

As promessas de Deus são para você; elas são para todos os crentes — e Ele ama quando conhecemos a Sua Palavra e a oramos. Ele levou-a a Jeremias 24:6: "Porei os meus olhos sobre eles, para seu bem, e os farei voltar a esta terra. Edificá-los-ei, e não os demolirei; e plantá-los-ei, e não os arrancarei" (NKJV).

Beth começou a orar esta Escritura várias vezes por dia, andando pelo estacionamento do seu emprego atual durante os intervalos e na hora do almoço, dizendo: "Senhor, sei e declaro que Tu colocaste os Teus olhos sobre mim para o meu bem. Estou pedindo que Tu me tragas de volta a esta terra, que Tu me edifiques e não me abatas, que Tu me plantes e não me arranques". Quando ela orou "me tragas de volta a esta terra", Beth estava pedindo especificamente a Deus que a "trouxesse de volta" ao lugar onde trabalhava e não a "arrancasse" daquela empresa. Além disso, ela pediu para não perder um único dia de trabalho ou pagamento.

No seu último dia de trabalho, ao final das quatro semanas, Beth ainda não tinha um emprego. Ela se candidatou a outro departamento na mesma empresa, mas não obteve nenhuma resposta. Ainda assim, ela continuou orando e crendo que Deus não a arrancaria daquela companhia. Alguns minutos antes da cinco da tarde do seu último dia, quando estava recolhendo seus pertences para deixar o escritório, seu telefone tocou. Ela recebeu uma colocação em outro departamento da empresa — juntamente com estas palavras: "Desculpe por termos de apressar você, mas existe alguma possibilidade de começar a trabalhar para nós amanhã cedo?". Tudo aconteceu como ela havia orado com base na Palavra de Deus. Ele realmente a "trouxe de volta àquela terra; Ele não a arrancou"; e ela soube que os Seus olhos realmente estavam colocados sobre ela para o seu bem, conhecendo a sua necessidade e garantindo que não perdesse um único dia de trabalho.

Ouvi muitas histórias como essa, e tive muitas experiências semelhantes. Por isso deixe-me encorajar você, quando estiver em tempos de crise ou necessidade, a pedir a Deus para colocar uma passagem bíblica no seu coração e para ajudá-lo a orar com base nela. Ao fazer isso, acredito que a sua confiança na Palavra de Deus crescerá, sua fé aumentará, e você experimentará a tremenda alegria de ter sua oração atendida.

Orações da Palavra para a Sua Vida Diária

A Palavra de Deus se destina a nos ajudar e encorajar, e a nos dirigir em nossa vida diária. Assim podemos encontrar versículos ou passagens bíblicas para orar em todas as situações. Algumas vezes, podemos encontrar versículos ou passagens que nos dão uma direção notavelmente específica e detalhada, enquanto outras vezes precisamos pegar uma pérola de sabedoria de um princípio espiritual geral e aplicá-la à questão com a qual estamos tratando. Como exemplo, apresentamos a seguir diversas circunstâncias e emoções mais comuns e específicas com as quais o inimigo nos ameaça e os versículos correspondentes para orar em cada caso:

- Quando você ou alguém que você ama estiver doente, você pode orar a última frase de Êxodo 15:26, que diz: "Eu sou o Senhor que te sara", e o Salmo 103:2-4, que diz: "Bendiga o Senhor a minha alma! Não esqueça nenhuma de suas bênçãos! É ele que perdoa todos os seus pecados e cura todas as suas doenças, que resgata a sua vida da sepultura e o coroa de bondade e compaixão".
- Quando estiver passando por um período de dificuldades ou por alguma circunstância que o esteja esgotando, você pode

182 A Palavra e o Espírito

orar Isaías 40:29 e 31, que dizem: "Ele fortalece o cansado e dá grande vigor ao que está sem forças" e "Mas aqueles que esperam no Senhor renovam as suas forças. Voam alto como águias; correm e não ficam exaustos, andam e não se cansam". Você também pode orar Lamentações 3:22-23 que diz: "Graças ao grande amor do Senhor é que não somos consumidos, pois as suas misericórdias são inesgotáveis. Renovam-se cada manhã; grande é a tua fidelidade!".

- Quando precisar saber que Deus ouve as suas orações, você pode orar o Salmo 6:9, que diz: "O Senhor ouviu a minha súplica; o Senhor aceitou a minha oração". E o Salmo 55:17, que diz: "À tarde, pela manhã e ao meio-dia choro angustiado, e ele ouve a minha voz".

- Quando sua boca estiver lhe trazendo problemas, você pode orar o Salmo 141:3 que diz: "Põe, ó Senhor, uma guarda à minha boca; vigia a porta dos meus lábios!" (NKJV). Você também pode orar o Salmo 19:14, que diz: "Que as palavras da minha boca e a meditação do meu coração sejam agradáveis a ti, Senhor, minha Rocha e meu Resgatador!".

- Quando estiver com medo, você pode orar Isaías 41:10, que diz, "Não temas, porque eu sou contigo; não te assombres, porque eu sou teu Deus; eu te fortaleço, e te ajudo, e te sustento com a destra da minha justiça" (NKJV). Você também pode orar Josué 1:9, que diz: "Seja forte e corajoso! Não se apavore, nem se desanime, pois o Senhor, o seu Deus, estará com você por onde você andar".

- Quando estiver estressado e sob pressão, você pode orar o Salmo 55:22, que diz: "Lança o teu fardo sobre o Senhor, e ele te susterá; nunca permitirá que o justo seja abalado" (NKJV), e Isaías 26:3, que diz: "Tu conservarás em paz aquele cuja mente está firme em ti; porque ele confia em ti" (NKJV).

- Quando estiver com problemas financeiros, você pode orar o Salmo 34:9-10, que diz: "Temei ao Senhor, vós, seus san-

O Poder da Oração Simples

tos, porque nada falta aos que o temem. Os leõezinhos necessitam e sofrem fome, mas àqueles que buscam ao Senhor, bem algum lhes faltará" (NKJV). Se você está sendo fiel em ofertar, também pode orar Filipenses 4:19, que diz: "O meu Deus suprirá todas as vossas necessidades segundo as suas riquezas na glória em Cristo Jesus" (NKJV).

- Quando se deparar com uma decisão e não souber o que fazer, pode orar Provérbios 3:5-6, que diz: "Confie no Senhor de todo o seu coração e não se apoie em seu próprio entendimento; reconheça o Senhor em todos os seus caminhos, e ele endireitará as suas veredas". Você também pode orar Isaías 42:16, que diz: "Conduzirei os cegos por caminhos que eles não conheceram, por veredas desconhecidas eu os guiarei; transformarei as trevas em luz diante deles e tornarei retos os lugares acidentados. Essas são as coisas que farei; não os abandonarei".

- Quando estiver preocupado ou desanimado com o futuro, você pode orar Jeremias 31:17, que diz: "E há esperança para o teu futuro", e Jeremias 29:11, que diz: "Pois eu bem sei os planos que estou projetando para vós, diz o Senhor; planos de paz, e não de mal, para vos dar um futuro e uma esperança".

- Quando estiver tendo problemas com seus filhos, você pode orar e lembrar a Deus a Sua Palavra em Isaías 54:13, que diz: "Todos os seus filhos serão ensinados pelo Senhor, e grande será a paz de suas crianças". Você também pode orar Romanos 15:13, que diz: "Que o Deus da esperança os encha de toda alegria e paz, por sua confiança nele, para que vocês transbordem de esperança, pelo poder do Espírito Santo".

- Quando não estiver entendendo o que Deus está fazendo e o que está se passando em sua vida, pode orar o Salmo 37:23, que diz: "O Senhor firma os passos de um homem, quando a conduta deste o agrada" e Isaías 55:8-9, que diz:

184 A Palavra e o Espírito

"Pois os meus pensamentos não são os pensamentos de vocês, nem os seus caminhos são os meus caminhos, declara o Senhor. Assim como os céus são mais altos do que a terra, também os meus caminhos são mais altos do que os seus caminhos e os meus pensamentos mais altos do que os seus pensamentos".

> A Palavra de Deus realmente têm respostas, direção e estratégias de oração para cada situação que enfrentamos.
>
> ➤➤ • ◄◄

Entendo que os exemplos acima não abrangem todas as áreas da nossa vida, mas espero que você possa ver através deles que a Palavra de Deus realmente tem respostas, direção e estratégias de oração para cada situação que enfrentamos. Eu o encorajo firmemente a pesquisar as Escrituras e a memorizar e meditar sobre elas o máximo possível. Deste modo, a Palavra de Deus ficará "escondida" no seu coração e você terá um reservatório cheio de sabedoria e de verdade ao qual poderá recorrer a fim de incluir a Palavra como parte vital das suas orações.

ORANDO EM LÍNGUAS

Alguns cristãos acreditam em orar em uma linguagem pessoal de oração que é dada pelo Espírito Santo (orar em outras línguas). Essa prática também é chamada de orar em línguas. Com certeza respeito aqueles que não acreditam nesse dom espiritual, mas quero tratar dele neste capítulo porque existem muitas pessoas que acreditam. Pessoalmente, acredito que necessitamos desesperadamente de todos os dons do Espírito Santo operando na igreja hoje e que o dom de orar em línguas está disponível a todos os cristãos. Creio que esses dons nos são dados a fim de que possamos exercer e experimentar o poder de Deus em meio a um mundo em trevas e aos tempos incertos em que vivemos. Creio que precisamos de tudo que o Espírito Santo nos oferece: palavras de sabedoria e conhecimento; capacitação para ver e ministrar profeticamente; capacitação para discernir os espíritos que estão operando à nossa volta, e dos diferentes tipos de línguas e interpretações de línguas (ver 1 Coríntios 12:8-10).

Vou dizer a você o que Paulo disse em sua carta aos Coríntios: "Dou graças a Deus por falar em línguas..." (1 Coríntios 14:18). Na verdade, oro em línguas com frequência porque isso é uma grande fonte de poder, me edifica interiormente e me fortalece espiritualmente. Também aumenta a minha sensibilidade à direção do Espírito Santo e me mantém sob a direção do Espírito e não da minha mente ou das minhas emoções. Eu lhe garanto que orar em línguas libera um poder incrível para aqueles que recebem e exercitam esse dom do Espírito Santo.

O Poder da Oração em Línguas

Parte do poder de orar em uma linguagem de oração (orar em outras línguas) é ser um meio através do qual falamos segredos e mistérios espirituais com o Senhor. O texto de 1 Coríntios 14:2 diz: "Pois quem fala em língua não fala aos homens, mas a Deus. De fato, ninguém o entende; em espírito fala mistérios". Quando oramos em línguas, nossa mente não compreende o que estamos orando e isso faz com que nossa oração seja pura, não contaminada pela influência dos nossos pensamentos carnais nem pelo nosso raciocínio. Em 1 Coríntios 14:14, Paulo afirmou isso quando escreveu: "Pois, se oro em língua, meu espírito ora, mas a minha mente fica infrutífera".

Quando oramos em línguas, não estamos apenas fazendo orações que a nossa mente não entende, mas também orando em uma língua que Satanás não pode entender. Além do mais, geralmente nesses momentos oramos por coisas importantes relacionadas à nossa vida e à vida de outras pessoas — coisas tão importantes que mal poderíamos acreditar se entendêssemos o que estamos dizendo. Orar em línguas também é uma maneira de orar corretamente nos momentos em que realmente não sabemos como fazer isso. Romanos 8:26 diz: "... pois não sabemos como orar...". Em momentos assim, podemos orar em línguas. Essas orações do Espírito transmitirão a mensagem de forma precisa, pois são dadas pelo Espírito Santo, Aquele que intercede por meio de nós.

> Quando oramos em línguas, não estamos apenas fazendo orações que a nossa mente não entende, mas também orando em uma língua que Satanás não pode entender.
>
> ⤜ • ⤛

Creio no poder de orarmos em línguas (uma linguagem que não é nossa língua nativa ou sobre a qual não temos conhecimento natural). Isso fez uma tremenda diferença em minha vida de oração, assim como nas circunstâncias práticas do meu dia a dia. Essa prática faz com que o poder do Espírito Santo repouse sobre todos os aspectos da nossa vida e nos capacita a ter sabedoria, graça e força sobrenaturais durante nossa caminhada pela vida. Recebi esse dom de Deus em 1976, durante um período de intensa busca. Eu acreditava sinceramente que Deus tinha mais disponível para mim do que eu experimentava como cristã. Rendi-me, e Ele me encheu com o Seu Espírito e me permitiu falar em outras línguas, embora eu só tivesse ouvido falar brevemente sobre essa experiência naquela época.

Literalmente milhares de pessoas em toda a terra oram em uma linguagem mais profunda e eu pessoalmente creio que ela está disponível a todos. Alguns temem o falar em outras línguas porque suas mentes não entendem isso; outros foram ensinados contra falar em línguas (e a prática de outros dons sobrenaturais), outros podem ter a ideia errônea de que esses dons desapareceram com a igreja primitiva. E há aqueles que ainda precisam apenas receber ensino

O Poder da Oração Simples

187

nessa área. Não podemos colocar a nossa fé em algo do qual nunca ouvimos falar.

Quero encorajar você a estudar mais sobre esse assunto. Nenhum de nós deve aceitar doutrinas de homens sem pesquisar as Escrituras. Uma pessoa não precisa falar em línguas para ir para o céu. A Bíblia nem sequer nos diz que falar em outras línguas é o dom mais importante (na verdade, Paulo nos disse que o amor é o maior de todos os dons). Pessoalmente conheço pessoas que não falam em outras línguas e têm um caráter divino. Também conheço pessoas que falam em outras línguas e continuam sendo muito egoístas, carnais e nada amorosas.

Falar em línguas não é garantia de maturidade espiritual, mas nos dá uma abertura na esfera espiritual e uma capacidade de tocarmos os segredos e mistérios de Deus. Essa prática nos dá a habilidade de orarmos com precisão quando não sabemos como orar e é uma maneira de edificar a nossa fé.

RESUMO

Uma maneira segura e simples de fazer orações eficazes alinhadas com a vontade de Deus é orar a Palavra. Deus valoriza e honra a Sua Palavra, e em Isaías 62:6 Ele nos convida — e até nos estimula — a lembrá-lo da Sua Palavra. Precisamos conhecer a Palavra para podermos entender o que Deus nos prometeu e para não continuarmos pedindo a Ele para fazer o que já fez.

Outra maneira segura de fazer orações eficazes é orar no espírito, isso significa ser guiado pelo Espírito de Deus e/ou orar em outras línguas. Podemos ser guiados por Ele a orar em nossa própria língua ou em outras línguas. As orações em outras línguas acontecem entre o nosso espírito e o Espírito de Deus; elas falam mistérios na esfera espiritual, estão livres da influência dos nossos pensamentos carnais e são incompreensíveis para o inimigo. Quando oramos assim, nossa mente não compreende o significado do

188   A Palavra e o Espírito

que dizemos, mas o nosso espírito testifica quanto à sua precisão e poder.

A Palavra e o Espírito são uma combinação imbatível em qualquer situação — principalmente nas nossas orações. Portanto, ore a Palavra e seja guiado pelo Espírito Santo!

Chaves para a Oração

→→ Orar a Palavra de Deus é uma maneira especialmente eficaz de orar. Ela nos mantém atentos às promessas de Deus, alinhados com a Sua verdade e em concordância com o Seu coração.

→→ Quando vemos na Palavra que Deus já nos deu alguma coisa, precisamos declarar isso e agradecer a Ele, em vez de pedirmos novamente.

→→ Paulo não orava pedindo que as pessoas fossem poupadas de provações ou problemas. Em vez disso, ele orava para que elas enxergassem — tivessem revelação — o que Deus já havia feito. Ele também orava para que elas pudessem resistir a qualquer situação que viessem a enfrentar e vivessem no poder do Espírito, sendo firmes e testemunhas vivas da graça de Deus às outras pessoas.

→→ Podemos encontrar um versículo ou passagem bíblica para orar em cada situação que a vida nos trouxer. A Bíblia não inclui versículos que tratam especificamente de todos os detalhes, mas nos dá sabedoria, princípios e direção geral para nos ajudar a saber como orar em todo tipo de circunstância.

→→ Muitos cristãos acreditam em fazer orações em uma linguagem chamada de "outras línguas", uma linguagem espiritual que a nossa mente não entende e Satanás não pode compreender.

O Poder da Oração Simples

Creio que orar nesse tipo de linguagem sobrenatural faz uma enorme diferença na vida de oração de uma pessoa. Essa prática traz sabedoria, poder e força sobrenaturais à nossa vida, às decisões que precisamos tomar e às situações diárias que enfrentamos.

10

Chaves para uma Oração Poderosa

Uma das minhas orações por você é que as suas orações sejam poderosas e eficazes, e para que você possa falar com Deus de forma a ter êxito em trazer o coração Dele e os planos Dele para dentro da sua vida e das pessoas que o cercam. A Bíblia diz: "A oração feita por um justo pode muito em seus efeitos" (Tiago 5:16, NKJV). Se quisermos fazer orações eficazes e muito proveitosas, precisamos saber o que Deus diz sobre elas, porque nem todas as nossas orações são necessariamente vitoriosas. Por exemplo, às vezes queremos algo tão desesperadamente que deixamos de orar de acordo com a vontade de Deus — e por isso essas orações não são eficazes. Algumas vezes estamos tão zangados ou tão magoados que fazemos orações baseadas nas nossas emoções em vez de nos basearmos na Palavra de Deus ou no Seu coração — e essas orações também não são eficazes.

Por meio da Sua Palavra, Deus nos diz o que devemos fazer para nossas orações serem poderosas e eficazes, e eu gostaria de explorar algumas das Suas instruções neste capítulo. Como escrevi anteriormente neste livro, orações poderosas não são o resultado de seguirmos fórmulas ou nos prendermos a certos princípios. Orações poderosas se baseiam na Palavra de Deus; são simples, sinceras e cheias de fé; elas não têm nada a ver com regras ou normas, e têm tudo a ver com a atitude do nosso coração.

OBEDEÇA A DEUS

Um dos aspectos mais importantes da nossa vida cristã — e uma condição para a oração eficaz — é a obediência, que revela o nosso amor a Deus. Simplesmente não progrediremos com Deus nem nos sobressairemos na oração se não estivermos dispostos a obedecer a Ele. A desobediência de qualquer tipo, em qualquer nível, é pecado. Assim como o pecado sempre nos impedirá de orar com êxito, a obediência a Deus abrirá caminho para que nossas orações sejam realmente eficazes e frutíferas.

Ao longo dos anos, tive muitas oportunidades de obedecer a Deus. Uma delas, quando a obediência pareceu especialmente desafiadora, foi no momento em que recebi meu chamado para o ministério em 1976. Naquela época, eu estava trabalhando em tempo integral, tentando criar três filhos e ser uma esposa. Eu tinha pouco tempo para qualquer coisa além de sobreviver, mas precisava desesperadamente começar a me preparar para o ministério de ensino que Deus estava colocando em meu coração.

Deus começou a tratar comigo para dar um passo de fé e deixar meu emprego para poder passar várias horas por dia estudando e orando. Eu estaria sendo generosa se dissesse que estava com medo. Na verdade, petrificada seria a palavra mais precisa! Em primeiro lugar, eu tinha pouca experiência em confiar em Deus para suprir minhas necessidades financeiras. Ele estava me chamando para um novo nível de fé, mas eu estava acostumada a cuidar de mim mesma e descobri que era difícil ser obediente.

Nossas contas mensais excediam a renda de meu esposo em 40 dólares, o que significava que precisaríamos não apenas confiar em

Deus quanto ao dinheiro, mas também em relação a qualquer despesa extra que aparecesse como conserto do carro, manutenção da casa, roupas, e outras coisas que precisávamos.

Tendo a nossa situação financeira em mente, decidi deixar meu emprego em horário integral e procurar um emprego de meio-expediente. Essa foi a minha maneira de obedecer a Deus e continuar tendo a garantia de ter nossas necessidades supridas. Em outras palavras, eu não estava disposta a confiar nele *completamente*. Estava oferecendo um sacrifício em vez de obediência. Isso não é agradável a Deus e nem é verdadeira obediência.

Alguns meses se passaram e meu novo emprego de meio-expediente não estava indo bem. Normalmente, eu era uma funcionária muito boa, mas parecia não estar conseguindo fazer nada direito no novo emprego. Para encurtar a história, finalmente acabei sendo despedida (algo que nunca havia me acontecido antes) e percebi através desse incidente que Deus estava falando sério quando dizia: "Deixe seu emprego; confie em mim para suprir todas as suas necessidades e comece a se preparar para o ministério de ensino".

Ao longo dos anos seguintes, aprendi muito sobre a bondade de Deus vendo-o suprir nossas necessidades de forma milagrosa, mês após mês. O que Ele fez pode não ter parecido milagroso para outra pessoa, mas foi para mim. Lembro-me de ter uma lista de itens que eu precisava e pedia a Deus para prover. Na minha lista havia esponjas de louça novas e panos de prato novos. Você pode imaginar a minha surpresa quando uma amiga apareceu na minha porta dizendo: "Espero que você não me ache maluca, mas senti que Deus queria que eu lhe comprasse esponjas novas e panos de prato novos, então, aqui estão eles".

Se eu não tivesse dado aquele passo de fé anos atrás, não poderia confiar em Deus para suprir as finanças que necessitamos para dirigir o ministério hoje. Como um pregador disse: "Você precisa crer em Deus para suprir sua necessidade de camisas antes que possa crer nele para lhe dar uma casa ou um carro novo". À medida que damos passos de obediência, aprendemos a confiar em Deus.

O Poder da Oração Simples

Adquirimos experiência em confiar Nele, e isso aumenta a nossa confiança.

Deixe-me preveni-lo para não tentar fazer o que eu fiz só porque funcionou para mim, mas a estar disposto a fazer o que Deus esteja lhe pedindo. A obediência radical o conduzirá a uma vida empolgante com Deus, uma vida que o eletrizará e o surpreenderá.

Eu o encorajo a decidir-se a ser extremamente e até radicalmente obediente a Deus. 1 João 3:22 diz: "E recebemos dele tudo o que pedimos, porque obedecemos aos seus mandamentos e fazemos o que lhe agrada". Isso significa ser perfeito? Não. Na verdade, Deus em Sua graça abençoará mesmo aqueles que cometem erros, mas não devemos ficar satisfeitos por continuarmos do mesmo jeito. Deus nos abençoa embora não sejamos perfeitos, mas ao mesmo tempo, nosso coração precisa ansiar por crescimento e aperfeiçoamento. Não podemos pecar de forma consciente, deliberada e habitual e depois esperar que Deus nos dê uma vida repleta das Suas bênçãos. Nossas atitudes precisam mandar para Deus a seguinte mensagem: "Não quero continuar assim. Quero crescer. Quero mudar e estou prosseguindo em direção a esse alvo. Enquanto estou a caminho, sei que não vou fazer tudo certo, mas Tu és tão gracioso e misericordioso, por isso posso crer que mesmo assim Tu me abençoas enquanto continuo amadurecendo". Por outro lado, se ficarmos chafurdando na desobediência, conscientes de estarmos desobedecendo a Deus, então realmente não precisamos ser abençoados porque se Deus nos abençoar enquanto tivermos essa atitude ou comportamento, não vamos querer mudar ou crescer.

Nós nos ferimos todas as vezes que não obedecemos a Deus. Por exemplo, se Ele nos disse para pedirmos perdão a alguém e somos teimosos demais para dizer: "Perdoe-me", estamos ferindo a nós mesmos e afetando negativamente a nossa vida de oração. Mas quando obedecemos a Deus, nos posicionamos para termos nossas orações atendidas e para recebermos grandes bênçãos. Veja o que a Bíblia diz sobre as boas coisas que acontecem àqueles que obedecem.

> Decida-se a ser extremamente e até radicalmente obediente a Deus.
> ⤞ • ⤝

Aqueles que pecam, mas têm uma atitude de arrependimento, podem ser abençoados. Precisamos admitir nossos pecados, confessá-los e estar dispostos a nos afastar deles. Entretanto, se as pessoas amam o pecado e não estão dispostas a se afastar dele, elas viverão sob a punição severa de Deus até verem a luz.

- "Agora, se me obedecerem fielmente e guardarem a minha aliança, vocês serão o meu tesouro pessoal dentre todas as nações" (Êxodo 19:5).
- "Tenham o cuidado de obedecer a todos estes regulamentos que lhes estou dando, para que sempre vá tudo bem com vocês e com os seus filhos, porque estarão fazendo o que é bom e certo perante o Senhor, o seu Deus" (Deuteronômio 12:28).
- "Então o Senhor, o seu Deus, abençoará o que as suas mãos fizerem, os filhos do seu ventre, a cria dos seus animais e as colheitas da sua terra. O Senhor se alegrará novamente em vocês e os tornará prósperos, como se alegrou em seus antepassados, se vocês obedecerem ao Senhor, o seu Deus, e guardarem os seus mandamentos e decretos que estão escritos neste Livro da Lei, e se vocês se voltarem para o Senhor, o seu Deus, de todo o coração e de toda a alma" (Deuteronômio 30:9-10).
- "Se lhe obedecerem e o servirem, serão prósperos até o fim dos seus dias e terão contentamento nos anos que lhes restam" (Jó 36:11).
- "Dei-lhes, entretanto, esta ordem: Obedeçam-me, e eu serei o seu Deus e vocês serão o meu povo. Vocês andarão em todo o caminho que eu lhes ordenar, para que tudo lhes vá bem" (Jeremias 7:23).

O Poder da Oração Simples

- "Se vocês obedecerem aos meus mandamentos, permanecerão no meu amor, assim como tenho obedecido aos mandamentos de meu Pai e em seu amor permaneço" (João 15:10).

SEJA CONSTANTEMENTE JUSTO

Deus promete na Sua Palavra que Ele ouvirá as nossas orações se procurarmos ser fiéis em nossa caminhada com Ele. Provérbios 15:29 diz: "O Senhor está longe dos ímpios, mas ouve a oração dos [que são constantemente] justos (os retos, que estão em posição justa perante Ele)" (AMP). O que significa ser constantemente justo? Em poucas palavras, creio que a melhor maneira de ser justo dessa forma é recusando-se a fazer concessões.

Uma pessoa que faz concessões é alguém cuja tendência é seguir o que a maioria quer fazer, embora isso possa não estar totalmente certo. Uma pessoa que faz concessões sabe quando algo não está certo, mas faz aquilo assim mesmo, achando que não haverá consequências. Nós fazemos concessões quando sabemos no nosso coração — e até mesmo temos a convicção do Espírito Santo — que não devemos dizer, fazer, comprar ou comer alguma coisa e reagimos com: "Bem, eu sei que não deveria dizer isto, mas...", "Eu sei que não deveria comer isto, mas...", "Bem, eu sei que não deveria comprar isto, mas...", "Eu sei que não deveria fazer isto, mas...", e "Eu sei que não deveria ficar acordado até tão tarde, mas...". O que estamos realmente dizendo com o nosso *Eu-não-deveria-mas?* Estamos dizendo: "Deus está me mostrando o que fazer, mas vou fazer o que quero". Nesse caso, só podemos culpar a nós mesmos se não vemos os resultados que gostaríamos de ver.

Porém, quando nos recusamos a fazer concessões e nos dedicamos a sermos justos constantemente, Deus ouve as nossas orações e promete outras bênçãos também, tais como:

- "... o que os justos desejam lhes será concedido" (Provérbios 10:24).

- "Os justos florescerão como a palmeira, crescerão como o cedro do Líbano" (Salmos 92:12).
- "A luz nasce sobre o justo e a alegria sobre os retos de coração" (Salmos 97:11).
- "... o Senhor ama os justos" (Salmos 146:8).

Embora a Bíblia afirme claramente as bênçãos dos justos, as pessoas na nossa sociedade moderna parecem desejar que façamos concessões, e se nos recusarmos, elas podem nos chamar de legalistas e rígidos. Até mesmo alguns cristãos nos acusarão disso se tentarmos viver uma vida santa. Eu preferiria exagerar tentando ser santa a exagerar tomando uma série de liberdades que não devo tomar ou que me trarão problemas! É fácil se deixar levar pelo mundo, mas Deus está à procura daqueles que lutam contra o declínio moral em que o mundo parece estar mergulhado e vivem uma vida pura e santa — uma vida sem concessões!

Se quisermos obedecer a Deus (e lembre-se de que esta é uma chave para a oração poderosa), teremos de vencer as opiniões das pessoas que nos cercam e nos dedicarmos a sermos justos constantemente. O que uma pessoa assim faz? Ela tenta fazer o que é certo o tempo todo. Ora, algumas pessoas só tentam fazer o que é certo quando estão com problemas ou quando precisam de um milagre. Por exemplo, elas pensam: *"Devemos ir à igreja esta semana porque precisamos que Deus nos ajude!"*. É impressionante como podemos agir como "santos" quando precisamos que haja uma reviravolta em nossa vida, mas a pessoa que procura ser sempre justa tenta agir corretamente o tempo todo — não apenas quando precisa receber algo de Deus. A pessoa justa faz o que é certo porque é certo, porque isso honra

> Se quisermos obedecer a Deus... será necessário vencer as opiniões das pessoas que nos cercam e nos dedicarmos a sermos justos constantemente.

a Deus e reflete um coração humilde e um desejo de obedecer a Ele — e Deus gosta disso!

CONTINUE ORANDO

Tiago 5:16 diz: "A oração fervorosa (sincera, contínua) de um justo disponibiliza um poder tremendo [dinâmica em operação]" (AMP). Observe que a oração fervorosa, que disponibiliza um tremendo poder, é uma oração sincera e *contínua*.

Uma das chaves para uma oração poderosa é pedir a Deus o que precisamos e continuar a orar até experimentarmos o Seu tremendo poder operando em nosso favor ou na nossa situação. Precisamos prosseguir avançando em oração e não desistir com tanta facilidade!

Logo depois de ensinar Seus discípulos a orar, Jesus os encorajou a serem perseverantes na oração dizendo: "Peçam e continuem pedindo e lhes será dado; busquem, e encontrarão; batam, e a porta lhes será aberta. Pois todo o que pede, e continua pedindo, recebe; o que busca, e continua buscando, encontra; e àquele que bate, e continua batendo, a porta será aberta" (Lucas 11:9-10, AMP). Jesus quer que perseveremos em oração; Ele quer que peçamos com ousadia e insistentemente. Isso não significa pedirmos de forma desrespeitosa; significa pedirmos com reverência, mas com confiança. Quando oramos e continuamos orando, Ele promete que as nossas orações serão eficazes e que realmente receberemos as respostas de que necessitamos.

Recuse-se a Desistir

Você deve se lembrar do capítulo sobre oração perseverante quando mencionamos que Jesus um dia contou uma parábola sobre uma viúva insistente que continuava pedindo justiça a um juiz injusto. A Bíblia diz ter sido propósito de Jesus contar essa história para enfatizar o fato de que os discípulos "deviam orar sempre e nunca desanimar" (Lucas 18:1). Em outras palavras, aquela mulher disse: "É melhor você fazer alguma coisa por mim, ou vai ficar tremendamente cansado de me ouvir". Você se lembra do que aconteceu? Ela conseguiu o que estava pedindo!

Mateus 15:22-27 conta a história de outra pessoa que era perseverante no seu pedido e recebeu uma resposta: "Uma mulher cananéia, natural dali, veio a ele, gritando: 'Senhor, Filho de Davi, tem misericórdia de mim! Minha filha está endemoninhada e está sofrendo muito'. Mas Jesus não lhe respondeu palavra. Então seus discípulos se aproximaram dele e pediram: 'Manda-a embora, pois vem gritando atrás de nós'. Ele respondeu: 'Eu fui enviado apenas às ovelhas perdidas de Israel'. A mulher veio, adorou-o de joelhos e disse: 'Senhor, ajuda-me!' Ele respondeu: 'Não é certo tirar o pão dos filhos e lançá-lo aos cachorrinhos'. Disse ela, porém: 'Sim, Senhor, mas até os cachorrinhos comem das migalhas que caem da mesa dos seus donos'".

Essa mulher tinha muita fé que Jesus poderia ajudá-la. Ela basicamente estava dizendo: "O Senhor não precisa fazer nada demais por mim. Se eu puder conseguir apenas algumas migalhas, será o bastante". Por causa de sua fé perseverante ter provado que ela não iria desistir, Jesus respondeu a ela e concedeu-lhe o seu pedido.

Bartimeu foi outra pessoa na Bíblia perseverante em seu pedido. Ele clamou a Jesus e continuou clamando até Jesus prestar atenção nele. Esse mendigo cego gritava continuamente: "Jesus, Filho de Davi, tem piedade de mim!". Posso imaginar as pessoas dizendo: "Ei, cale a boca! Deixe-o em paz! Você está fazendo uma confusão danada. Está fazendo um escândalo. Fique quieto!". Mas a Bíblia diz que quando as pessoas disseram a esse cego para ficar quieto, ele "gritava ainda mais" (Marcos 10:47-48). Glória a Deus! Ele sabia que Jesus era a sua única esperança, e por isso se recusou a parar de clamar a Ele. O resultado foi que Jesus parou o que estava fazendo e curou Bartimeu ali mesmo.

Uma das principais razões pelas quais as pessoas não têm vitória na oração (assim como em qualquer outra área) é simplesmente por desistirem cedo demais. Paulo e Silas ainda estavam adorando e louvando a Deus na sua cela de prisão à meia-noite (ver Atos 16:25-26). Muitas pessoas teriam desistido e ido dormir muito mais cedo. O nosso lema deveria ser "Nunca desista". Alguém que se recusa a desistir é alguém que Satanás não pode derrotar.

Encorajo você a não desistir de orar, aconteça o que acontecer. É Satanás quem quer que você jogue a toalha e desista agora mesmo! Ele quer ver você dizendo:

- "Nunca serei abençoado".
- "Acho que não fui chamado para o ministério mesmo".
- "Bem, acho que nunca terei um emprego melhor".
- "Nunca vou me formar na faculdade".
- "Acho que nunca conseguirei me mudar para um lugar melhor".
- "Nunca vou me casar".
- "Nunca vou ter nada".
- "Vou viver sempre endividado".
- "Nunca vou conseguir perder peso".
- "Vou ser sempre aquele que é deixado de lado".

Atitudes como as ilustradas anteriormente provavelmente garantirão que não receberemos nada! Em vez disso, precisamos dizer: "Sei quem sou em Cristo. Sei, Deus, o que Tu fizeste por mim e pretendo ser um vencedor porque a Tua Palavra diz que posso ser. Sou mais que vencedor por meio de Cristo. Maior é Aquele que está em mim do que aquele que está no mundo. Posso todas as coisas em Cristo que me fortalece. Recuso-me a comer cinzas e poeira por toda a vida. Terei tudo que Deus quer para mim. Vou sair deste poço e vou fazer grandes coisas em nome de Jesus". Esse tipo de oração e confissão concorda com a Palavra de Deus, e se feita com perseverança, será poderosa e trará grandes resultados. Na verdade, qualquer tipo

> Qualquer tipo de oração que Deus inspire e nos direcione a fazer será poderosa se a fizermos e continuarmos fazendo até que nossas respostas cheguem.
>
> ⟶ • ⟵

de oração que Deus inspire e nos direcione a fazer será poderosa se a fizermos e continuarmos fazendo até nossas respostas chegarem. Lembre-se disto: simplesmente agradecer a Deus porque a sua resposta está a caminho é um tipo de oração perseverante. Continue dizendo a Deus que você acredita nas Suas promessas e confia na Sua fidelidade.

TENHA A RELAÇÃO ADEQUADA COM A AUTORIDADE

Provérbios 28:9 diz algo impressionante sobre o que acontece com as nossas orações quando não nos relacionamos adequadamente com a autoridade: "Se alguém se recusa a ouvir a lei, até suas orações serão detestáveis".

Nossa sociedade moderna está absolutamente cheia de rebelião. Observei que muitas pessoas têm problemas em se relacionar com a autoridade. Para começar, observe a inversão de papéis em nossas famílias. Acredito que as mulheres são iguais aos homens; acredito que podem ocupar posições respeitáveis no mundo e ganhar muito dinheiro; obviamente, também acredito que as mulheres podem ser usadas por Deus, mas nenhuma dessas convicções tem nada a ver com a ordem — a estrutura de autoridade — que Deus estabeleceu para o lar.

A Bíblia diz que a mulher deve se submeter a seu marido como ao Senhor. Isso não significa que ela se submeta ao pecado. Por exemplo, o chamado dela para se submeter a seu marido não significa que ela deva assistir a um filme pornográfico porque ele quer que ela o faça. Mas nós, esposas, precisamos ter uma atitude de submissão, de

O Poder da Oração Simples

respeito, para com nossos maridos. Se eles obedecessem à Palavra e amassem suas esposas como Cristo ama a Igreja, e se as esposas adotassem a verdadeira e piedosa submissão, acredito que os casamentos durariam — e seriam muito felizes — como acredito que os lares seriam locais de estabilidade, segurança e alegria. Isso aconteceria porque todos nós estaríamos vivendo em obediência à Palavra de Deus, honrando a autoridade que Ele coloca sobre a nossa vida com o propósito de nos manter seguros, protegidos e satisfeitos.

Houve um tempo em que minha atitude para com meu marido era rebelde devido ao medo que eu tinha de que as pessoas se aproveitassem de mim. Assim, eu imaginava ter uma boa desculpa, mas Deus não permitiria que eu continuasse em rebelião só por causa das minhas experiências negativas passadas. Ele me disse que se não me submetesse a meu marido e tivesse uma atitude de respeito para com ele, minha atitude negativa se tornaria um obstáculo às minhas orações. Independentemente de quais sejam as suas desculpas, Deus não pode abençoar a desobediência voluntária e consciente. Uma vez tendo entendido o que estava fazendo e sabendo como conseguir a graça e o poder de Deus para mudar, Ele esperava que eu realmente mudasse. Não foi fácil, mas se eu tivesse me recusado, teria ficado aprisionada naquele lugar, andando em círculos sem parar em volta das mesmas montanhas de derrota e frustração.

Ao mesmo tempo em que a falta da verdadeira submissão bíblica está ausente em muitos casamentos, a submissão à autoridade espiritual é praticamente inexistente. Hebreus 13:7 deixa claro o mandamento bíblico de estarmos adequadamente posicionados debaixo da autoridade espiritual, dizendo: "Obedeçam aos seus líderes e submetam-se à autoridade deles. Eles cuidam de vocês como quem deve prestar contas. Obedeçam-lhes, para que o trabalho deles seja uma alegria e não um peso, pois isso não seria proveitoso para vocês".

Em geral, quando um pastor tenta trazer correção, as pessoas tendem a ficar irritadas e querem deixar a igreja — e isso não é certo. Paulo as corrigia com frequência; isto era parte do seu trabalho como líder espiritual, e continua sendo responsabilidade dos líderes espirituais de hoje. Paulo disse: "Não que tenhamos domínio sobre a sua fé, mas cooperamos com vocês para que tenham alegria, pois é pela fé que vocês permanecem firmes" (2 Coríntios 1:24). Se entendermos e acreditarmos que a autoridade espiritual existe para promover a nossa alegria, nós a acataremos, e quando fizermos isso, nossa alegria aumentará e nossas orações serão eficazes.

Simplesmente não podemos crescer ou amadurecer sem correção. Se formos rebeldes no que diz respeito à política do escritório, às normas da empresa, às diretrizes do governo, às leis do trânsito, ou a qualquer outra forma de autoridade, então estamos com problemas ainda mais graves do que imaginávamos. Ser rebelde não é algo de que devamos nos orgulhar; precisamos ser diligentes em eliminar isso das nossas atitudes e comportamentos! Por quê? Porque se nos recusarmos a nos submeter à autoridade terrena, não nos submeteremos à autoridade de Deus. Isso se chama desobediência e impedirá que as nossas orações tenham poder.

> Não estamos aptos a *ocupar* posições de autoridade até que saibamos nos *submeter* à autoridade.
>
> ➤➤ • ◄◄

Deus me colocou no ministério de outra pessoa por vários anos antes de permitir que eu iniciasse o meu próprio ministério. No outro ministério, precisei aprender a me submeter à autoridade. Isso não foi fácil para mim, porque sou uma pessoa bastante resistente. Eu nem sempre achava que havia sido tratada de forma justa, mas uma das lições que Deus me ensinou foi o fato de não estarmos aptos a *ocupar* posições de autoridade até aprendermos a nos *submeter* à autoridade. Também aprendi que Deus nos promoverá no tempo certo se mantivermos uma atitude boa e piedosa durante os momentos de desafio.

Você pode querer um aumento de salário ou uma promoção no trabalho, no entanto costuma fofocar e fazer críticas ao seu patrão. Isso é uma forma de rebelião. Deus me disse uma vez: "Joyce, você

O Poder da Oração Simples 203

pode fazer o que lhe pedem e ainda assim ter uma atitude rebelde". A submissão não é algo que possamos fingir; é uma atitude que precisamos ter.

A unção de Deus (Sua presença e poder) é uma forma de autoridade. Se quisermos operar em uma unção maior — recebendo uma maior autoridade da parte de Deus — precisamos nos submeter à autoridade sob a qual Deus nos coloca antes que Ele nos passe para um novo nível de liderança. No nosso ministério, as pessoas que dirigem o louvor são extremamente ungidas. Se elas fossem rebeldes com Dave ou comigo, não acredito que a unção sobre as vidas delas seria tão forte assim. Da mesma maneira, se eu não fosse submissa a meu marido, também não creio que a unção de Deus seria tão forte sobre minha vida. No nosso casamento, na nossa vida espiritual, na nossa vida profissional, e em qualquer outra esfera em que uma autoridade esteja presente, devemos nos relacionar adequadamente com essa autoridade a fim de experimentarmos as respostas às nossas orações e o favor de Deus em nossa vida.

Muitas pessoas experimentariam vitórias tremendas em sua vida de oração se simplesmente deixassem de ser tão rebeldes. Não precisamos expressar uma opinião sobre tudo; não temos de ter uma ideia sobre tudo e nem fazer comentários sobre tudo. Quando começarmos a nos submeter à autoridade, devemos parar de dizer coisas do tipo: "Não é justo que eles me façam bater ponto". Bem, sinto muito. Simplesmente entre e bata o ponto assim mesmo. Precisamos parar de resmungar sobre o que não gostamos e simplesmente obedecer. Não podemos reclamar e dizer: "Bem, não quero este horário de almoço. Quero outro horário". Precisamos fazer o que nos é mandado porque alguém que ocupa uma posição de autoridade nos disse para agir assim. Precisamos fazer isso porque o nosso Senhor nos disse para fazer. Não vivemos para agradar às pessoas, mas para agradar ao Senhor.

Uma atitude de honra e submissão para com a autoridade precisa permear nossa vida diária — lembre-se de que Deus coloca a autoridade em ação para nos manter seguros e promover nossa alegria. Ele nos dá tanto a autoridade espiritual quanto a autoridade natural e é tão importante obedecer tanto a uma quanto a outra. Então, se alguém lhe pedir para não sentar em algum lugar, não sente. Se existe uma área onde é proibido estacionar, não estacione ali, nem por um minuto. Se a única vaga disponível é uma vaga para deficientes e você não é deficiente, não estacione ali ainda que isso signifique ter de andar um longo trajeto! Se o sinal vermelho estiver piscando e dizendo "Não ande", não ande. Não atravesse a rua em um determinado lugar simplesmente porque você ganha tempo e está com pressa. Se há um aviso dizendo: "Por favor, coloque o carrinho de volta depois de descarregar suas compras", leve o seu carrinho e coloque-o de volta no local indicado. Não o deixe no meio do estacionamento para bater no carro de alguém!

Você deve estar pensando: *Bem, essas coisas não devem fazer nenhuma diferença. São coisinhas pequenas. Eu tenho problemas realmente grandes.* Você tem problemas grandes e vai continuar tendo se pensar assim a respeito das "coisinhas pequenas"! Todos nós continuamos tendo problemas grandes até que aprendemos que todas as nossas pequenas atitudes diárias e nossa mentalidade somadas podem gerar grandes problemas ou grandes bênçãos.

Comportamentos semelhantes aos que acabo de descrever refletem uma atitude desleixada para com a autoridade, que basicamente diz: "Vou fazer o que quero porque não acho que você esteja certo". Não temos de pensar se alguém ou algo está certo. Tudo que precisamos fazer é obedecer às regras, e se fizermos isso, Deus nos abençoará. Se pelo contrário tivermos uma atitude de dura cerviz quanto à autoridade, não vamos ser abençoados e nossas orações não serão eficazes. Lembre-se das palavras fortes de Provérbios 28:9: "Se alguém se recusa a ouvir a lei, até suas orações serão detestáveis".

COLOQUE SEU FOCO NAS PESSOAS

Outra chave para uma oração poderosa é colocar nosso foco nas pessoas e não ficarmos obcecados por nossas próprias necessidades.

O Poder da Oração Simples

Podemos orar por nós mesmos e podemos até orar por bênçãos radicais para nós mesmos, mas precisamos evitar orar por nós mesmos o tempo todo. As orações que visam exclusivamente nossa satisfação pessoal — orações egoístas e egocêntricas — não são eficazes, de modo que realmente precisamos nos certificar de que estejamos dedicando nosso tempo a orar por outras pessoas. Sou informada constantemente sobre quatro ou cinco pessoas que precisam de oração, e quando algumas dessas orações são atendidas, fico sabendo de outras pessoas por quem orar. A sua vida deve ser assim também. Você ouve falar de alguém que perdeu um ente querido recentemente, que precisa de um emprego, de um lugar para morar, alguém que acaba de receber um diagnóstico negativo do médico, alguém cujo filho está doente, ou alguém cujo marido saiu de casa. As pessoas têm todo tipo de necessidades e precisam das nossas orações. Deus quer que oremos uns pelos outros com uma atitude amorosa e altruísta, porque as nossas orações não poderão ser atendidas de outra maneira. Quero desafiá-lo a pedir a Deus para lhe dar alguém por quem possa orar. A princípio, talvez você nem saiba o que pedir, mas algumas vezes, se você simplesmente ficar em silêncio na presença Dele e pedir, Ele começará a lhe mostrar coisas e o ajudará a orar. Escrevi sobre orar pelos outros no capítulo sobre intercessão e sei pessoalmente que esse tipo de oração é extremamente valioso, gratificante e eficaz. É importante entender que a prioridade de Deus são as pessoas, e quando aprendemos isso, elas também passam a ser a nossa prioridade.

SEJA BOM PARA AS PESSOAS

Provérbios 21:13 diz: "Quem fecha os ouvidos ao clamor dos pobres também clamará e não terá resposta". Isso significa que quando eu não presto atenção às pessoas necessitadas e não faço nada para ajudá-las, Deus pode não estar inclinado a atender ao meu clamor por ajuda quando eu tiver uma necessidade.

Ser bom para as pessoas deve ir além do nosso círculo interno de amigos e família e se estender até a nossa comunidade. Existem algumas situações muito sérias em nossas cidades. Lembro-me de ter lido uma estatística certa vez que dizia que a idade média de um morador de rua em minha cidade era de sete anos! Sabe qual poderia ter sido a minha reação a isso há vinte anos? Eu diria: "Isto é realmente patético". Mas agora, tomo conhecimento de uma realidade como essa e digo: "Vou fazer algo a respeito!".

As pessoas podem dizer: "É fácil para *você* dizer isso, Joyce, você tem um grande ministério e acesso a muitas pessoas que podem ajudar". Talvez você não tenha alguns dos recursos que temos no nosso ministério, mas tem a mesma capacidade de orar que eu. Você pode dar uma oferta aos ministérios que estão tentando ajudar e suprir necessidades. Pode se oferecer como voluntário e dedicar um pouco do seu tempo. Todos nós podemos fazer alguma coisa se realmente quisermos.

Acredito que muitas das nossas orações ficam sem resposta porque não tratamos os outros bem, e não estendemos misericórdia ou compaixão às pessoas ao nosso redor que vivem situações difíceis. Isaías 58:6-9 nos dá uma visão panorâmica da situação: "O jejum que desejo não é este: soltar as correntes da injustiça, desatar as cordas do jugo, pôr em liberdade os oprimidos e romper todo jugo? Não é partilhar sua comida com o faminto, abrigar o pobre desamparado, vestir o nu que você encontrou, e não recusar ajuda ao próximo? Aí sim, a sua luz irromperá como a alvorada, e prontamente surgirá a sua cura; a sua retidão irá adiante de você, e a glória do Senhor estará na sua retaguarda. Aí sim, você clamará ao Senhor, e ele responderá; você gritará por socorro, e ele dirá: Aqui

> Acredito que muitas das nossas orações ficam sem resposta porque não tratamos os outros bem, e não estendemos misericórdia ou compaixão às pessoas ao nosso redor que vivem situações difíceis.

O Poder da Oração Simples

estou". Tudo que o profeta Isaías está realmente fazendo é nos encorajando a sermos bons para as pessoas. O resultado? O próprio Deus lhe dirá: "Eis-me aqui. O que você precisa? O que posso fazer por você?".

Podemos usufruir de uma tremenda colheita somente sendo bons! O que eu quero dizer com isso? Bem, por exemplo:

- Não seja rude.
- Deixe alguém passar na sua frente na fila do supermercado.
- Deixe alguém ficar com a vaga que você queria.
- Não faça uma tempestade em um copo d'água.
- Não tenha um ataque todas as vezes que sua esposa pedir para você pegar suas meias sujas ou para levar o lixo para fora — simplesmente pegue as meias ou leve o lixo, e faça isso com boa vontade.
- Fale com gentileza com seus filhos.
- Diga "obrigado" aos balconistas, empregados, caixas de banco, e outras pessoas que o ajudam.
- Sorria.
- Dê o seu lugar a uma pessoa mais velha se não houver mais lugares disponíveis.

É muito importante para Deus tratarmos as pessoas bem. Se você foi maltratado, sabe como isso é doloroso. Você pode estar agora mesmo em uma situação na qual é maltratado ou está maltratando alguém. Se você quer fazer orações poderosas — se quer que os ouvidos de Deus tenham interesse pelo som da sua voz — precisa tratar as pessoas bem e ser bom para elas.

PERDOE

Se quisermos fazer orações poderosas, precisamos simplesmente ter um coração limpo quando nos aproximamos de Deus — e uma forma segura de estarmos limpos diante Dele é nos certificando de termos perdoado a todos que nos magoaram ou ofenderam. O perdão não é fácil, mas é um pré-requisito para a oração eficaz. Jesus nos instrui, em Marcos 11:25: "E quando estiverem orando, se tiverem alguma coisa contra alguém, perdoem-no, para que também o Pai celestial lhes perdoe os seus pecados".

Embora os discípulos de Jesus estivessem familiarizados com os Seus ensinamentos sobre o perdão, eles ainda assim o consideravam um desafio. Pedro perguntou a Ele um dia: "Senhor, quantas vezes deverei perdoar a meu irmão quando ele pecar contra mim? Até sete vezes?" (Mateus 18:21). Jesus disse na essência: "Não. Que tal setenta vezes sete?". O número "sete" representa a perfeição, algo completo, portanto tudo que Jesus estava dizendo realmente era: "Continue perdoando e perdoando e perdoando, até que isso funcione".

Embora saibamos que devemos perdoar, fazer isso com aqueles que nos machucam não é fácil porque nossas emoções estão envolvidas. A fim de perdoar, precisamos entender uma coisa: perdão não é algo que sentimos, é uma decisão que tomamos. Todas as vezes que tomamos as decisões certas, nossos sentimentos as seguirão, mas pode levar algum tempo até isso acontecer.

> O perdão é a misericórdia manifesta; é o amor em ação.

Quando fomos feridos, achamos impossível abrir o nosso coração novamente para as pessoas que nos feriram. Queremos eliminá-las da nossa vida e evitá-las se isso for possível. Essas reações são naturais, mas esse não é o jeito de Deus fazer as coisas. Ele nos perdoa diariamente e espera que nós perdoemos os outros.

Lembro-me de um tempo em que Dave realmente feriu meus sentimentos e parecia que eu não conseguia abrir minha boca para falar com ele, muito menos ser amigável. Como é comum, o Espírito Santo estava me pressionando a me comportar de forma piedosa, mas eu não tinha forças para isso. Fui para o meu escritório em casa onde costumava orar, e disse a Deus: "Não vou sair daqui até que Tu me dês a graça para falar com Dave como se ele nunca tivesse ferido meus sentimentos. Sei que ele não me magoou de propósito e quero deixar isso para trás".

Eu não orei apenas, mas procurei diversas Escrituras sobre perdão e o perigo de se permanecer irado. Não demorou muito, e senti meu coração amolecer e se abrir para Dave outra vez. Pude sair do quarto e retomar meu relacionamento normal com ele.

Encorajo você a orar quando precisar perdoar. Não "tente" simplesmente perdoar, mas dependa de Deus para lhe dar graça, o que lhe capacita a fazer as coisas difíceis na vida. Frequentemente, "tentamos" sem irmos a Deus em busca de ajuda. Quando fazemos isso, estamos agindo por conta própria. Precisamos nos lembrar do que Jesus disse: "Sem mim, vocês não podem fazer coisa alguma" (João 15:5).

A oração abre a porta para Deus trabalhar, então, quando precisar perdoar, ore até ser liberado da ira e depois seja obediente a Deus.

Quando perdoamos, estamos sendo semelhantes a Cristo; estamos agindo como Deus age — porque Ele é um Deus perdoador. O perdão é a misericórdia manifesta; é o amor em ação — não um amor baseado em sentimento, mas baseado em uma decisão, em uma escolha deliberada de obedecer a Deus. Na verdade, creio que o perdão é a mais elevada forma de amor. E creio ser o amor algo tão importante para a oração poderosa e eficaz que dediquei o próximo capítulo a esse assunto. O perdão e o amor andam de mãos dadas e expressá-los honra e glorifica a Deus, nos coloca em concordância com Ele, e faz com que obedeçamos à Sua Palavra — e todos esses elementos em conjunto trazem grande poder às nossas orações.

TENHA EXPECTATIVAS

Houve um tempo na minha vida de oração em que eu estava prestes a explodir de expectativa. Todas as vezes que eu orava, fazia isso com uma tremenda fé, realmente esperando que Deus fizesse exatamente o que eu havia pedido. Então, por algum motivo, perdi esse "padrão" na minha vida de oração e o meu alto nível de expectativa começou a desaparecer. Mas Deus não me deixou ficar assim por muito tempo. Ele começou a tratar comigo, encorajando-me a ser mais intensa novamente nas minhas expectativas e a expressá-las em oração, esperando que Ele fizesse grandes coisas na terra e na minha vida. Não estou falando de orações feitas pelas pessoas toda vez que veem algo que querem; estou falando de orações cheias de uma expectativa dada por Deus, de desejos dados por Deus, e de uma visão dada por Deus — orações que são feitas pela fé, vindas de um coração puro.

Quando voltei a ter uma atitude intensa em relação às minhas expectativas, eu dizia coisas do tipo: "Deus, estou esperando obter Teu favor aonde quer que eu vá hoje. Estou esperando o Teu favor e o de todos com quem entrarei em contato". Eu fazia orações como: "Deus, estou esperando boas notícias hoje. Estou esperando me surpreender com as grandes coisas que Tu fazes". Era impressionante quantas vezes o telefone tocava nesses dias e eu o atendia e ouvia algo tremendamente encorajador. Às vezes as pessoas chegavam a dizer: "Joyce, tenho boas notícias para você!".

Aprendi que muitas pessoas não oram pedindo boas notícias porque têm muito medo de más notícias! Esta não é uma atitude que procede de Deus. Se quisermos ver o poder de Deus ser liberado em nossa vida, precisamos ter atitudes agradáveis a Ele. Precisamos ter expectativas positivas e não negativas. Nossa principal abordagem na vida precisa se alinhar com a fé, a esperança e com boas expectativas, porque a Bíblia diz que sem fé é impossível agradar a Deus (ver Hebreus 11:6) e que a esperança nunca nos decepcionará (ver Romanos 5:5). Não há nada negativo em Deus; não há nada nele ou nos Seus atos que nos decepcione; tudo que Ele faz é para o nosso bem — então é isso que precisamos esperar quando oramos. Não devemos orar e depois ficar nos *perguntando* se Deus vai fazer alguma coisa; devemos orar *esperando* Deus fazer ainda mais do que pedimos.

O Poder da Oração Simples

211

Encorajo você a esperar confiantemente por grandes coisas da parte de Deus. Muitos cristãos podem citar Efésios 3:20 como o versículo que diz a respeito de Deus: "é poderoso para fazer tudo muito mais abun-

> Se quisermos ver o poder de Deus ser liberado em nossas vidas, precisamos ter atitudes que sejam agradáveis a Ele.

dantemente além daquilo que pedimos ou pensamos". Mas quero que você veja este versículo na *Amplified Bible*. Ele diz que Deus "é poderoso para [executar o Seu propósito e] fazer superabundantemente, muito além e acima de tudo que nós [ousarmos] pedir ou pensar [infinitamente além das nossas mais elevadas orações, desejos, pensamentos, esperanças ou sonhos]". Você captou isso? Deus pode fazer "superabundantemente, muito além e acima de tudo" que jamais ousaríamos pedir ou até *pensar* em pedir e *infinitamente além* das nossas "mais elevadas orações, desejos, pensamentos, esperanças ou sonhos". Ora, isso é impressionante — e deve nos dar toda a confiança de que precisamos para orar com expectativa. Eu, pessoalmente, preferiria fazer grandes orações com grandes expectativas e receber a metade do que pedi a fazer uma daquelas orações fraquinhas, destituídas de fé, e conseguir tudo que pedi!

Há outra expressão importante em Efésios 3:20 e precisamos prestar atenção a ela. Algumas traduções a colocam antes de todas as coisas superabundantes que Deus pode fazer por nós, enquanto outras a colocam depois. Seja como for, ela é necessária; e ela diz: "segundo o Seu poder que em nós opera". A *Amplified Bible* diz que Deus pode fazer muito mais do que podemos pedir ou imaginar "pelo (em consequência da) [ação do Seu] poder que opera dentro de nós". Qual é o poder que opera em nós? É o poder de Deus, e ele vem através da oração simples daquele que crê.

Quando temos poder, podemos orar com expectativa, mas ao mesmo tempo, a expectativa tem o seu próprio tipo de poder — o poder da esperança e da fé. O poder de Deus é liberado quando oramos com fé, confiando e crendo nele, porque a fé agrada a Deus. A expectativa é um atributo da fé. A fé estende a mão para a esfera espiritual e espera que o poder sobrenatural de Deus apareça e faça o que nenhuma pessoa na terra poderia fazer. A dúvida, por outro lado, tem medo que nada de bom aconteça; ela não agrada a Deus e não é algo que Ele costuma abençoar. Ficamos impotentes quando vivemos com dúvida, decepção e falta de confiança em Deus.

Basta lembrar algum momento em sua vida no qual você não tinha realmente certeza se Deus viria em seu socorro. Você não conseguia fazer orações muito poderosas, não é verdade? Agora, lembre-se de outro momento no qual seu coração confiava completamente em Deus e você sabia que Ele viria em seu socorro. Então você podia orar com certa sensação de poder, não é mesmo? Esse é o poder que experimentamos quando temos expectativa na oração. Ainda que as coisas não funcionem exatamente como você esperava, confie em Deus, que sabe o que é melhor, e continue esperando Ele fazer grandes coisas.

RESUMO

Queremos que nossas orações sejam poderosas e eficazes. Quando oramos, realmente queremos ter certeza de que estamos em parceria com Deus para fazer a diferença na vida de alguém ou em alguma situação. Para orar com êxito, precisamos entender as chaves para a oração eficaz, que incluem: obediência a Deus, sermos constantemente justos sem fazer concessões, perseverança, estarmos adequadamente submissos aos que ocupam posições de autoridade sobre nós, orarmos pelos outros mais do que por nós mesmos, tratarmos bem as pessoas, perdoarmos assim como fomos perdoados, além de orarmos com expectativa. À medida que nos esforçarmos para adotar essas atitudes e ações em nossa vida de oração, experimentaremos a alegria da oração respondida e eficaz.

O Poder da Oração Simples

Chaves para a Oração

➤➤ Obedeça a Deus. A obediência revela o nosso amor por Deus e é uma condição importante para a oração eficaz.

➤➤ Seja regularmente justo, o que significa se recusar a fazer concessões. Deus ouve as orações dos que são justos constantemente e abençoa de forma tremenda a justiça que não faz concessões.

➤➤ Continue orando. Ore com perseverança sob a direção do Espírito, e não desista até que a resposta venha.

➤➤ Tenha um relacionamento adequado com as autoridades. Um coração que pode se submeter à autoridade natural e à autoridade espiritual também pode se submeter a Deus. A autoridade Dele foi projetada para o nosso bem e promove a nossa alegria.

➤➤ Coloque o foco nas pessoas. O egoísmo será um obstáculo às nossas orações, mas colocar o foco nas pessoas é a chave para orarmos com êxito.

➤➤ Seja bom para as pessoas. Tratar bem os outros é importante para Deus e nos mantém em obediência à Sua Palavra.

➤➤ Perdoe. O perdão é a mais elevada forma de amor, e de acordo com Marcos 11:25, é um pré-requisito para Deus ouvir nossas orações.

➤➤ Tenha expectativa. Ela é uma dinâmica espiritual poderosa. Deus ama responder às orações daqueles que têm expectativas!

11

Acima de Tudo

No capítulo anterior, analisamos diversas chaves para a oração eficaz, e neste quero tratar a respeito de uma chave específica que acredito incluir e suplantar todas as outras. Podemos aplicar cada princípio de oração imaginável e atender a todas as condições possíveis, mas se não atendermos a esta, nossas orações não passarão de um gongo barulhento, batendo contra o teto do céu. Qual é essa chave importante para a oração atendida? Andar em amor.

Jesus deixou claro que o amor é Sua prioridade número um quando disse: "Um novo mandamento lhes dou: Amem-se uns aos outros. Como eu os amei, vocês devem amar-se uns aos outros" (João 13:34). O apóstolo Pedro escreveu: *"Acima de tudo,* exercei profundo amor fraternal uns para com os outros, porquanto *o amor cobre uma multidão de pecados"* (1 Pedro 4:8, ênfase minha). Em outras palavras, acima de tudo que possamos fazer devemos ter um amor genuíno, puro e ardente pelas pessoas. Se pudermos fazer apenas uma coisa em nossa vida, deve ser amar as pessoas. Naturalmente, é impossível amar verdadeiramente sem conhecer a Deus, sem amá-lo, e sem saber que Ele nos ama. No contexto desse amor, receberemos o Seu amor e o estenderemos às outras pessoas, e descobriremos assim que as nossas orações são ricas, vibrantes, eficazes e gratificantes.

A FÉ OPERA ATRAVÉS DO AMOR

Muitas pessoas pensam que ter uma grande fé é o primeiro sinal de maturidade espiritual. Mas acredito que andar em amor é o verdadeiro teste da maturidade espiritual e entendo ser também essencial para uma vida de oração eficaz. Nossa caminhada de amor dá energia à nossa caminhada de fé, e quando essas duas dinâmicas espirituais trabalharem juntas, nossas orações terão resultados tremendos. Não podemos fazer orações eficazes sem termos fé em Deus, mas o amor demonstra e expressa a nossa fé. Se amamos a Deus, temos fé nele.

A Bíblia ensina que a fé opera através do amor. Segundo Gálatas 5:6, o que realmente conta é a "a fé que atua pelo amor". O amor não é baseado em palavras ou teoria; é ação. Na verdade, a Bíblia diz que não podemos estar andando em amor se virmos um irmão passando necessidade, tivermos o que é necessário para suprir a sua necessidade, e não fizermos nada para ajudá-lo (ver 1 João 3:17).

Jesus também disse que toda a lei e os profetas podem ser resumidos ao amor quando declarou: "Respondeu Jesus: '*Ame o Senhor, o seu Deus de todo o seu coração, de toda a sua alma e de todo o seu entendimento*'. Este é o primeiro e maior mandamento. E o segundo é semelhante a ele: '*Ame o seu próximo como a si mesmo*'. Destes dois mandamentos dependem toda a Lei e os Profetas" (Mateus 22:37-40, ênfase minha). Jesus disse essas palavras às pessoas que perguntavam qual era o mandamento mais importante. Eles estavam basicamente dizendo a Ele: "Diga-nos qual é o requisito fundamental, Jesus". Como resposta, Ele disse: "Tudo bem. Vocês querem saber qual é o requisito fundamental? Vocês querem obedecer plenamente toda a lei e os profetas? Então me amem e amem as pessoas". Fim de papo. É simples assim. Jesus disse às pessoas que andar em amor é o cerne de uma vida de fé. Tentar andar com fé sem amor é como ter uma lanterna sem pilhas. Precisamos ter certeza de que mantemos a nossa bateria de amor carregada em todo o tempo. Do contrário, nossa fé não funcionará!

Creio que nós cristãos podemos ter problemas quando não buscamos com diligência andar em amor como parte vital da nossa fé e do nosso relacionamento com Deus. Queremos ser abençoados; queremos ser curados; queremos ter ministérios de sucesso, mas parece que não queremos desesperadamente buscar e procurar andar em amor e no fruto do Espírito. Acredito que Satanás está procurando construir uma fortaleza de esfriamento do amor no coração dos crentes. Ele quer que tenhamos corações duros de pedra que não sentem nem se importam com as necessidades dos outros. Ele quer que sejamos egoístas e egocêntricos, pensando: *Está na hora de alguém fazer alguma coisa por mim,* sem nunca estendermos a mão para fazer nada por ninguém. Ele sabe que a fé opera através do amor e que sem amor, nossa fé equivale a nada. Precisamos saber disso também e tomar cuidado para desenvolver uma caminhada de amor forte enquanto procuramos crescer na fé e em outras áreas da nossa vida espiritual.

> Tentar andar em fé sem amor é como ter uma lanterna sem pilhas.

O QUE É O AMOR

O que significa ter o tipo de fé que opera através do amor? Significa amarmos as pessoas que parecem não merecer ser amadas. Significa que quando alguém merece que fiquemos irados com ele, perdoamos — mesmo achando que a nossa raiva é justificável. Significa que haverá momentos nos quais adoraríamos falar sobre o que alguém nos fez, mas optamos por cobrir a ofensa em vez disso porque a Bíblia nos ensina que "o amor cobre uma multidão de pecados" (1 Pedro 4:8).

Amar também significa darmos às pessoas incondicionalmente, sem estabelecer condições especiais para isso. Não achamos que elas nos devem algo quando lhes damos alguma coisa; simplesmente damos porque andamos em amor — e é isso que as pessoas fazem quando realmente amam alguém. Andar em amor significa começar a ter um coração como o de Deus — generoso, bondoso, misericordioso, perdoador, compassivo, sempre acreditando no melhor, sempre encorajando, sempre ajudando, nunca desistindo.

A passagem de 1 Coríntios 13 geralmente é lida nos casamentos porque descreve tão lindamente o verdadeiro amor. Ela se aplica aos maridos e esposas, mas também a todos que procuram andar em amor em qualquer tipo de relacionamento — seja com irmãos, outros parentes, com as pessoas na igreja, com os amigos e conhecidos, com os colegas de trabalho ou aqueles que encontramos ao realizarmos nossas atividades diárias. Devemos amar as pessoas onde quer que estejamos, fazendo qualquer coisa — executando pequenas tarefas, efetuando um pagamento no caixa de um supermercado, trabalhando, depositando dinheiro no banco, assistindo a eventos esportivos, colocando as crianças para dormir à noite ou acordando-as pela manhã.

1 Coríntios 13 nos ensina que o amor é paciente. Uma pessoa que anda em amor não é irascível e nem se ira com facilidade. O amor é bondoso, o que significa que uma pessoa que anda em amor é boa com todos; essa pessoa tem consideração, é gentil e dadivosa. O amor é longânimo. Em outras palavras, ele pode tolerar uma coisa e tolerá-la, e tolerá-la e tolerá-la — é impossível esgotar o verdadeiro amor! O amor não se ofende com facilidade, isso significa que quando alguém anda em amor não é suscetível e supera as coisas rapidamente. Não guarda rancor nem busca se vingar; o amor perdoa e esquece. O amor sempre acredita no melhor das pessoas; ele não tende para o lado negativo nem pensa: *Você tem algum problema comigo! Você não deve gostar de mim porque não falou comigo quando entrei. Eu sabia que você realmente não gostava de mim!* O amor não é rude. Uma pessoa amorosa não empurra a outra quando está tentando comprar um livro sobre o amor! Não, o amor da preferência ao outro. Se alguém está na fila de um supermercado

com dois carrinhos cheios, e outra pessoa está atrás com dois artigos, o amor recua e deixa a outra pessoa passar na frente. Se alguém está esperando uma vaga por cinco minutos, e no instante em que uma vaga surge, um velhinho que mal pode ver acima do volante estaciona, o amor o deixa ficar com a vaga.

O amor se sacrifica; o amor supre necessidades; o amor dá e dá e dá sem parar. O verdadeiro amor não precisa ser convencido a dar; ele está sempre procurando oportunidades de se expressar. O amor edifica. Ele não destrói; ele edifica. O amor encoraja. O amor ouve. O amor é visto ou não é visto na maneira como tratamos as pessoas. O amor é a lei do Reino e a natureza de Deus. Ele é a demonstração da nossa fé em Deus e o segredo de uma oração eficaz.

O Que o Amor Não É

Agora que você está começando a ver o que é o verdadeiro amor, deixe-me também descrever o que ele *não* é. Andar em amor não significa que você precise se transformar em um capacho para todos pisarem e nem permitir que as pessoas usem e abusem de você. Isso não é bom para ninguém. O amor às vezes precisa ser duro o bastante para romper um relacionamento se souber que os maus tratos de alguém estão machucando essa pessoa mais do que a você. Amar alguém não significa precisar ser pisado a vida inteira, mas significa que haverá vezes em que você ficará perto de alguém de quem preferiria se afastar. Significa buscar o coração de Deus e colocá-lo no seu relacionamento com as pessoas, aplicando a eles a sabedoria do Senhor.

> Andar em amor não significa que você deve se transformar em um capacho para todos pisarem e nem permitir que as pessoas usem e abusem de você.

Às vezes o amor precisa ser duro para ser verdadeiro e precisamos de equilíbrio nessa questão de dar a outros em amor. Não devemos dar nada a alguém que nunca faz a sua parte. Não somos sábios em continuar sendo generosos com pessoas que não querem trabalhar quando podem, ou com aquelas que não procuram assumir responsabilidade sobre suas vidas. Por exemplo, se alguém tem um filho adulto que ainda mora em sua casa, se recusa a trabalhar e simplesmente tira vantagem do resto da família, o verdadeiro amor dos pais não permitirá que ele continue vivendo assim. A coisa mais amorosa que a família poderia fazer seria colocar o filho adulto em uma posição em que ele precisasse trabalhar e ser responsável.

Decidi que se tentei ajudar alguém por anos e ele ainda não se ajudou, então ele realmente não pretende mudar e está apenas me usando e usando os meus recursos. Todo mundo merece uma chance e podemos ser usados por Deus para dar uma chance às pessoas, mas elas ainda precisam fazer uma escolha. Se lhes é oferecida uma saída e elas escolhem continuar na situação caótica em que estão, podemos muito bem passar a ajudar outra pessoa que realmente vá se beneficiar disso.

Permitir que as pessoas nos usem não as ajuda, mas ajudá-las a serem responsáveis sim. A Bíblia nos ensina em Provérbios 1:3 a "receber a instrução do entendimento, a justiça, o juízo e a equidade". Chega um tempo em que ajudar alguém não é a melhor coisa que podemos fazer por ele quando isso não é sábio. Às vezes é um sacrifício para mim não suprir a necessidade de alguém que amo e com quem me importo. Seria mais fácil eu dar a ele o que quer em vez de deixá-lo ficar sem aquilo. Mas o tipo de amor que vem de Deus não se deixa levar por emoções; ele segue a sabedoria.

SOMOS INÚTEIS SEM ELE

Precisamos orar pela nossa caminhada de amor, pedindo a Deus que nos ajude a crescer e a amadurecer em amor e para nos capacitar a amar as pessoas como Ele quer. Tenho estudado a caminhada de amor por anos porque finalmente coloquei em minha mente que minha vida e meu ministério não teriam nenhum poder se eu não andasse em amor. Passo muito tempo em plataformas com microfones e câmeras filmando, mas o mais importante é a maneira como vivo a minha vida fora da plataforma sem microfones e sem câmeras. Isso determina o que acontece quando estou nesses ambientes visíveis e públicos. Quando falo para as pessoas, não estou dando um show; simplesmente quero ajudá-las a consertar suas vidas se elas estiverem vivendo em um caos e encorajá-las a desenvolver um relacionamento mais maduro com Deus. Se apenas fingimos amar as pessoas quando estamos em público, mas as maltratamos quando ninguém está vendo, então, de acordo com a Escritura, não somos nada além de um grande barulho, um ninguém inútil, um sepulcro caiado cheio de ossos de homens mortos (ver 1 Coríntios 13:1,2; Mateus 23:27).

Não tenho nada a oferecer às pessoas exceto a unção de Deus em minha vida. Não sou sofisticada. Não canto nem faço outras coisas que poderiam empolgar as pessoas. Simplesmente falo às pessoas sobre a verdade da Palavra de Deus no que diz respeito a viver em vitória e obedecer a Ele de uma maneira prática. Digo a elas como mudar para poderem desfrutar mais suas vidas e digo como podem crescer espiritualmente. Ensino a Palavra de Deus de uma maneira prática de forma a ajudá-las em suas vidas diárias. Pela graça de Deus, este ministério alcança milhões de pessoas em todo o mundo, mas preciso da unção de Deus para fazer o que Ele me chamou para fazer — ou estou acabada. Aprendi que não vou ter a unção de Deus se não andar em amor, porque Deus não unge a carne (os nossos desejos e atitudes ou comportamentos egoístas).

Quando a unção com óleo era derramada sobre os sacerdotes no Antigo Testamento, nenhuma parte dela podia ser colocada sobre seus corpos — somente sobre suas cabeças. Deus não unge o comportamento carnal. Precisamos realmente andar em amor porque isso ajuda e aumenta a unção sobre a nossa vida, e ela é o que nos capacita a fazer o que Deus nos chamou para fazer. Mais uma vez,

O Poder da Oração Simples

a unção de Deus é a Sua presença e poder, e isso nos capacita a fazer com facilidade o que jamais poderíamos realizar com qualquer esforço próprio. Todos nós precisamos da unção de Deus. Uma pessoa não precisa trabalhar em um emprego supostamente "espiritual" para necessitar da unção de Deus. Precisamos dela para criar filhos, sobreviver no mundo, sermos bons amigos, trabalharmos e para fazermos, literalmente, qualquer coisa.

Durante anos, eu fui uma pregadora arrogante, metida a saber de tudo, que falava grosseiramente com meu marido em casa e depois subia ao púlpito pensando ser uma grande mulher de Deus. Eu não sabia como tratar bem as pessoas. Eu era impaciente; todos eram obrigados a fazer as coisas do meu jeito ou eu ficaria irritada. Ninguém podia me corrigir; ninguém podia me dizer nada; ninguém podia acrescentar nada em minha vida porque eu era a "mulher de Deus" — a presidente do que chamávamos então de "A Vida na Palavra".

Durante aquele período, as coisas não estavam acontecendo na minha vida e no meu ministério como eu achava que deveriam acontecer. Eu não estava vendo o crescimento que desejava para o ministério, e nem o poder de Deus que eu realmente sabia estar disponível. Nossas reuniões eram satisfatórias porque o Senhor me havia agraciado com o dom do ensino, mas não experimentávamos a presença de Deus e o ministério do Espírito Santo como agora. Estava frustrada e não me sentia realizada. Eu sabia que algo estava faltando e finalmente entendi que era a presença de Deus. Através de uma longa série de tratamentos de Deus em minha vida, finalmente entendi que precisava desenvolver uma sólida caminhada de amor. Entendi que Deus está muito preocupado com a maneira como nos relacionamos com as pessoas porque Ele quer que as amemos. A caminhada de amor é fundamental para tudo o mais que fazemos.

1 Coríntios 13:2 diz: "Ainda que eu tenha o dom de profecia e saiba todos os mistérios e todo o conhecimento, e tenha uma fé capaz de mover montanhas, se não tiver amor, nada serei". Essa

> Caminhar em amor é fundamental para tudo o mais que fazemos.
>
> ->>- • -<-

é uma afirmação bastante forte: "se não tiver amor, serei um ninguém inútil".

Se quisermos ser úteis, precisamos realmente pensar nesta verdade e começar a andar em amor como a Bíblia nos incentiva:

- "... vivam de maneira digna da vocação que receberam... suportando uns aos outros com amor" (Efésios 4:1-2).
- "Retenha, com fé e amor em Cristo Jesus, o modelo da sã doutrina que você ouviu de mim" (2 Timóteo 1:13).
- "Sobretudo, amem-se sinceramente uns aos outros, porque o amor perdoa muitíssimos pecados" (1 Pedro 4:8).
- "E vivam em amor, como também Cristo nos amou e se entregou por nós como oferta e sacrifício de aroma agradável a Deus" (Efésios 5:2).

SEJA UMA BENÇÃO

Uma das melhores maneiras de andar em amor é ser uma benção para as pessoas ou simplesmente ajudá-las. Há muitas maneiras diferentes de abençoar e ajudar. Muitas vezes podemos começar apenas sendo bons. Por exemplo, quando ouvimos falar que alguém tem um problema, precisamos ir além de simplesmente dizer: "Ah, que pena!" sem tomar uma atitude. Em vez disso, precisamos orar e dizer: "Deus, se existe alguma coisa que eu possa fazer para ajudar, queres me mostrar o que é?". Quando sabemos que um amigo está doente, Deus pode nos direcionar a ajudar nos oferecendo para levar essa pessoa a uma consulta médica. Quando ouvimos falar sobre uma família que perdeu sua casa e todos os seus pertences em um incêndio ou em um desastre natural, o mínimo que podemos fazer é olhar em casa e verificar em nossos armários para ver o que podemos doar. Obviamente, ninguém pode cuidar de todos os problemas do mundo, mas podemos orar e perguntar a Deus o que Ele quer que façamos a fim de expressarmos o Seu amor sendo uma benção para os que nos cercam.

Um de nossos administradores vendeu sua casa antes que a casa para onde ele estava se mudando estivesse pronta. Quando ouvi que ele ia ficar em um hotel por uma semana ou duas, comecei a procurar um lugar onde ele pudesse morar. Meu genro envolveu-se e começou a me ajudar. Encontramos um casal que estava se mudando do seu apartamento. Eles tinham uma semana sobrando de aluguel e se ofereceram para deixar nosso administrador e sua família ficarem ali durante aquela semana. Bem, no final da semana a casa deles ainda não estava pronta o suficiente para permitir que se mudassem para lá. Eles ainda precisavam de um pouco mais de tempo, então minha filha me procurou e disse: "Você gostaria que deixássemos eles ficarem conosco até a casa deles estar terminada? Tudo bem para você?". Ora, minha filha e seu marido já tinham quatro filhos — e não precisavam de mais cinco pessoas em casa. Mas minha filha sabe como ser uma benção e sabe que às vezes temos de ficar desconfortáveis para abençoar alguém. Ela estava disposta a sacrificar um pouco de conforto para andar em amor.

Se nos concentrarmos em ser uma benção para as pessoas, Deus garantirá que também sejamos abençoados. Não precisamos de uma palavra especial de Deus antes de fazermos algo por alguém! Podemos saber o que as pessoas querem e precisam, basta apenas ouvi-las ou observá-las. Procure pessoas na sua igreja que pareçam estar um pouco sozinhas. Procure a pessoa que sempre vai aos cultos sozinha e pense em como você se sentiria nessa situação, e depois convide essa pessoa para se sentar com você. Observe uma mãe solteira que tem quatro filhos pendurados em cima dela e que parece que mal vai conseguir sobreviver àquele dia. Dê cinquenta reais a ela e diga para levar a família para almoçar fora — ou ofereça-se para olhar as crianças para ela poder ter um almoço tranquilo. Se você ouvir alguém dizendo: "Meu cabelo está tão feio e quebradiço; preciso de uma hidratação, mas não tenho o dinheiro", dê cem reais a ela e diga que agora ela tem o dinheiro para ir ao cabeleireiro. Seja criativo na sua maneira de pensar enquanto procura abençoar os outros.

Talvez você diga: "Joyce, não tenho cem reais". Minha resposta para você é: comece a dar o que tem e chegará o momento em que terá cem reais para dar quando for necessário. Geralmente desistimos quando ouvimos falar de uma necessidade porque não temos o que é preciso para supri-la integralmente. Não permita que o que você não tem o impeça de dar o que tem. Não permita que o que você não pode fazer o impeça de fazer o que pode! Permaneça ativo, seja uma benção, e faça alguma coisa. Do contrário, você acabará sem fazer nada e isso é um total desperdício das habilidades que Deus tem colocado em sua vida.

Sei que você deve estar pensando: *E eu? Também tenho necessidades e ninguém está fazendo nada por mim*. Enquanto você mantiver essa atitude, ninguém *vai* fazer nada por você. Talvez você tenha de começar dando como uma forma de sacrifício, mas chegará ao ponto de poder dar da sua abundância. Mas a não ser que comece onde está agora, você nunca chegará onde precisa estar amanhã.

Algumas vezes Deus colocará em nosso coração o desejo de dar coisas às pessoas que elas nem mesmo necessitam. Elas podem até ter mais do que nós, mas podem precisar de encorajamento. Precisam saber que alguém está pensando nelas e se importa com elas. Se você der alguma coisa a alguém — não importa nem mesmo se ele deseja aquilo — isso o abençoará. Mesmo que ele não possa usá-lo, o fato de ter dado isso a ele o abençoará, e a você também.

Às vezes damos a alguém algo que supre uma necessidade específica e às vezes damos uma semente. A Bíblia diz que Deus dá semente ao que semeia e pão ao que come (ver 2 Coríntios 9:10). As pessoas me mandam muitas coisas que eu pessoalmente não vou usar, mas posso usá-las como sementes, então eu as dou para outra pessoa. Quando alguém nos dá algo que não podemos usar, devemos ainda assim recebê-lo como um presente, mas depois usá-lo como uma semente para abençoar alguém. Costumo dar coisas às pessoas e dizer: "Se você não puder usar isto, ou não gostar, use-o como uma semente para ser uma benção para outra pessoa".

Precisamos decidir ser uma benção em todas as situações, e para todos ao nosso redor. Ser uma benção pode ser tão simples quanto sorrir para um caixa em uma fila de pagamento ou pode exigir fazer algo que não seja conveniente para nós ou algo que realmente preferiríamos não fazer por alguém. Pode nos custar tempo ou dinheiro, mas seja o que for, precisamos entender que andar em amor é crucial para o nosso relacionamento com Deus e essencial para termos uma vida de oração eficaz, então precisamos procurar maneiras de abençoar as pessoas em todo lugar aonde formos.

> Às vezes damos a alguém alguma coisa que supre uma necessidade específica e às vezes damos uma semente.

O AMOR ANSEIA POR DAR

A Bíblia nos dá o maior exemplo do tipo de doação em sacrifício que diz: "Estou dando o melhor que tenho". Deus Pai, com o Seu amor por nós, deu o Seu Filho unigênito. Mas quando temos a oportunidade de dar alguma coisa a alguém, podemos facilmente ser tentados a dizer: "Não posso dar isto! É o único que tenho e posso precisar dele algum dia". Na realidade, muitos de nós ficamos guardando coisas que não usamos por anos. Quando realmente precisamos delas, geralmente não conseguimos encontrá-las ou descobrimos que não funcionam mais ou estão cobertas de muita poeira a ponto de não as reconhecermos! Em vez de amontoar coisas, devíamos usá-las e depois, quando achamos que podemos não precisar mais delas de novo por alguns anos, devíamos dá-las a outras pessoas que possam precisar delas agora. Então, se precisarmos delas mais tarde, Deus providenciará que estejam disponíveis para nós. Segundo o ensino da Palavra de Deus, devemos usar o que temos em excesso para suprir as necessidades de outros, e depois, quando tivermos uma necessidade, o que eles têm em excesso ajudará a suprir as nossas necessidades. Lembre-se de que só colhemos o que semeamos. Todas as vezes que damos alguma coisa a alguém porque ele necessita ou simplesmente para abençoá-lo, estamos garantindo o atendimento das nossas necessidades mais tarde.

Tenho uma mãe idosa e uma tia idosa. Deus me mostrou claramente que é meu dever cuidar delas de uma maneira que retrate a maneira como eu gostaria de ser cuidada na minha velhice. Talvez eu nunca precise de cuidado, mas se precisar, já plantei as sementes para a minha colheita.

Eu desafio você a podar (diminuir o consumo ou eliminar o excesso) as suas posses. Ande pela sua casa; recolha as coisas que você não usou no último ano ou dois e coloque-as em uma caixa para dar. Talvez você pense: *Trabalhei duro por essas coisas. Posso precisar delas algum dia.* Você sabe o que acontece quando poda um arbusto? Ele cresce! Se começar a podar suas posses regularmente, você terá tanto a ponto de não saber o que fazer com tanta coisa, e depois descobrirá que precisará de caixas maiores para guardar todas as coisas que não está usando. Esse princípio funciona na minha vida o tempo todo. Quando trago coisas novas para casa, podo todas as que já tenho; então adquiro mais coisas e preciso podá-las. É um ciclo de bênçãos. Sou abençoada; então abençoo outros; depois sou abençoada novamente; então abençoo outros ainda mais, e assim por diante.

Tenho experimentado a alegria de podar e dar muitas de minhas roupas. Preciso de muitas roupas e a maneira de consegui-las é estar sempre doando algumas delas. Que alegria para mim dar algumas dessas roupas perfeitamente boas a mulheres que precisam ser abençoadas. Há dias em que ando pelo meu escritório e vejo doze mulheres usando roupas que foram minhas. As roupas

O Poder da Oração Simples 227

são uma benção para elas, e isso me abençoa, pois pude participar abençoando-as.

Precisamos parar com esta bobagem de nos apegarmos aos nossos bens. Em vez disso, precisamos expressar nosso amor tendo mãos abertas que se recusem a acumular, e estar sempre ansiosos por doar o que temos. O amor procura lugares onde possa fazer isso. O amor está determinado a dar. Ele pensa em como pode abençoar alguém. O amor faz algo bom deliberadamente.

Se eu fosse um carpinteiro, teria equipamentos para me ajudar a fazer meu trabalho de carpintaria. Se fosse um médico, teria instrumentos para me ajudar a praticar a medicina. Do mesmo modo, aprendi que se quero ser alguém que ama as pessoas, também preciso de instrumentos, que geralmente têm a forma de bens materiais que podem abençoar as pessoas. Se for possível, preciso estar preparada antes que as necessidades chamem a minha atenção. Deixe-me sugerir que você pense em guardar algum dinheiro apenas para dar às pessoas que precisarem de uma benção. Guarde cupons de brindes de lojas, vales refeição, ou tenha vales-presentes de shoppings sempre à mão. Quando for à igreja, trabalhar, ou a reuniões em família, leve a sua caixa de bênçãos com você no seu carro para o caso de precisar de uma semente para semear na vida de alguém.

O que estou mencionando tem a ver com ofertar de forma radical, escandalosa, agressiva, deliberada. Em vez de comprar para nós mercadorias, roupas, livros ou entradas para o cinema o tempo todo, também poderíamos comprar alguns desses artigos para outras pessoas. A maioria de nós não precisa procurar muito para encontrar alguém que precise de algo, e só precisamos abençoar uns aos outros. Gálatas 6:10 nos instrui: "... façamos o bem a todos, especialmente aos da família da fé". Precisamos também pedir a Deus que nos mostre quando precisamos doar algo para pessoas estranhas ou incrédulas para podermos compartilhar o Seu amor com elas. O amor dá, independentemente de quem seja o receptor. Ele não suporta deixar de fazer isso!

O AMOR NÃO TEM FAVORITOS

Creio que o amor exige que tratemos todos basicamente da mesma forma e tenhamos uma atitude que honre a todos igualmente. Isso não significa que ter um melhor amigo ou um grupo de melhores amigos seja errado, mas acredito que é errado considerar que algumas pessoas estão em uma categoria inferior a outras. Devemos tomar muito cuidado para não fazer as pessoas se sentirem deixadas de lado ou rejeitadas.

Jesus obviamente fez algumas coisas com Pedro, Tiago e João que Ele não fez com os outros discípulos, mas não creio que tenha sido por amar aqueles três mais que os outros. Creio que Ele simplesmente viu neles alguma coisa com a qual Ele podia trabalhar, algo além do que viu nos outros. Creio que Ele passou mais tempo ensinando e se dando a Pedro, Tiago e João porque reconhecia neles uma grande capacidade de receber o Seu ministério, talvez uma capacidade ainda maior que a dos outros. Embora Jesus tenha passado tanto tempo com Pedro, Tiago e João, e embora investisse tanto de Si mesmo neles, não creio que Ele tenha maltratado alguém ou tratado uma pessoa melhor do que a outra.

> Creio que o amor exige que tratemos todos basicamente da mesma forma e tenhamos uma atitude que honre a todos igualmente.

A Bíblia é muito clara quando diz que Deus não tem favoritos. Atos 10:34 diz: "Deus não trata as pessoas com parcialidade". A Bíblia também diz: "Deus não se impressiona com as posições que os homens ocupam e Ele não é parcial nem reconhece nenhuma distinção externa" (Gálatas 2:6). E em Tiago 2:1, a Bíblia nos dá um excelente ensino sobre como ver os outros: "Meus irmãos, como crentes em nosso glorioso Senhor Jesus Cristo, não façam diferença entre as pessoas, tratando-as com favoritismo".

Sabemos que um esnobe é alguém que acha que é melhor que os outros. Pessoas esnobes podem se considerar "superiores" às outras porque têm mais dinheiro que a maioria, mais educação, ou uma posição profissional que exige mais respeito no mundo do que outras colocações. Essas pessoas podem decidir não se associar a outras que não têm um status semelhante ou igual. Os esnobes não querem se relacionar ou se associar com pessoas que consideram de alguma forma "inferiores" a eles por algum motivo. Esse tipo de atitude chama-se "orgulho"; é pecado, e impede uma pessoa de andar em amor. É um sentimento que também impede as orações de serem atendidas. A Bíblia diz em Salmos 10:17 que Deus ouve os desejos dos humildes, e em Tiago 4:6 que Ele dá graça aos humildes, mas resiste aos orgulhosos e arrogantes.

Precisamos valorizar as coisas que nos fazem diferentes uns dos outros e entender que nem todos precisam ser exatamente como nós para sermos seus amigos. Na verdade, uma das coisas mais saudáveis que podemos fazer na vida é ter uma grande variedade de amigos para podermos começar a entender que o mundo inteiro não é como nosso bairro, nossa igreja, nosso trabalho, ou qualquer outro ambiente onde vivemos.

Encorajo você a fazer todo o possível para deliberadamente andar em amor. Você pode fazer isso se recusando a fazer acepção de pessoas, não cedendo à tentação do orgulho, e posicionando o seu coração para amar e honrar a todos igualmente, tratando-os como criaturas exclusivas e especiais de Deus e valorizando-os por serem as pessoas que Ele as criou para serem.

VIVA A REGRA DE OURO

Outro princípio bíblico que nos ajudará a andar em amor e colher grandes resultados quando obedecemos encontra-se em Mateus 7:7-11, que diz: "Peçam, e lhes será dado; busquem, e encontrarão; batam, e a porta lhes será aberta. Pois todo o que pede, recebe; o

230 Acima de Tudo

que busca, encontra; e àquele que bate, a porta será aberta. Qual de vocês, se seu filho pedir pão, lhe dará uma pedra? Ou se pedir peixe, lhe dará uma cobra? Se vocês, apesar de serem maus, sabem dar boas coisas aos seus filhos, quanto mais o Pai de vocês, que está nos céus, dará coisas boas aos que lhe pedirem!".

Mateus 7:12 diz: "Assim, em tudo, *façam aos outros o que vocês querem que eles lhes façam;* pois esta é a Lei e os Profetas" (ênfase minha). Creio que às vezes encaramos Mateus 7:7-11 como um assunto e Mateus 7:12, que é conhecido como a "regra de ouro", como um pensamento independente. Podemos achar que Mateus de repente toma uma direção diferente, mas ele está dizendo basicamente: *Se vocês pedirem e continuarem pedindo, lhes será dado, mas agora, eis a condição: se é isso que vocês querem que aconteça — a maneira como vocês querem que as pessoas os tratem, tratem-nas assim primeiro.* Isso nos diz que amar os outros é uma condição para a oração ser atendida! Lembre-se de que nossa fé não vai funcionar sem amor.

A instituição do casamento nos Estados Unidos está correndo grande perigo, e creio que o motivo é realmente bem simples. Creio que, muitas vezes, os conflitos começam quando nenhuma das partes é humilde e madura o suficiente para ser a primeira a pedir perdão ou a primeira a ceder. Costumamos tratar as pessoas da maneira como nos tratam, mas segundo a Bíblia, deveríamos tratá-las da maneira como desejamos ser tratados.

Ninguém quer ser o primeiro a dizer: "Perdoe-me". Eles pensam: *Bem, se você não vai ser bom para mim, eu não vou ser bom para você. Se não vai me respeitar, eu não vou respeitar você. Se você nunca fizer nada por mim, eu não vou fazer nada por você.* Quando uma pessoa espera que a outra faça as pazes — e a outra não o faz — as ofensas se acumulam, a raiva aumenta, palavras duras são ditas, e os relacionamentos ficam profundamente perturbados.

Se o marido e a esposa estiverem andando em amor e obedecendo à regra de ouro, ambos pensarão: *Gostaria que meu cônjuge me trouxesse mais presentes mas ele não faz isso, então vou começar a comprar presentes para ele. Gostaria que meu cônjuge me elogiasse e prestasse um pouco mais de atenção em mim, mas ele não faz isso, então vou começar a elogiá-lo o tempo todo e a mostrar a ele todo tipo de afeto.*

Esses mesmos princípios se aplicam aos outros relacionamentos além do casamento. Sempre existe a possibilidade de conflito em outros relacionamentos familiares, no trabalho, entre os pais dos times infantis de futebol (e entre os jogadores também), nos ministérios das igrejas, e em todos os lugares onde as pessoas estejam tentando realizar algo juntas. Tratar os outros como gostaríamos de ser tratados em todas as situações reduzirá os conflitos e nos levará a relacionamentos sólidos e frutíferos, nos quais as pessoas fazem o que Deus as chamou para fazer e desfrutam a presença de Deus juntas.

> Tratar os outros como gostaríamos de ser tratados em todas as situações reduzirá os conflitos e nos levará a relacionamentos sólidos e frutíferos.

Viva segundo a seguinte regra de ouro: seja o que for que você queira que as pessoas façam por você, faça por elas. Se você quer amigos, seja amigável. Se quiser presentes, dê alguma coisa a alguém. Se quiser incentivo, encontre pessoas e incentive-as. Se você quer que as pessoas orem por você, ore por elas. Você pode achar que encorajamento, oração, amizade e presentes são coisas pequenas, mas são as pequenas coisas que as pessoas não fazem que destroem os relacionamentos. Ao mesmo tempo, são essas mesmas pequenas coisas que constroem os relacionamentos. Então, quer seja uma coisa grande ou uma coisa pequena, trate as pessoas da maneira como você quer ser tratado. Essa é uma maneira infalível de andar em amor.

Tenho certeza de que todos nós acreditamos que Deus Pai ouviu e atendeu às orações de Jesus, mas vamos também nos lembrar de que Jesus andava em amor, literalmente, em todo o tempo. Mesmo na cruz, enquanto sofria intensa dor, Ele disse: "Pai, perdoa-os, porque não sabem o que fazem". Ele continuava dando, até oferecer o sacrifício definitivo, a Sua própria vida.

RESUMO

Uma maneira segura de garantir que as nossas orações sejam eficazes é andarmos em amor. Amar verdadeiramente as pessoas envolve muitas atitudes do nosso coração que são agradáveis a Deus. Acima de tudo, Deus honra o coração que realmente o ama e ama as pessoas. Na verdade, a nossa fé nele opera através do amor e expressamos o nosso amor por Ele amando as pessoas. O amor é a natureza de Deus, e quanto mais demonstrarmos amor, mais nos tornaremos semelhantes a Ele. À medida que andamos nos Seus caminhos e o imitamos amando outros, nosso relacionamento com Ele se aprofunda e é fortalecido, e nossa vida de oração é enriquecida.

Chaves para a Oração

- Devemos amar a Deus acima de tudo e depois devemos ter um amor ardente pelos outros.

- A fé opera através do amor.

- 1 Coríntios 13 descreve o amor.

- O amor não exige que ninguém seja abusado ou tratado como capacho ou que assuma a responsabilidade por pessoas que não se esforçam para assumir a responsabilidade por si mesmas.

- Sem o amor de Deus fluindo em nossa vida, perdemos nossa capacidade de ajudar efetivamente as pessoas.

- O amor não acumula coisas nem se apega a elas. Uma das melhores maneiras de expressá-lo é ser uma benção para outros.

- O amor não faz acepção de pessoas nem age de maneira esnobe, mas valoriza a todos.

O Poder da Oração Simples

→→ Quando andamos em amor, tratamos a todos como gostaríamos de ser tratados.

→→ As pessoas que andam em amor nunca desistem; elas amam até o seu último suspiro.

12

Quatorze Impedimentos para uma Resposta de Oração

Agora que você aprendeu algumas das chaves para a oração eficaz, quero ver com você alguns impedimentos para que ela seja atendida. Precisamos saber não apenas o que fazer, mas também o que *não* fazer quando oramos. Se vamos investir nosso tempo e energia na oração, queremos fazer tudo que estiver ao nosso alcance para ter bons resultados!

Naturalmente, alguns dos impedimentos para uma oração ser atendida constituem o oposto às chaves para a oração eficaz (por exemplo, o perdão é uma chave para a oração eficaz, e a recusa em perdoar é um impedimento à oração). De qualquer maneira, quero incluir alguns desses "opostos" neste capítulo, porque precisamos entender não apenas como os elementos positivos de uma questão aumentam a eficácia na oração, mas também como os seus aspectos negativos geram problemas na nossa vida de oração.

1. AUSÊNCIA DE ORAÇÃO

Sei que isto parece óbvio, mas as nossas orações não são atendidas quando não oramos. Várias vezes neste livro fiz referência a Tiago 4:2, que diz: "Nada tendes, porque não pedis" (ARA). Parece simples, eu sei, mas é verdade. Precisamos pedir o que queremos e necessitamos. Às vezes nos ocupamos com algumas situações em nossa mente, ou falamos sobre elas com nossos amigos, ou desejamos ou esperamos, mas não oramos. Pensar, desejar, esperar e falar com as pessoas não é orar, somente a *oração* é oração. Quando temos uma necessidade ou uma situação que nos preocupa, só estamos orando quando falamos com Deus sobre ela.

Você sabia que Deus está esperando que façamos pedidos a Ele em oração? Mateus 7:7 e Isaías 65:1-2 nos dizem que Ele está pronto para agir em nosso favor se tão somente orarmos.

Certo funcionário do ministério costumava reclamar do seu volume de trabalho. Em minha opinião, ele não percebia que estava reclamando, mas já estava me irritando. No meu coração, isso me irava e me deixava perturbada; eu ficava exasperada e acabava tendo pensamentos negativos. Na verdade, comecei a reclamar do funcionário que estava reclamando! Então, um dia, percebi que nunca havia realmente orado a respeito da atitude negativa dele, então simplesmente pedi a Deus que o fizesse parar de reclamar da sua carga de trabalho e começasse a ser grato e positivo.

No dia seguinte, quando vi o homem, ele fez o primeiro comentário positivo que eu havia ouvido em muito tempo a respeito do seu trabalho. Ele mencionou o fato de ter algum tempo para descansar e disse também que as coisas estavam melhorando. Uau! Deus estava pronto para nos ajudar, mas as mãos Dele estavam atadas até que alguém orasse. Minha falta de oração era tão errada quanto a reclamação do meu funcionário. Eu estava impedindo o agir de Deus por ser passiva demais e não abrir a porta para Ele operar. Eu pensava no problema, me ressentia por causa dele, falava sobre o problema e ficava ofendida por causa dele, mas, na verdade, meses se passaram antes que eu orasse. Assim que fiz isso, Deus interveio.

Aprenda com o meu erro, e não deixe que a falta de oração impeça Deus de trabalhar na sua vida e na dos seus entes queridos.

2. FALTA DE OUSADIA

Não basta apenas orarmos para termos as nossas orações atendidas, também precisamos orar com ousadia, o que significa deixar de lado o medo e as reservas. Jesus abriu um caminho para nos aproximarmos de Deus com ousadia quando nos justificou através da Sua morte na cruz. Por causa disso, podemos nos achegar a Deus com total confiança e orar sem timidez, sabendo que Ele nos ama, nos ouve, e atenderá às nossas orações da melhor maneira possível.

> Não deixe que a falta de oração impeça Deus de trabalhar em sua vida e na vida dos seus entes queridos.

Quando entendermos que podemos nos aproximar de Deus de forma legítima e com ousadia, seremos capazes de vencer as tentativas do inimigo de nos fazer sentir condenados e nos tornaremos ousados nas nossas orações. Não acreditaremos mais na mentira do inimigo que nos faz dizer a nós mesmos: *Bem, sei que Deus pode fazer grandes coisas, mas acho difícil acreditar que Ele as fará por mim.* Pensamos assim porque não nos consideramos dignos, mas devemos sempre lembrar que Jesus nos tornou dignos, e quando nos aproximamos de Deus com ousadia, podemos contar que Ele será misericordioso conosco (ver Hebreus 4:16). Misericórdia significa que Deus nos dará o que não merecemos e nos abençoará quando não merecemos ser abençoados — se formos ousados o suficiente para pedir. Pedimos em nome de Jesus, não no nosso próprio

O Poder da Oração Simples

nome. Isso significa que estamos apresentando ao Pai tudo que Jesus é, e não tudo o que somos. Não somos nada sem Jesus!

Efésios 3:20 nos diz que Deus é poderoso para fazer mais do que jamais poderíamos esperar, pedir ou pensar, então precisamos nos decidir a sermos ousados e a nos beneficiarmos de tudo que Ele pode fazer pedindo com ousadia!

Quando as pessoas me pedem para fazer alguma coisa para elas, reajo melhor quando se aproximam de mim com confiança. Quero que elas sejam respeitosas e gratas, mas não medrosas. Confiança gera confiança. Em outras palavras, quando as pessoas se aproximam de mim com confiança, a confiança delas me dá confiança de que podem lidar com o que estão pedindo. Entretanto, se elas se aproximam com medo, fico hesitante em compartilhar algo com elas, porque onde o medo existe, o diabo tem uma porta aberta para gerar derrota.

Não peça a Deus menos do que você gostaria que Ele fizesse. Seja ousado e confiante. Peça a Ele grandes coisas, e abra a porta para Deus mostrar o quanto Ele realmente é grande.

3. PECADO

O Salmo 66:18 diz: "Se eu acalentasse o pecado no coração, o Senhor não me ouviria". Em outras palavras, o pecado do qual somos conscientes e com o qual nos recusamos a lidar é um impedimento à resposta de oração. Nenhum de nós é perfeito. Todos podemos ter algum aspecto em nossa vida que desagrada a Deus, mas ele pode não ser intencional e talvez nem nos demos conta de que ele exista. Entretanto, quando Deus nos convence do pecado e nos torna cientes dele, precisamos lidar com esse pecado. Do contrário, estaremos acalentando a iniquidade no coração, e nesse caso, Deus não nos ouvirá.

Se tivermos um pecado escondido no nosso coração, não podemos orar com confiança de que Deus responderá. Entretanto, se lhe pedirmos para revelar esses pecados ocultos, Ele o fará. Quando Deus fizer isso, devemos responder se quisermos manter nossa linha de comunicação com Ele aberta. Por exemplo, se Ele trouxer à nossa mente uma situação na qual não dissemos a verdade, não podemos pensar: *Ah, isso não é nada demais. Foi só uma mentirinha inocente.* Não podemos pegar alguma coisa que Ele nos mostra e varrê-la para debaixo do tapete ou decidir que na verdade ela não importa. Em vez disso, devemos admitir que pecamos, nos arrependermos por ter mentido e receber o Seu perdão.

Com muita frequência, aquilo que chamamos de "pequenas coisas" acabam nos gerando grandes problemas porque damos permissão para crescerem e se tornarem hábitos e padrões pecaminosos. Quando Deus revela o pecado em nossa vida, precisamos parar o que estamos fazendo e nos arrependermos. Precisamos reverenciá-lo e mostrar que levamos a sério o que Ele nos diz — imediatamente! Isso corresponde a fazermos tudo que está ao nosso alcance para assegurar que o nosso relacionamento com Ele seja limpo e puro e não seja obstruído pelo pecado. Do contrário, nossas orações não serão ouvidas nem atendidas.

4. ORAR FORA DA VONTADE DE DEUS

É claro que quando não oramos de acordo com a vontade de Deus, nossas orações não são atendidas. Uma das melhores maneiras de assegurar que estamos orando dentro da vontade de Deus é orar a Palavra tanto quanto possível. Quero dizer com isso que precisamos usar um versículo, uma passagem, ou um princípio da Palavra de Deus para dar respaldo às nossas orações.

Não encontraremos passagens detalhadas das Escrituras sobre todas as nossas necessidades ou desejos. Por exemplo, não encontraremos um versículo que nos diga especificamente para irmos comprar um carro novo, mas encontraremos algumas passagens nos dizendo que Deus suprirá as nossas necessidades. Se um carro novo é uma necessidade legítima, podemos orar e crer que a vontade de Deus é suprir essa necessidade.

Às vezes existem coisas pelas quais queremos orar, mas não temos certeza se estão dentro da vontade de Deus para nós, de acordo com as Escrituras. Nesses casos, precisamos simplesmente pedir a Deus para nos dar essas coisas se for da vontade Dele fazer isso, e para nos ajudar a ficarmos satisfeitos com a Sua decisão.

> O tempo de Deus é parte da Sua vontade.

Por outro lado, há outras coisas que sabemos ser parte da vontade de Deus porque Ele as especifica na Sua Palavra. Por exemplo, 2 Pedro 3:9 diz que Ele não quer "que ninguém pereça, mas que todos cheguem ao arrependimento". Portanto, sabemos que estamos orando dentro da Sua vontade quando oramos para que as pessoas sejam salvas.

Quando oramos em concordância com a vontade de Deus, teremos o que pedimos. Possivelmente vamos precisar esperar, porque o tempo de Deus é parte da Sua vontade, mas vai acontecer. Podemos dizer: "É meu. Posso não vê-lo ainda, mas isso me pertence, logo, sei que está a caminho".

Estou certa de que todos nós pedimos coisas inadequadas às vezes, mas Deus conhece o nosso coração. Acredito que se Ele não puder nos dar o que pedimos, nos dará algo melhor se mantivermos uma boa atitude.

5. ORAR COM A MOTIVAÇÃO ERRADA

Você sabe que Tiago 4:2 diz: "Nada tendes, porque não pedis" (ARA), mas quero que você também veja o versículo seguinte. Ele diz: "Quando pedem, não recebem, pois pedem por motivos errados, para gastar em seus prazeres". Um motivo é o "por que" por trás do "o que". É a razão pela qual fazemos o que fazemos. Na oração, o motivo pelo qual oramos é muito mais importante que as nossas palavras. Deus vê o nosso coração, e quando vê um motivo impuro, Ele não pode responder à oração.

Ter um coração puro que realmente ama a Deus e ama as pessoas é sempre um motivo aceitável para o Senhor. O egoísmo é inaceitável; a vingança é inaceitável; a manipulação e o controle são inaceitáveis; os ciúmes são inaceitáveis; o orgulho é inaceitável. Na verdade, tudo que é egoísta e despojado de amor é um motivo inaceitável.

Admito que houve um tempo no qual eu orava sem parar pedindo ajuda a Deus para que meu ministério crescesse. Fazia isso, pois achava que ter um ministério grande e influente me faria sentir importante. Sabe o que aconteceu? O ministério não cresceu nem um pouco! Na verdade, ele nem sequer começou a crescer até que os meus motivos tivessem sido purificados, o egoísmo fosse eliminado, e eu pudesse dizer sinceramente que só queria que o ministério crescesse para poder ajudar mais pessoas.

Do mesmo modo, talvez queiramos fazer as coisas do nosso jeito em uma situação, pedindo a Deus para mudar o coração de alguém para concordar conosco sem sequer levarmos em consideração o que seria melhor para essa pessoa. Deus não atenderá a esse tipo de oração egoísta. Podemos pedir a Ele para fazer com que alguém nos peça perdão, quando, na verdade, Deus quer que nós peçamos perdão. Independente do que tenha acontecido, mesmo não sendo culpa nossa, Deus ainda assim quer que nos humilhemos e sejamos os primeiros a fazer as pazes. Por que Ele faria isso? Porque termos humildade é mais valioso para nós em longo prazo do que termos os nossos sentimentos apaziguados porque alguém nos pediu perdão.

Precisamos pedir a Deus para purificar constantemente nosso coração para que possamos orar com a motivação correta. Precisamos honestamente examinar os nossos motivos. Muitas coisas mudaram em minha vida quando comecei a me perguntar o motivo de estar fazendo o que eu estava fazendo. Do mesmo modo, muitas das minhas orações mudaram quando me tornei mais sensível ao motivo que havia por trás delas. Verificar quais são os nos nossos motivos pode ser doloroso, mas isso deve ser feito se realmente desejarmos viver diante de Deus com um coração puro.

6. DÚVIDA E INCREDULIDADE

Sabemos que a fé em Deus é fundamental para ter sua oração atendida, portanto, é óbvio que a dúvida e a incredulidade — ambos opostos à fé — impedirão que nossas orações sejam atendidas. A fé é uma dinâmica espiritual poderosa, e algo ao qual Deus responde e abençoa. Mas a nossa fé não fica sem oposição. Satanás atacará a nossa mente com a dúvida, a incredulidade e os questionamentos, e quando ele faz isso, precisamos verificar o nosso coração em relação ao que ele diz. Podemos crer em algo no nosso coração mesmo quando nossa mente questiona, e precisamos seguir o que está no nosso coração e não na nossa mente. Não devemos acreditar em nossas dúvidas; devemos duvidar das nossas dúvidas e crer em Deus.

Uma das chaves para vencermos a dúvida e a incredulidade encontra-se em Hebreus 12:2, que diz: "Tendo os olhos fitos em Jesus, autor e consumador da nossa fé. Ele, pela alegria que lhe fora proposta, suportou a cruz, desprezando a vergonha, e assentou-se à direita do trono de Deus". Muitas vezes, a dúvida e a incredulidade começam com a distração. Quando somos distraídos das promessas de Deus ou da Sua capacidade de vir em nosso socorro, então começamos a duvidar. Começamos a pensar cada vez mais nos nossos problemas e desafios, e então nossa fé começa a diminuir. Mas precisamos fazer o que Hebreus 12:2 nos indica e continuar olhando para Jesus. A fim de resistir à dúvida e continuar caminhando em fé, precisamos olhar firmemente para Ele, para a Sua bondade, para a Sua capacidade de nos ajudar, para o Seu amor por nós, e dar uma mera olhada de relance nos nossos problemas. Não negamos a existência deles, mas nos recusamos a prestar atenção demasiada neles.

242 Quatorze Impedimentos para uma Resposta de Oração

Manter os nossos olhos longe de tudo que roube a nossa fé ou nos distraia do que Deus diz é o antídoto para a dúvida e a incredulidade. Precisamos nos lembrar de que Ele é a Fonte da nossa fé e sempre termina o que começa — portanto não há motivos para duvidar.

O Apóstolo Tiago disse que quando duvidamos nos tornamos pessoas de ânimo dobre, e o homem de ânimo dobre não recebe nada de Deus porque ele é instável em todos os seus caminhos (ver Tiago 1:6-8). Precisamos decidir em que acreditamos e não mudar de ideia quando as circunstâncias começarem a mudar. Precisamos lembrar que João 11:40 promete que veremos a glória de Deus se tão somente *crermos!*

7. PREOCUPAÇÃO

Outro motivo pelo qual as pessoas não têm suas orações atendidas é porque depois de orarem, elas ainda se preocupam. Filipenses 4:6 diz: "*Não andem ansiosos por coisa alguma,* mas em tudo, pela oração e súplicas, e com ação de graças, apresentem seus pedidos a Deus" (ênfase minha). Ansiedade, outra palavra para a preocupação, significa desperdiçar o hoje tentando imaginar o amanhã ou passar o hoje com medo do amanhã — e não devemos ter ansiedade por coisa alguma.

> Ansiedade... significa desperdiçar o hoje tentando imaginar o amanhã ou passar o hoje com medo do amanhã.
>
> ➤➤ • ◄◄

Quando oramos e depois nos preocupamos, não estamos exercitando a confiança em Deus. Não estamos entregando totalmente os nossos fardos nas mãos Dele. Estamos tomando-os de volta e analisando cada um em nossa mente. Quando insistimos em manter as nossas mãos nas situações pelas quais oramos, e não permitimos que Deus seja senhor delas completamente, Ele não tem muita li-

O Poder da Oração Simples

berdade para responder às nossas orações. Dizemos que confiamos em Deus, mas queremos ter um "plano B" caso Ele não venha em nosso socorro. Preocupar-se é meditar nos seus problemas, mas somos orientados a meditar na Palavra de Deus e não nos nossos problemas.

A paz é o contrário da preocupação e da ansiedade, e se quisermos viver em paz, precisamos aprender a viver nossa vida um dia de cada vez. Jesus disse em Mateus 6:34: "Portanto, não se preocupem com o amanhã, pois o amanhã se preocupará consigo mesmo. Basta a cada dia o seu próprio mal". Em outras palavras, Jesus está nos dizendo para não desperdiçarmos o hoje pensando no amanhã. Todos os nossos "hojes" já têm problemas suficientes — e só temos graça e energia suficiente para lidar com o hoje. Deus não nos dá graça hoje para vivermos o amanhã. Precisamos aproveitar ao máximo a graça de hoje, nos recusarmos a ficar ansiosos quanto ao amanhã, nos decidirmos a deixar nossas orações nas mãos de Deus, sem pegarmos de volta nossos problemas através da preocupação.

8. FALTA DE GRATIDÃO

A falta de gratidão é um impedimento à resposta de oração. Como mencionei no capítulo 5, por que Deus faria mais por nós se estamos murmurando por causa do que Ele já fez? Do mesmo modo, se apreciarmos de forma genuína a Sua bondade e tivermos um coração grato pelo que ele fez, Deus se inclinará a continuar nos abençoando.

A falta de gratidão indica que algo não está certo no coração da pessoa. O motivo pelo qual as pessoas resmungam e reclamam não é porque não têm o que querem; é porque elas têm um problema de caráter. Aqueles que têm um caráter divino são gratos, sempre apreciando o que Deus faz por eles. A gratidão nos mantém focados em Deus.

244 Quatorze Impedimentos para uma Resposta de Oração

Por outro lado, a falta de gratidão faz com que as pessoas nunca estejam satisfeitas e falem sobre o seu descontentamento. Não creio que nada abra a porta para o inimigo influenciar tanto a vida de uma pessoa como a murmuração e a reclamação, porque estamos concordando com ele quando resmungamos. Entretanto, quando falamos palavras de gratidão, estamos concordando com Deus porque a Bíblia está cheia de Escrituras nos instruindo a sermos gratos e a não reclamarmos. Uma pessoa grata é uma pessoa poderosa, e quando somos gratos, Deus é poderoso e desejoso de fazer mais por nós do que Ele jamais fez antes.

Podemos "ser" gratos ainda que não nos "sintamos" particularmente gratos. Podemos nos sentir da maneira errada e ainda assim optarmos por fazer o certo. Até aprendermos esse princípio dinâmico, não há esperança de realmente andarmos no Espírito.

O apóstolo Paulo, que padeceu muitos sofrimentos durante sua vida, e certamente tinha motivos para reclamar de algumas dessas circunstâncias, disse isto: "Não estou dizendo isso porque esteja necessitado, pois aprendi a adaptar-me a toda e qualquer circunstância. Sei o que é passar necessidade e sei o que é ter fartura. Aprendi o segredo de viver contente em toda e qualquer situação, seja bem alimentado, seja com fome, tendo muito, ou passando necessidade" (Filipenses 4:11-12). Em outras palavras, precisamos permanecer gratos em todas as situações, independentemente de como nos sentimos. A verdadeira gratidão não é apenas ser grato quando as coisas vão bem, mas também permanecer firme quando lidamos com as dificuldades, os obstáculos e as decepções da vida. Quando Deus vê que somos féis haja o que houver, Ele pode atender às nossas orações.

9. CONFISSÃO NEGATIVA

Podemos tornar as nossas orações ineficazes com confissões negativas. Quando permitimos que a dúvida e a incredulidade criem raízes em nossa mente e depois começamos a falar negativamente, podemos atrapalhar as nossas orações. Quando oramos e pedimos a Deus para fazer algo e depois nos viramos e dizemos: "Tenho medo que Deus não venha em meu socorro", essa é uma confissão negativa.

As palavras que dizemos são poderosas, mais do que imaginamos. Na verdade, Provérbios 18:21 diz: "A língua tem poder sobre a vida e sobre a morte; os que gostam de usá-la comerão do seu fruto". Em outras palavras, teremos o que dizemos, então precisamos falar positivamente e não negativamente.

Isaías 53:7 diz: "Ele foi oprimido e afligido, mas não abriu a Sua boca" (Isaías 53:7, NKJV). Jesus "não abriu a Sua boca" e não falou negativamente porque sabia que podia frustrar ou retardar o plano de Deus falando dessa forma na hora errada. Com certeza, Suas provações foram difíceis — inimaginavelmente torturantes — mas Ele não reclamou.

Precisamos ser capazes de fazer a mesma afirmação a respeito de nós mesmos — que quando estamos passando por tempos difíceis, não abrimos a nossa boca. Não reclamamos; não murmuramos; não falamos mal dos outros; não duvidamos de Deus com as nossas palavras. Nossas palavras não existem independentemente de quem somos. Elas só representam quem somos, pois revelam o que está no nosso coração. Mateus 12:34 diz: "Raça de víboras, como podem vocês, que são maus, dizer coisas boas? Pois a boca fala do que está cheio o coração". Quando o nosso coração está cheio de dúvida, fazemos confissões negativas, mas quando está cheio de fé, nossas palavras revelam nossa fé e confiança em Deus. Quando Deus ouve uma oração seguida de uma confissão negativa, Ele não

> Quando o nosso coração está cheio de dúvida, fazemos confissões negativas, mas quando está cheio de fé, nossas palavras revelam a nossa fé e confiança em Deus.
>
> ⇥ • ⇤

responde. Mas quando ouve uma oração acompanhada de palavras que expressam confiança nele, Deus tem prazer em responder.

10. FALTA DE FOCO

Outro motivo pelo qual as orações não são atendidas é o fato de não nos concentrarmos quando oramos e não sermos diligentes em manter o nosso coração ligado ao céu. Antes de nos darmos conta, estamos dizendo palavras que têm pouco significado ou nos distraímos com as muitas pressões ou atividades da vida. Acabamos não nos concentrando em falar com Deus, sem realmente prestar atenção nele — e essa não é uma boa maneira de ter uma oração atendida!

Uma das melhores histórias que conheço sobre foco tem a ver com domar leões. Quando um domador de leões entra em uma jaula com um leão, ele leva três coisas com ele: um chicote, uma arma imobilizadora, e um banco de três ou quatro pernas. Ele segura o banco com as pernas voltadas para o leão. Por quê? Porque um leão não consegue focar em mais de uma coisa ao mesmo tempo. Quando o leão vê mais de uma perna no banco, ele na verdade "congela" e não consegue se mover para atacar o domador.

Acredito que somos como os leões e podemos ficar de certa forma "paralisados" quando muitas coisas vêm ao nosso encontro de uma só vez. Quando não conseguimos nos concentrar, não somos eficazes e nem produtivos. A Bíblia diz em Provérbios 4:25-27: "Olhe sempre para frente, mantenha o olhar fixo no que está adiante de você. Veja bem por onde anda, e os seus passos serão seguros. Não se desvie nem para a direita nem para a esquerda...".

Se quisermos receber do Senhor — e que as nossas orações sejam atendidas — precisamos aprender a permanecer focados não apenas na oração, mas também na vida. Precisamos saber o que Deus nos chamou para fazer, priorizar isso, focar nisso, orar sobre isso e observar enquanto Deus responde às nossas orações e faz grandes coisas através de nós.

O Poder da Oração Simples · 247

Saiba o que Deus chamou você para fazer; seja responsável por essas coisas e ore regularmente por elas. As orações de nenhuma outra pessoa têm tanto efeito sobre a sua vida, a de sua família e do seu ministério quanto as suas. Quando Paulo disse a Timóteo para se entregar ao seu ministério, para "se lançar inteiramente" nos seus deveres (ver 1 Timóteo 4:15), estava dizendo a ele para ficar focado. Oração é como um raio laser. Ela é poderosa, mas você precisa ficar focado em uma área até que os resultados desejados apareçam. Seja o que for que Deus o chame para fazer, permaneça focado! A oração com foco é uma oração poderosa!

11. NÃO CUIDAR DOS NECESSITADOS

E. M. Bounds diz que "A compaixão fica ao lado da comiseração pelos outros, interessa-se por eles, e preocupa-se com eles" e "a oração pertence ao homem compassivo".[1] Se quisermos que nossas orações sejam respondidas, precisamos ser compassivos e bondosos para com os pobres. Mencionei Provérbios 21:13 antes, mas quero enfatizar essa passagem novamente: "Quem fecha os ouvidos ao clamor dos pobres também clamará e não terá resposta". Esse versículo fala por si mesmo. Se quisermos que Deus ouça nossas orações, precisamos cuidar daqueles que são menos afortunados do que nós.

1 João 3:17-18 diz: "Se alguém tiver recursos materiais e, vendo seu irmão em necessidade, não se compadecer dele, como pode permanecer nele o amor de Deus? Filhinhos, não amemos de palavra nem de boca, mas em ação e em verdade". Nós fechamos o nosso coração ou os nossos ouvidos quando ouvimos falar de pessoas necessitadas, por vários motivos. Primeiro, podemos pensar que outra pessoa deveria cuidar delas. Quero lhe dizer que não deveria ser outra pessoa a cuidar delas; a Igreja de Jesus Cristo foi chamada e comissionada por Deus para cuidar dos pobres e necessitados. O governo não foi chamado e comissionado, o governo não foi un-

248   Quatorze Impedimentos para uma Resposta de Oração

gido por Deus — mas o Seu povo sim. Em segundo lugar, talvez tenhamos medo de nos envolver porque achamos que alguém irá tirar vantagem de nós. Bem, precisamos nos recusar a deixar que isso aconteça. Precisamos ser guiados pelo Espírito Santo, fazer o que sabemos ser o certo, e servir bem aos outros sem permitir que sejamos explorados. Em terceiro lugar, podemos ser simplesmente pessoas preguiçosas. A preguiça não é um bom motivo para ignorar os mandamentos de Cristo, de modo que precisamos nos levantar e fazer alguma coisa a respeito das necessidades que nos cercam.

É possível que tenhamos conhecimento de tantas necessidades que nos sintamos oprimidos, ou o que é pior, talvez tenhamos ficado endurecidos de tanto ouvir sobre essas necessidades simplesmente por ser algo tão comum. Hoje, a tragédia e o desastre enchem os jornais e os programas de televisão. Ouvimos falar continuamente de terríveis doenças, acidentes, terremotos, tsunamis, incêndios, inundações, deslizamentos de terra, tornados, furacões, e outros desastres.

Deus nos equipou com um coração compassivo e nos é dito em João 3:17 para não o fecharmos quando virmos necessidades. Satanás gostaria que o nosso amor se esfriasse. Na verdade, Mateus nos diz que o amor se esfriar será um sinal dos Últimos Dias. Mateus 24:12 diz que "Devido ao aumento da maldade, o amor de muitos esfriará". A melhor maneira de combater a dureza de coração e uma fortaleza de amor frio é permanecer ativo ajudando aqueles que são menos afortunados do que você. Não ignore as necessidades que você ouve fechando o seu coração ou deixando que o seu amor se esfrie. Em vez disso, responda a elas.

> Não ignore as necessidades que você ouve fechando o seu coração ou deixando que seu amor se esfrie.
>
> ⇥ • ⇤

O livro de Tiago revela o segredo de ter a religião pura diante de Deus, que é "cuidar dos órfãos e das viúvas em suas dificuldades..."

(Tiago 1:27). Essas duas categorias de pessoas (órfãos e viúvas) são muito importantes para Deus e são mencionadas com frequência na Bíblia, mas acredito que a expressão "órfãos e viúvas" é também uma maneira de descrever qualquer pessoa que esteja sofrendo, solitária, oprimida, ou necessitada de alguma coisa. Quando não estendermos o amor de Deus a pessoas assim, nossas orações serão impedidas. Precisamos ser uma benção para todos, mas principalmente para os pobres e necessitados e para os órfãos e viúvas. Se fizermos isso, estaremos expressando o amor de Deus e Ele atenderá às nossas orações.

Mencionei Isaías 58:6-9 anteriormente neste livro, mas quero que você o veja no contexto do presente capítulo. "O jejum que desejo não é este: soltar as correntes da injustiça, desatar as cordas do jugo, pôr em liberdade os oprimidos e romper todo jugo? Não é partilhar sua comida com o faminto, abrigar o pobre desamparado, vestir o nu que você encontrou, e não recusar ajuda ao próximo? Aí sim, a sua luz irromperá como a alvorada, e prontamente surgirá a sua cura; a sua retidão irá adiante de você, e a glória do Senhor estará na sua retaguarda. Aí sim, você clamará ao Senhor, e ele responderá; você gritará por socorro, e Ele dirá: Aqui estou...".

12. REBELIÃO

Ser rebelde para com a autoridade impedirá suas orações de serem atendidas. Como você leu anteriormente neste livro, um coração submisso, o oposto de um coração rebelde, é sensível a Deus e anseia por obedecer-lhe. Uma pessoa rebelde, por outro lado, desobedecerá deliberadamente — e como já mencionamos, Deus não abençoa a desobediência.

Estou tão convencida do fato de que a rebelião pode impedir minha oração e o meu relacionamento com Deus que eu teria medo até mesmo de subir à plataforma e começar a ensinar a Palavra de Deus se tivesse sido conscientemente rebelde com meu

250 Quatorze Impedimentos para uma Resposta de Oração

marido e não tivesse pedido perdão a ele e a Deus. Eu não faria isso porque estaria em pecado e o inimigo poderia me devorar. Preciso permanecer debaixo da cobertura que Deus me deu. Todos nós precisamos permanecer debaixo da autoridade que Ele colocou em nossa vida a fim de que o nosso coração esteja reto perante Ele e nossas orações sejam atendidas.

13. FALTA DE PERDÃO

Como você já sabe, acredito que andar em amor, e isso inclui perdoar as pessoas, é a condição mais importante para uma oração eficaz. Do mesmo modo, também acredito que a falta de perdão é provavelmente o motivo número um pelo qual nossas orações não são atendidas. Eu me aventuraria a dizer que o crente perde mais terreno em sua vida pela falta de perdão do que por qualquer outra coisa. A Palavra de Deus contém muitas passagens bíblicas que enfatizam a importância do perdão, e ele significa simplesmente tratar os outros como Deus nos trata. Não creio ser possível encontrarmos nenhum mandamento bíblico relacionado ao perdão mais claro do que Efésios 4:32, onde lemos que devemos perdoar "mutuamente, assim como Deus nos perdoou em Cristo".

Por vivermos em um mundo caído cheio de pessoas imperfeitas como nós, não podemos evitar sermos magoados, ofendidos, feridos, ou traídos. Teremos motivos para ficar irados, mas a ira não resolvida se transforma em amargura e falta de perdão — e isso poderá ser um obstáculo às nossas orações. Na verdade, Efésios 4:26 diz: "Quando vocês ficarem irados, não pequem. Apaziguem a sua ira antes que o sol se ponha". Simplesmente não podemos nos apegar à raiva

> Também acredito que a falta de perdão é provavelmente o motivo número um pelo qual nossas orações não são atendidas.
>
> ⤙⤜ • ⤛⤚

O Poder da Oração Simples

e abrigar a falta de perdão no nosso coração se quisermos que Deus atenda às nossas orações.

Jesus deixa esse ponto claro em Marcos 11:25, quando diz: "E quando estiverem orando, se tiverem alguma coisa contra alguém, perdoem-no, para que também o Pai celestial lhes perdoe os seus pecados". Em outras palavras, qualquer coisa que tenhamos contra alguém deve ser perdoada. Não importa o quanto um problema pareça grande ou pequeno, precisamos deixá-lo para trás. Não devemos esperar até sentirmos vontade de perdoar; perdoamos fazendo uma escolha deliberada, uma decisão voluntária de deixar um assunto para trás. Quando fazemos isso, abrimos o caminho para nossas orações serem atendidas.

14. ORGULHO

1 Pedro 5:5 diz que *"Deus se opõe aos orgulhosos, mas concede graça aos humildes"*. Podemos ver nesse versículo que o orgulho certamente é um impedimento a uma oração atendida! Quando oramos e pedimos a graça de Deus em uma situação, o orgulho a bloqueará, mas a humildade preparará o caminho para ela. Quando somos orgulhosos, não achamos que precisamos de Deus nem de ninguém mais. Nós nos sentimos autossuficientes; somos autoconfiantes. Achamos que somos melhores que as outras pessoas. O orgulho é muito grave para Deus. A Bíblia contém muitas Escrituras que afirmam isso, mas uma das mais fortes é Provérbios 16:5, que diz: "O Senhor detesta os orgulhosos de coração. Sem dúvida serão punidos".

O orgulho impedirá que nossas orações sejam atendidas e precisamos lidar com ele se quisermos que Deus nos ouça e nos responda quando oramos. Precisamos pedir a Ele para nos mostrar as áreas em nosso coração onde somos orgulhosos e das quais precisamos nos arrepender. A melhor maneira de deixarmos um pecado específico ou interromper um velho padrão de atitude ou de pensamento é pedindo perdão a Deus por ele e escolhendo desenvolver a atitude ou comportamento contrário a ele. Assim, quando estivermos vencendo o pecado do orgulho, precisamos pedir a Deus para nos ajudar a desenvolver a humildade e fazer tudo que podemos para cultivá-la em nosso coração. Precisamos ser humildes não apenas diante de Deus, mas também em nosso relacionamento com as pessoas.

Uma das melhores maneiras de praticar a humildade é através da confissão. A primeira frase de Tiago 5:16 diz: "Confessem os seus pecados uns aos outros e orem uns pelos outros para serem curados". Se o poder para ser curado e restaurado pode vir através da confissão e da oração, então precisamos saber como confessar e como orar.

Confessar as nossas faltas a alguém e pedir oração exige antes de tudo encontrarmos alguém em quem realmente confiemos, e em segundo lugar que estejamos dispostos a colocar de lado o nosso orgulho e compartilhar humildemente os nossos problemas. Se você achar isso desafiador, peça a Deus para ajudá-lo a crescer na humildade porque os resultados são surpreendentes se você encontrar um amigo em quem possa confiar, e compartilhar com essa pessoa: "Estou tendo problemas nessa área e não quero isso, mas estou sofrendo e preciso que você ore por mim".

> Confessar as nossas faltas a alguém e pedir oração exige antes de tudo encontrarmos alguém em quem realmente confiemos, e em segundo lugar que estejamos dispostos a colocar de lado o nosso orgulho e compartilhar humildemente os nossos problemas.

Certa vez, eu estava realmente tendo problemas com os ciúmes que sentia de uma amiga. Ela havia recebido algo que eu havia pedido a Deus, mas não havia recebido ainda. Eu não queria sentir aquilo, e sabia que era errado, mas não conseguia me libertar daquele ressentimento pela benção dela e por desejar

O Poder da Oração Simples 253

que fosse minha. Os ciúmes estavam fazendo até mesmo com que eu agisse de uma maneira fria para com ela. Ao ler Tiago 5:16 certo dia, decidi que eu precisava me humilhar e pedir a alguém que orasse por mim. Eu não me importava de falar com Deus sobre o meu problema, mas certamente não estava ansiosa para contar isso a mais ninguém (isso era orgulho!). Fui até meu marido e contei a ele que estava sentindo ciúmes de minha amiga. Confessei como sendo um pecado e pedi a ele que orasse por mim. Compartilhar meus sentimentos foi constrangedor, mas ao mesmo tempo me libertou.

Posso lhe garantir, a partir dessas experiências e de muitas outras, que quando estamos realmente tendo problemas em alguma área, se procurarmos humildemente uma pessoa de confiança que realmente sabe como orar — alguém que não irá fofocar nem divulgar as nossas preocupações — e simplesmente compartilharmos nossos desafios com ela e pedirmos oração, os resultados podem ser tremendos.

Não há necessidade de sentirmos vergonha de contar a um confidente verdadeiro e que seja uma pessoa de oração quais são as nossas dificuldades. Essa é uma maneira de mantermos o orgulho fora das nossas vidas e de exercitarmos a humildade. Na verdade, alguém que conheço e respeito, certa vez me procurou e disse: "Sabe, preciso compartilhar isto com alguém e espero que o simples fato de *colocar para fora,* talvez quebre o poder de Satanás". Esse homem costumava viajar sozinho, e continuou dizendo: "Estou sendo realmente tentado a pensar em outras mulheres quando estou longe de minha esposa por um longo período". Ele disse: "Vejo uma mulher no aeroporto ou algo parecido, e a minha mente simplesmente toma uma direção errada. Não quero fazer isso, mas não consigo me controlar".

Oramos e mais tarde ele disse: "Compartilhar meu problema deu uma guinada em minha situação". Imagino que simplesmente compartilhar os seus problemas também lhe traga o mesmo resultado. Satanás gosta de manter as coisas em oculto. Ele tem prazer quando tentamos lidar com as situações sozinhos, mesmo quando sabemos que não podemos, porque isso é orgulho. Quando pedimos ajuda, estamos sendo humildes. Isso agrada a Deus e Ele libera poder para nos ajudar a vencer.

Todos nós precisamos de ajuda. *Todos* temos problemas e os seus desafios provavelmente não são piores que os de ninguém. Deus projetou a Sua família para precisarem uns dos outros. Às vezes simplesmente não podemos levar os fardos da nossa vida sozinhos e às vezes somos teimosos demais ou orgulhosos demais para pedir a ajuda de que precisamos. Lembre-se, Deus resistirá àqueles que têm orgulho no coração e o orgulho deles será um obstáculo às suas orações. Mas Deus ouve a oração dos corações humildes e envia a Sua graça como resposta.

RESUMO

- Assim como precisamos conhecer as chaves para a oração eficaz, também precisamos saber o que impede nossas orações de serem respondidas.
- Deus não pode responder às nossas orações se não oramos.
- A falta de ousadia fará com que as nossas orações fiquem sem resposta. Pelo fato de estarmos firmes na justiça de Jesus, podemos nos aproximar de Deus com ousadia e orar com confiança.
- Precisamos lidar com o pecado — até mesmo com o pecado não intencional — porque ele bloqueia a comunicação que podemos desfrutar com Deus através da oração.
- Se quisermos ter nossas orações atendidas, precisamos estar certos de que o que estamos orando é compatível com a Palavra de Deus e com a Sua natureza.
- Orar com motivações erradas não resultará em uma oração atendida. O nosso coração precisa ser puro e a nossa motivação correta.

- A dúvida e a incredulidade são impedimentos à oração atendida. Precisamos orar com fé e não permitir que o inimigo nos faça duvidar.
- A preocupação impede nossas orações de serem atendidas porque ela rouba a nossa confiança em Deus e faz com que peguemos os nossos problemas de volta.
- A falta de gratidão indica que algo não está certo no coração de uma pessoa, e é necessário um coração grato para ter a oração atendida.
- Nossas palavras revelam o que está no nosso coração, e quando fazemos confissões negativas, nossas orações podem ficar sem resposta.
- A ausência de foco pode ser um obstáculo às nossas orações. Quando estamos distraídos e divididos nas nossas orações e nas nossas vidas, não devemos esperar receber nada de Deus.
- O povo de Deus é chamado e comissionado para cuidar dos pobres e necessitados. Se os negligenciarmos, Deus não ouvirá os nossos clamores nem atenderá às nossas orações.
- A rebelião levará a não termos nossas orações atendidas. Deus não pode abençoar-nos se tivermos uma atitude rebelde contra a autoridade.
- A falta de perdão é provavelmente o maior impedimento à oração. Simplesmente precisamos tratar os outros como Deus nos trata e estender perdão a todos os que nos ofendem.
- O orgulho fará com que as orações fiquem sem resposta, mas a humildade atrai a graça de Deus.

13
Vitória Certa na Oração

Você sabe que tem um inimigo? Ele é invisível, mas real, como lemos em Efésios 6:12: "Pois a nossa luta não é contra pessoas, mas contra os poderes e autoridades, contra os dominadores deste mundo de trevas, contra as forças espirituais do mal nas regiões celestiais".

O nome do seu inimigo é Satanás; ele é um ser espiritual; ele comanda as forças do reino das trevas e está decidido a destruir o povo de Deus. Ele odeia a Deus; ele odeia a todos que acreditam em Deus; ele tem um plano para a sua destruição, para a destruição do seu casamento e da sua família, para a destruição da sua saúde, das suas finanças, das suas emoções, e de todas as outras áreas da sua vida. Mas tenho boas notícias: você pode interromper os planos dele — e você faz isso através do poder da oração. Satanás é um inimigo violento; ele lança ataques violentos contra os crentes, mas toda a violência do inferno não é páreo para o grandioso poder da oração simples e cheia de fé. Gosto do que Watchman Nee escreveu sobre este tópico: "No momento em que Deus ouve as nossas orações, o plano de Satanás é definitivamente derrotado. Respondendo à nossa oração, Deus desbarata a vontade maligna de Satanás, e consequentemente, ele não é mais capaz de nos maltratar

O Poder da Oração Simples

de acordo com o seu plano original. Tudo que ganhamos através da oração é uma perda para o inimigo".[1]

AS ARMAS DA SUA MILÍCIA

Efésios 6:13 nos instrui a ficarmos firmes "no dia mau". Qual é o dia mau? Creio que "o dia mau" se refere a qualquer momento em nossas vidas em que Satanás nos ataque. Esse ataque pode ser físico, mental, emocional, ou espiritual. Então, como revidamos? Lutamos com armas espirituais porque a guerra que combatemos é na esfera espiritual. O texto de 2 Coríntios 10:4 diz: "As armas com as quais lutamos não são humanas ao contrário, são poderosas em Deus para destruir fortalezas". Vamos dar uma olhada em três das armas espirituais mais poderosas que precisamos ter no nosso arsenal: a Palavra de Deus, o nome de Jesus e o sangue de Jesus.

Arma Nº 1: A Palavra de Deus

A Palavra de Deus é uma arma poderosa. Andrew Murray escreve que "... quando Deus, o Ser infinito, em quem tudo é vida e poder, espírito e verdade, no sentido mais amplo dessas palavras — quando Deus fala de Si mesmo nas Suas palavras, Ele na verdade dá de Si mesmo, do Seu amor e da Sua vida, da Sua vontade e do Seu poder, àqueles que as recebem...".[2] Encontramos o amor, a vida, a vontade e o poder de Deus *revelados e disponíveis* a nós através da Sua Palavra; ela é realmente uma força poderosa.

Hebreus 4:12 diz: "Pois a palavra de Deus *é* viva e eficaz, e mais afiada que qualquer espada de dois gumes; ela penetra ao ponto

> Precisamos aprender a declarar a Palavra para o diabo se quisermos viver em vitória.
>
> ➤➤ • ◄◄

de dividir alma e espírito, juntas e medulas, e julga os pensamentos e intenções do coração". Apenas pense nisto: uma espada com lâminas afiadíssimas dos dois lados pode causar um sério estrago! Quando conhecemos a Palavra, cremos na Sua verdade, nos submetemos à sua autoridade e a usamos contra o inimigo, ele acaba sendo derrotado! Precisamos aprender a declarar a Palavra para o diabo se quisermos viver em vitória. O diabo fala conosco colocando pensamentos errados na nossa mente, e podemos e devemos responder a ele declarando a Palavra de Deus em voz alta. Jeremias 23:28 diz: "... o que tem a Minha palavra, fale a Minha palavra com fidelidade...". A Palavra de Deus é uma espada de dois gumes e precisamos *desembainhá-la* e não apenas *tê-la* (ver Hebreus 4:12). Desembainhamos a Palavra declarando a Palavra. Efésios 6:17 fala especificamente sobre "a espada que o Espírito empunha, que é a Palavra de Deus". Em meu livro *A Palavra, o Nome e o Sangue,* escrevo sobre essa "espada que o Espírito empunha" e o que essa expressão significa de forma prática na nossa vida diária: "Significa que o Espírito Santo no crente sabe exatamente a Escritura a ser usada em cada situação. Ele sabe precisamente que tipo de ataque o crente está enfrentando...".[3] À medida que temos comunhão com Ele em oração, podemos ouvir a Sua voz nos sussurrando Suas instruções. Por exemplo, se estivermos em uma situação ameaçadora, podemos ouvi-lo dizer: "Não tenha medo. Lembre-se que a Minha Palavra diz para não temer".

O quarto capítulo de Lucas nos diz que o Espírito Santo levou Jesus ao deserto por quarenta dias. Enquanto Ele estava lá, enfrentou um ataque após outro do inimigo. Todas as vezes que o diabo o tentava, Jesus respondia dizendo: "Está escrito", e depois citava um versículo da Escritura.

Nesse capítulo de Lucas, podemos aprender que as tentações vêm em ciclos. Lucas 4:13 diz: "Tendo terminado todas essas tentações, o diabo o deixou até ocasião oportuna". Sabemos, a partir desse versículo, que o diabo vai nos atacar sem parar. Precisamos resistir a esses ataques e ficar firmes. Ele nos deixará em paz por

O Poder da Oração Simples

pouco tempo, mas é melhor não ficarmos adormecidos e preguiçosos. É preciso estar vigilante porque ele está esperando outro momento oportuno e voltará para tentar outra coisa.

Costumamos perguntar a nós mesmos: *Quando vou chegar ao ponto de não precisar suportar mais esses ataques do diabo?* A resposta é: quando chegarmos ao céu! Pessoalmente, ficaria mais preocupada se o diabo nunca se levantasse contra mim. Porque se ele não está me incomodando, eu não devo estar fazendo o que Deus me chamou para fazer.

Embora o inimigo vá nos perturbar e atacar enquanto vivermos, podemos resistir a ele, ficar firmes contra ele; podemos rejeitá-lo e fazê-lo recuar; podemos revidar com armas que o destituem do seu poder. Se você quer realmente deixar o diabo irado e colocá-lo para correr, use a Palavra de Deus para lembrar a ele da cruz e da sua derrota no Calvário. Deixe-me dar-lhe alguns exemplos:

- Colossenses 2:15: "[Deus], tendo despojado os poderes e as autoridades, fez deles um espetáculo público, triunfando sobre eles na cruz".
- 1 João 4:4: "... Aquele que está em vocês é maior do que aquele que está no mundo".
- Isaías 54:17: "Nenhuma arma forjada contra você prevalecerá, e você refutará toda língua que o acusar".
- 1 João 3:8: "... Para isso o Filho de Deus se manifestou: para destruir as obras do diabo".
- Colossenses 1:13: "[O Pai] nos resgatou do domínio das trevas e nos transportou para o Reino do seu Filho amado".
- Hebreus 4:12: "Pois a palavra de Deus é viva e eficaz, e mais afiada que qualquer espada de dois gumes".
- 2 Coríntios 2:14: "Mas graças a Deus, que sempre nos conduz vitoriosamente em Cristo e por nosso intermédio exala em todo lugar a fragrância do seu conhecimento".

A Palavra de Deus tem poder em nossa vida e tem poder sobre o inimigo. Precisamos não apenas conhecer a Palavra; precisamos crer e obedecer a ela. Nós a obedecemos fazendo o que ela nos diz para fazer, andando nos caminhos de Deus, e guardando os Seus mandamentos. À medida que conhecemos, cremos e obedecemos à Palavra, estamos mantendo nossos olhos e o nosso coração fixos em Deus — e Ele nos garantiu que a nossa vitória é certa se fizermos isso.

Encorajo você a conhecer realmente a Palavra. Conheça-a com a sua mente e com seu coração. Ame-a, memorize-a, e permita que a sua verdade penetre nas profundezas do seu ser. Ao fazer isso, você descobrirá que está incorporando a Palavra nas suas orações, declarando a Palavra de volta para Ele — e Deus sempre honra o que Ele diz.

Arma Nº 2: O Nome de Jesus

Um amigo meu, um homem a quem dei aulas no Seminário Bíblico, estava no carro um dia com seu filho de quatro anos. Ele não percebeu que a porta do carro do lado do passageiro não estava fechada com segurança, e fez uma curva fechada em um cruzamento. Isso aconteceu antes da promulgação da lei que torna obrigatório o uso de cintos de segurança, assim a criança não estava presa ao carro. Quando meu amigo fez a curva, a porta se abriu e o garotinho caiu do carro no meio do tráfego que vinha de todas as direções. A última lembrança do meu amigo foi ter visto um par de pneus vindo em direção a seu filho, quase em cima do menino. De repente, ele gritou: "Jesus!".

Assim que pôde parar o carro, ele correu para seu filho e viu que o menino estava perfeitamente bem. Como era de se esperar, o motorista do outro veiculo estava histérico. Meu amigo virou-se para confortá-lo e garantiu-lhe que seu filho estava bem. "Meu filho está bem. Não se preocupe. O homem respondeu: "Você não entende. Eu nem cheguei a encostar nos freios".

Há um poder inacreditável no nome de Jesus! O Seu nome é superior a qualquer outro; ele é mais poderoso que qualquer outro nome. Ele realmente é o único nome que finalmente exigirá a obediência de todos os povos e principados. Filipenses 2:9-10 diz que Deus exaltou Jesus Cristo soberanamente "e lhe deu um nome que é sobre todo nome, para que ao nome de Jesus se dobre todo joelho dos que estão nos céus, na terra e debaixo da terra".

Em Efésios 1:17-21, Paulo está orando pelos crentes de Éfeso, pedindo a Deus que dê a eles "o espírito de sabedoria e de revelação no conhecimento Dele", que Ele abra os olhos do entendimento espiritual deles, para que eles conheçam a esperança do Seu chamado nas suas vidas, e para que eles conheçam as riquezas da glória da Sua herança. Ele também orou para que eles conhecessem a excelente grandeza do Seu poder sobre nós, os que cremos, segundo a operação da força do Seu poder que Ele manifestou em Cristo quando o ressuscitou dentre os mortos e o assentou à Sua direita nos *lugares* celestiais, muito acima de todo principado e potestade e poder e domínio, *e de todo nome que se nomeia,* não apenas nesta era, mas também na que há de vir" (NKJV, ênfase minha).

> O Seu nome é superior a qualquer outro; ele é mais poderoso que qualquer outro nome. Ele realmente é o único nome que finalmente exigirá a obediência de todos os povos e principados.

Se realmente entendermos o que Paulo está tentando transmitir em Filipenses 2 e em Efésios 1, e se crermos que Jesus recebeu o nome que está acima de todo nome, entenderemos o poder incrível disponível a nós no Seu Nome. O que significa o nome Dele estar acima de todo nome? Significa que o nome de Jesus é o nome acima do nome do câncer. É o nome acima do nome da pobreza. É o nome acima do nome do vício em drogas. É o nome acima do nome do divórcio. Seja qual for o nome que você possa pensar, o nome de Jesus está acima desse nome — e esse nome nos foi dado porque Ele nos deu a Sua vida. Não precisamos ser derrotados por nada que cruze o nosso caminho; o importante é conhecermos o poder que está disponível a nós no nome de Jesus.

Quando Jesus falava com Seus discípulos e os preparava para viver sem a Sua presença física na terra, Ele lhes disse: "Naquele dia vocês não me perguntarão mais nada. Eu lhes asseguro que meu Pai lhes dará tudo o que pedirem em meu nome. Até agora vocês não pediram nada em meu nome. Peçam e receberão, para que a alegria de vocês seja completa" (João 16:23-24). Nesses versículos, Jesus estava essencialmente dizendo: *Vocês não precisam mais me pedir. Agora vocês podem ir ao Pai em Meu nome e quando vocês falarem o Meu nome, vocês estarão apresentando a Ele tudo o que Eu sou — não quem vocês são, mas quem Eu sou!*

Todas as vezes que oro em nome de Jesus, estou dizendo: "Senhor, estou colocando diante de Ti a vitória que Jesus conquistou, e eu sou coerdeiro com Ele. Tenho uma herança, não por tê-la conquistado, mas porque Ele a conquistou e colocou o meu nome no testamento e assinou-o com o Seu sangue! Eu vou orar com ousadia, e minhas orações serão poderosas porque o nome de Jesus está acima de tudo que eu possa nomear". O mesmo é verdade com relação a você.

Deste modo, quando oramos e pedimos alguma coisa em nome de Jesus, estamos na verdade apresentando tudo que Ele é ao Pai e pedindo como se fosse o próprio Jesus fazendo um pedido ao Seu Pai. Não nos aproximamos de Deus com base nos nossos próprios méritos, mas com base nos méritos de Jesus. Colocamos diante do Pai tudo que Jesus é, e não tudo o que somos. Por isso, mesmo quando não fazemos tudo certo, ainda assim podemos esperar que Deus ouça as nossas orações — pois oramos no nome de Jesus. Tudo que Ele é absorve tudo o que nós não somos, e a Sua plenitude compensa as nossas deficiências.

Já que o nome de Jesus representa tudo que Ele é — toda a Sua justiça, toda a Sua perfeição, toda a Sua graça e amor — esse nome é poderoso. Não há poder no seu nome ou no meu nome, mas há um poder tremendo no nome de Jesus por tudo que o Seu nome representa. Como Andrew Murray escreve: "O nome de um rei inclui a sua honra, o seu poder, o seu reino. O nome dele é o símbolo do seu poder... O nome de Cristo é a expressão de tudo que Ele fez, de tudo que Ele é e vive para fazer...".[4] Ele também escreve: "Aquele que dá o seu nome a outro fica de lado, para deixar que outro aja por ele; aquele que toma o nome de outro abre mão do seu próprio nome como se não tivesse qualquer valor. Quando vou em nome de outro, nego a mim mesmo, e tomo não apenas o seu nome, mas ele próprio e o que ele é, em vez de mim mesmo e de quem eu sou".[5]

Vamos pensar nisso no nosso dia a dia, em termos práticos. O meu nome não foi sempre Joyce Meyer. Eu não tomei o último nome de Dave até me casar com ele. Nada que era dele me pertencia até entrarmos na aliança legal do casamento. Quando nos casamos, eu não tinha um carro, mas Dave sim. Quando recebi o nome dele, de repente eu tinha um carro também. Eu não tinha muito dinheiro; na verdade, estava endividada. Dave tinha dinheiro; então, quando me casei com ele, eu também passei a ter dinheiro e podia pagar todas as minhas contas. Eu não tinha acesso a nada que era de Dave até me casar com ele e receber o seu nome. Quando me tornei a Sra. Dave Meyer, tudo que ele tinha passou a ser meu. Enquanto estávamos namorando, eu ainda tinha o meu nome de solteira; ainda tinha a minha dívida e não tinha um carro.

Não podemos "namorar" Jesus e esperar desfrutar os privilégios que vêm com um compromisso verdadeiro. Quero dizer com isso que não podemos apenas passar tempo com Ele de vez em quando e tentar manter um relacionamento somente por causa das bênçãos que Ele nos oferece. Só podemos desfrutar os privilégios de um relacionamento com Ele quando somos comprometidos. Antes de me casar com Dave, eu podia dizer às pessoas que meu último nome era Meyer, mas isso seria ilegal. Quer gostemos disso ou não, o céu funciona com base em um sistema legal. Deus estabeleceu leis espirituais que estão em vigência e simplesmente não podemos ignorá-las ou nos esquivar delas. Deus sabe que tipo de relacionamento temos com Ele, se estamos "namorando" ou se entregamos o nosso coração a Ele em um compromisso total. Quando estamos unidos a Ele por um relacionamento de compromisso, podemos desfrutar de tudo que o Seu nome nos proporciona.

Como tantas coisas na nossa vida como crentes, não há uma fórmula para usar o nome de Jesus e não há regras a respeito disso — apenas um coração que crê nele, confia no Seu poder, e é submisso ao Seu Senhorio. Quando empregamos o nome de Jesus em oração enquanto guerreamos contra o nosso inimigo, a nossa submissão a Deus é essencial. Tiago 4:7-9 diz: "Portanto, submetam-se a Deus. Resistam ao Diabo, e ele fugirá de vocês. Aproximem-se de Deus, e ele se aproximará de vocês! Pecadores, limpem as mãos, e vocês, que têm a mente dividida, purifiquem o coração. Entristeçam-se, lamentem-se e chorem...". Gosto da maneira como Andrew Murray explica os princípios espirituais encontrados nesses versículos. Ele escreve que "temos o poder espiritual para nos valermos do nome de Jesus somente na medida em que nos entregamos para viver somente pelos interesses e a obra do Mestre. O uso do nome sempre supõe a rendição dos nossos interesses Àquele a quem representamos".[6]

> Quando estamos unidos a Ele por um relacionamento de compromisso, podemos desfrutar de tudo que o Seu nome nos proporciona.

Em outras palavras, não devemos esperar conseguir resistir ao inimigo se permitimos a desobediência voluntária em nossa vida, ainda que usemos o nome de Jesus. Não podemos ter autoridade sobre Satanás se estivermos vivendo em pecado. Todos nós pecamos e fazemos coisas erradas, mas quando escrevo sobre a "desobediência voluntária", estou me referindo ao pecado intencional. Esse é o pecado que sabemos estar ofendendo a Deus, mas ainda assim nos recusamos a nos arrepender e a abrir mão dele. A Bíblia

O Poder da Oração Simples

diz para nos submetermos a Deus, e se estivermos fazendo isso da melhor maneira possível, quando Satanás se levantar contra nós, precisamos dizer com a nossa boca: "Eu resisto a você, Satanás, em nome de Jesus!". E precisamos esperar que o poder desse nome o faça recuar.

A qualquer momento em que resistimos ao diabo e nos levantamos contra ele, precisamos fazer isso em nome de Jesus. Satanás não tem medo de nós, mas tem medo do sangue de Jesus; ele tem medo da Palavra de Deus; tem medo da cruz e do nome de Jesus. Um crente cheio do Espírito realmente tem poder sobre Satanás, mas somente no nome de Jesus.

Sempre que usamos o nome de Jesus, é importante nos lembrarmos do que a Bíblia diz sobre o poder desse nome:

- *O Seu nome tem poder para salvar.* "Não há salvação em nenhum outro, pois, debaixo do céu não há nenhum outro nome dado aos homens pelo qual devamos ser salvos" (Atos 4:12).
- *Quando nos reunimos com outros no Seu nome, Jesus promete a Sua própria presença.* "Pois onde se reunirem dois ou três em meu nome, ali eu estou no meio deles" (Mateus 18:20).
- *O Seu nome traz cura.* Pedro disse a um aleijado: "... Disse Pedro: 'Não tenho prata nem ouro, mas o que tenho, isto lhe dou. Em nome de Jesus Cristo, o Nazareno, ande" (Atos 3:6). Pedro trouxe mais luz a essa cura milagrosa quando explicou: "... por meio do nome de Jesus Cristo, o Nazareno, a quem os senhores crucificaram, mas a quem Deus ressuscitou dos mortos, este homem está aí curado diante dos senhores" (Atos 4:10).
- *O Seu nome nos libertou.* Por causa do triunfo de Cristo na cruz, em nome de Jesus, temos vitória sobre as trevas espirituais. Jesus disse aos Seus seguidores: "E estes sinais seguirão aos que crerem: Em meu nome expulsarão os demônios..." (Marcos 16:17). (ver também Lucas 10:19-20; Colossenses 2:15).

Precisamos ter o poder de Jesus em mente toda vez que oramos e lembrar que usar o Seu nome é um privilégio resultante do nosso relacionamento com Ele. À medida que continuarmos a crescer em intimidade com Ele através da oração, Seu nome se tornará cada vez mais precioso para nós e seremos cada vez mais convencidos do seu tremendo poder.

Devemos reverenciar o nome de Jesus e nunca usá-lo em vão (de maneira fútil ou frívola). Algumas pessoas não veem nada de errado em falar o nome de Deus em vão em um instante e depois tentar orar no Seu nome no instante seguinte. Tomar o nome do Senhor em vão não é meramente ligá-lo a uma palavra de baixo calão. Tomamos o Seu nome em vão toda vez que o usamos sem honrá-lo, de forma leviana ou relaxada. Se tivéssemos um cabo de força com cerca de 220 volts de eletricidade correndo através dele, não o jogaríamos de um lado para o outro descuidadamente; também não devemos tratar o nome do Senhor com desrespeito.

No Antigo Testamento, o povo de Deus tinha tanto temor reverente pelo nome de Deus que nem sequer o pronunciavam. Ele era literalmente considerado santo demais para sequer passar pelos lábios humanos. Quando Moisés perguntou a Deus qual era o Seu nome, Ele respondeu "EU SOU QUEM EU SOU" (Êxodo 3:14). Deus é tanto e tão maravilhoso que não pode ser descrito com precisão. O Seu nome representa tudo o que Ele é. Mais uma vez, quero dizer que todos nós devíamos nos esforçar para demonstrar o máximo respeito pelo nome de Jesus (Deus). Quanto mais entendermos o que contém esse nome maravilhoso, mais resultados veremos quando orarmos em nome de Jesus.

Arma Nº 3: O Sangue de Jesus

Assim como liberamos o poder que há no nome de Jesus dizendo esse nome e assim como liberamos o poder que há na Palavra de Deus declarando a Sua Palavra, também precisamos liberar o poder

O Poder da Oração Simples

do sangue de Jesus incluindo nas nossas orações algo que declare a nossa posição de cobertos pelo seu sangue, tal como: "Aplico o sangue de Jesus na minha vida e acredito que estou protegido enquanto permanecer debaixo desse sangue". Em seu livro *Oremos*, Watchman Nee escreveu: "Uma vez que pertencemos a Deus, Satanás pretende nos frustrar, afligir, ou anular e nos deixar inseguros. Este é o seu objetivo, embora ele não possa ser alcançado porque podemos nos aproximar do trono da graça através do precioso sangue do Senhor Jesus, pedindo a proteção e o cuidado de Deus. Quando Ele ouve a nossa oração, o plano de Satanás é definitivamente derrotado".[7] É isso que queremos. Queremos que o inimigo seja derrotado, e podemos declarar vitória sobre ele em oração através do sangue derramado de Jesus.

Êxodo 12:1-13 nos dá o relato dos acontecimentos milagrosos da primeira Páscoa e ilustra o poder do sangue. Nessa história, o anjo da morte passaria pela

> Também precisamos liberar o poder do sangue de Jesus incluindo nas nossas orações algo que declare a nossa posição de cobertos pelo seu sangue.
>
> ➤➤ • ◄◄

terra do Egito para matar todos os primogênitos de todas as famílias. Mas Deus instruiu o Seu povo a tomar o sangue dos cordeiros e colocá-lo nos umbrais de suas portas e nas vergas (acima do espaço das portas) de suas casas. Então Deus disse que quando o anjo da morte viesse, ele "passaria sobre" os portais cobertos pelo sangue, e ninguém dentro dessas casas sofreria dano.

Hoje, Jesus é o nosso Cordeiro Pascal. Ele derramou o Seu sangue por nós no Calvário para podermos ser libertos da maldição do pecado e da morte. Não creio que nós nos valemos de todos os benefícios do sangue de Jesus como deveríamos. Acredito que se o sangue nos umbrais dos lares dos antigos hebreus impediu que o anjo da morte os visitasse e devastasse suas vidas através da morte de seus primogênitos, também precisamos ser diligentes em aplicar o sangue sobre nossa vida pela fé, selando assim as portas através das quais Satanás pode ter acesso a nós.

Os israelitas precisaram passar por uma série de dificuldades — e provavelmente fizeram uma grande sujeira — para colocar o sangue dos cordeiros nos seus umbrais. Eles tiveram de matar os cordeiros, retirar a pele deles, remover o sangue e colocá-lo em recipientes, depois pegar hissopo (uma planta que era usada nas cerimônias de purificação), mergulhá-lo no sangue, e colocar o sangue nos umbrais. Essa empreitada não deve ter sido nem um pouco limpa! Deve ter sido algo bem inusitado para eles, mas aquele povo fez isso — pela fé e em obediência a Deus. Os israelitas tiveram de aplicar o sangue do cordeiro fisicamente, mas nós podemos fazer isso pela fé. Jesus é o Cordeiro de Deus, e, como crentes, podemos aplicar o poder do Seu sangue derramado às nossas vidas simplesmente crendo nele.

Muitos de nós sabemos que o Antigo Testamento descreve uma câmara interna no templo chamada de "Santo dos Santos". Era o lugar onde a presença de Deus habitava, e a única maneira de os sacerdotes se aproximarem era aspergindo sangue sobre certos itens e em certos lugares. Basicamente, o sangue precisava chegar antes deles e limpar tudo, a fim de que eles pudessem entrar na presença de Deus.

Do mesmo modo, não temos o direito de entrar na presença de um Deus santo e orar a Ele — a não ser através da permissão do *sangue de Jesus* para nos aproximarmos Dele! Muitas vezes, quando começo a orar, digo: "Deus, eu Te agradeço pelo sangue e Te peço para me limpar de novo com esse sangue de Jesus. Ao entrar na Tua presença, Deus, eu Te agradeço porque fui justificada pelo sangue e isso possibilita que eu me aproxime de Ti". Como os sacerdotes do Antigo Testamento, nós também aplicamos o sangue quando entramos na presença de Deus, mas fazemos isso pela fé.

Precisamos guardar canções e Escrituras sobre o poder do sangue no nosso coração para que, quando o inimigo vier contra nós, a verdade sobre o poder do sangue se levante dentro de nós e nos

O Poder da Oração Simples 269

faça fortes e corajosos. Há muitos anos, senti a direção de Deus de produzir um CD que só incluísse canções sobre o sangue. Um dia, uma mulher telefonou para o ministério e compartilhou conosco um testemunho impressionante. Resumindo, ela disse o seguinte: "Senti-me impulsionada a comprar o seu CD sobre o sangue, e eu estava com ele em casa, mas ainda não o havia ouvido. Certa noite, eu estava sentada em uma cadeira lendo e de repente fui impulsionada a ouvir o CD. Sem que eu soubesse, havia um ladrão do lado de fora da minha janela, e quando me levantei para tocar o CD, ele deu um tiro pela janela, bem na direção do lugar onde eu estava sentada. O tiro atingiu a cadeira, mas não me atingiu! Se não fosse pelo fato de eu ter aquele CD sobre o sangue em minha casa, eu poderia estar morta agora".

O sangue de Jesus é um dos Seus dons para nós como crentes, e não devemos esperar até o momento de passarmos pelo medo e pela dificuldade para aplicá-lo a uma situação. Sempre que quisermos ou precisarmos, podemos fazer uma simples oração dizendo: "Deus, eu libero a minha fé no sangue de Jesus. Há poder nesse sangue. O diabo não pode resistir a ele; e pela fé, aplico o sangue de Jesus sobre a minha família, sobre mim mesmo, e sobre a minha vida. Obrigado, Deus, porque sou purificado e protegido pelo sangue de Jesus". Todas as vezes que mencionamos o sangue de Jesus, o diabo treme.

ORAÇÃO E GUERRA

Devemos considerar nossas orações altamente vitoriosas se elas fizerem com que Satanás perca e Deus seja glorificado. Devemos buscar em oração a derrota do inimigo. É uma pena muitos crentes ainda não estarem cientes de que Satanás pode ser imobilizado através da oração fervorosa e eficaz. Com certeza, se conhecêssemos o verdadeiro poder da oração, oraríamos mais. Veríamos que orar é sempre um privilégio e nunca uma obrigação.

Satanás não aparece em um lugar de uma hora para outra se exibindo; ele opera através de pessoas e coisas. A sua esperança é que o povo de Deus coloque a culpa em tudo e em todos menos nele. Satanás enfraquece o corpo dos crentes, gerando doença e dor. Ele opera no mundo físico, gerando desastres e dificuldades. Cria desentendimentos entre cristãos e procura separar os membros da família e os amigos mais queridos. Ele corta o suprimento material e gera carência. Ele faz as pessoas se sentirem deprimidas, tristes, inquietas e inúteis. Ele tenta nos tornar incapazes de tomar decisões. Injeta um medo irracional no coração dos crentes. Ele nos impulsiona e nos impele a trabalhar tanto que ficamos fatigados em excesso, procurando nos levar ao esgotamento. Satanás ataca a mente e as emoções das pessoas, enfraquece a resistência delas, e tenta enganá-las e desviá-las do caminho. As maneiras de Satanás atacar as pessoas são intermináveis e devemos resistir a elas. Devemos resistir a Satanás com determinação! Tiago 4:7 diz que devemos nos submeter a Deus, resistir ao diabo, e ele fugirá.

Watchman Nee escreveu: "Antes que haja a possibilidade de vencer, precisamos manter em nosso coração uma atitude hostil contra o diabo, não nos dispondo mais a nos sujeitarmos à sua opressão".[8] A Bíblia diz em Mateus 12:29 que não podemos saquear a casa do valente se primeiro não o amarrarmos. Podemos amarrar Satanás através da oração dirigida pelo Espírito. Se permitirmos que o inimigo nos ataque e não resistirmos ou contra-atacarmos, então certamente ficaremos deprimidos e mergulharemos em um poço sem fundo. Satanás é um inimigo e deve ser tratado como tal.

Meu conselho é que você permaneça ativo contra o inimigo. A vida espiritual deve ser uma vida útil. Devemos ser entusiasmados e zelosos por Deus, atacando de forma incansável

> Devemos ser entusiasmados e zelosos por Deus, atacando de forma incansável o inimigo e nunca nos permitindo mergulhar na passividade ou na inércia.
>
> ⟶ • ⟵

O Poder da Oração Simples

o inimigo e nunca nos permitindo mergulhar na passividade ou na inércia. Seja agressivo em amor, em oração, em dar, em servir, em ler, em orar, e em tudo o mais que você fizer. Quando Satanás atacar de alguma maneira, comece imediatamente a guerrear contra Ele em oração! (Ver 1 Pedro 5:9).

RESUMO

Enquanto vivermos, estaremos envolvidos em uma guerra espiritual, e uma das principais maneiras de combatermos é através da oração. Quando oramos, é crucial entendermos o poder que está disponível para nós na Palavra de Deus, no nome de Jesus, e no sangue de Jesus. Eu o encorajo a reler este capítulo ou algum outro livro ou livreto sobre a Palavra, o nome, e o sangue pelo menos uma vez por ano, porque precisamos manter o poder dessas armas e dessas doutrinas básicas em nosso coração e em nossa mente. Também precisamos continuar a pedir a Deus para nos dar revelação sobre essas três ferramentas espirituais, porque elas nos ajudarão a derrotar o inimigo com maior eficácia do que qualquer outra coisa.

Quanto mais desenvolvermos um relacionamento profundo, rico e vibrante com o Senhor por meio da oração, mais entenderemos o poder das armas que Ele nos deu. À medida que permanecemos em um relacionamento de obediência a Deus, todo o poder da Palavra, do nome, e do sangue estão à nossa disposição, e a nossa vitória é certa.

Satanás é o nosso inimigo e nossa atitude para com ele deve ser hostil e agressiva. Devemos resistir a ele com determinação e em todo o tempo. Permaneça ativo e útil e não dê oportunidade ao diabo.

Chaves para a Oração

→→ Nosso inimigo, o diabo, é um ser espiritual e a guerra que ele deflagra contra nós acontece na esfera espiritual. Portanto, nós lutamos contra ele com armas espirituais que incluem a Palavra de Deus, o nome de Jesus, e o sangue de Jesus. Todos os três podem ser incorporados à nossa vida de oração e acrescentarão um poder sem igual às nossas orações.

- A Palavra de Deus é "mais afiada que qualquer espada de dois gumes" (ver Hebreus 4:12) e é capaz de derrotar completamente o inimigo. O Espírito Santo nos ajuda a usar a espada do Espírito com eficácia, até mesmo trazendo à nossa memória ou nos dizendo as passagens bíblicas ou versículos específicos que precisamos em certas ocasiões.

- O próprio Jesus usou a Palavra para vencer o inimigo, como lemos em Lucas 4.

- Enquanto estivermos fazendo o que Deus nos pediu para fazermos para Ele na terra, o inimigo se oporá a nós. A Palavra é uma arma eficaz contra ele em todo o tempo.

- O nome de Jesus está acima de todo nome na terra. Ele está acima do nome de qualquer adversário que venha contra nós; ele é mais poderoso que qualquer força ou tentativa de nos fazer mal ou nos destruir; e ele fala mais alto que qualquer voz levantada para nos acusar.

- Precisamos ter um relacionamento de compromisso com Deus a fim de desfrutarmos os privilégios do nome de Jesus. Quando oramos no nome de Jesus, Deus vê tudo que Jesus é; Ele não vê tudo o que nós não somos.

- Hoje, Jesus é o nosso Cordeiro Pascal. Aplicamos o Seu sangue pela fé em nossa vida; ele nos protege e sela as portas para que o inimigo não possa ter acesso a nós.

- O sangue de Jesus é o único meio pelo qual podemos entrar na presença de Deus — e há uma força poderosa e vencedora na Sua presença.

- Precisamos resistir a Satanás com determinação em todo o tempo, nunca nos permitindo ser passivos.

14

Permanecendo Forte Por meio da Oração

Neste capítulo, quero expor uma das estratégias favoritas do diabo — uma de suas táticas mais eficazes — que é *nos esgotar*. Satanás procura nos esgotar, nos deixar exaustos, nos enfraquecer, nos deixar fatigados e tão cansados a ponto de desistirmos e nos darmos por vencidos. Daniel 7:25 fala do diabo quando diz: "Ele falará contra o Altíssimo, oprimirá os seus santos". O que isso significa para nós hoje? Significa que Satanás falará contra Deus. Ele falará mentiras sobre Deus — mentiras como: *Deus não ama você*, ou *Deus não virá em seu socorro*, ou *Deus não pode perdoar isso*, ou *a Palavra de Deus funciona para todos menos para você*! Satanás planeja deliberadamente nos deixar esgotados, mas Deus quer que permaneçamos fortes, e uma das maneiras de fazermos isso é através da oração e da comunhão com Deus.

Certa tarde, tive uma dessas experiências desgastantes depois de sair de uma das sessões da conferência em que eu ensinava. Primeiro, a equipe e eu fomos a um bom restaurante e tudo estava correndo muito bem. Mas a refeição demorou um tempo intolerável. Ora, no meio de uma conferência a demora não funciona para mim, porque preciso voltar para o hotel e estudar. Também gosto de dormir um pouco! Por causa de vários outros compromissos naquela tarde, estávamos com o horário especialmente apertado e tudo naquele almoço parecia estar demorando uma eternidade — o que costuma acontecer quando as pessoas estão com pressa!

Depois que finalmente conseguimos almoçar, Dave e eu voltamos ao nosso quarto de hotel. Eu tinha exatamente duas horas antes de sair para a programação da noite, então planejei passar uma hora estudando e uma hora descansando. Entretanto, a chave do nosso quarto não funcionava. A chave de ninguém funcionava! As chaves tinham funcionado na noite anterior; elas funcionaram naquela manhã, mas por algum motivo, elas não funcionaram naquela hora — quando realmente precisávamos delas. Então, naturalmente, alguém precisou ir até à recepção para pegar chaves que funcionassem e abrissem a porta. Depois que entramos no quarto, precisei de água muito quente para fazer algo, então abri a torneira para deixá-la correr na pia por alguns minutos até aquecer o suficiente. Um pouco mais tarde, ouvi o som de água pingando. Corri para ver o que era e descobri que a pia estava entupida e a água estava transbordando, molhando toda a minha maquiagem, meus pentes, meus objetos e todo o chão. Então tive de secar o chão e secar minhas coisas.

Depois desse fiasco, pude terminar de estudar para a mensagem da noite e me restaram quarenta e cinco minutos para descansar. Estiquei-me na cama e fechei os olhos bem na hora em que o alarme de incêndio do hotel disparou. O alarme não apenas disparou, como também emitiu uma mensagem em alto volume que dizia algo do tipo: "Temos uma possível emergência no hotel. Por favor, não utilizem os elevadores nem usem as escadas. Estamos investigando esta situação. Aguardem as próximas informações. Repetimos: Por favor, não se dirijam ao hall do hotel nem às escadas". O barulho ensurdecedor do alarme de incêndio e aquela mensagem irritante continuaram por trinta minutos!

O Poder da Oração Simples

Quando compartilhei essa história na conferência naquela noite, minha filha, que estava em outro hotel, disse que a mesma coisa aconteceu onde ela estava! Sabe de uma coisa? Coisas desse tipo não são acidente. Eu queria desesperadamente tirar uma soneca! Isso é tão característico de Satanás e das táticas de esgotamento que ele utiliza. Muitas situações semelhantes ocorrem em nossas vidas.

Por que essas coisas acontecem a todos nós que estamos tentando servir a Deus com tanto afinco? Porque sempre que começamos a progredir contra o reino das trevas e fazer algo que promova o Reino de Deus, o diabo faz todo o possível para resistir a nós, para nos frustrar e nos paralisar. Quando fazemos orações guiadas pelo Espírito, cheias do Seu poder, o inimigo sabe que estamos deflagrando uma guerra poderosa contra o seu acampamento. As pessoas que querem terminar o que começaram para Deus devem estar preparadas para ficar firmes em meio aos ataques que certamente virão. O inimigo se oporá à obra de Deus quer ela esteja ocorrendo na esfera natural ou na espiritual através da oração. Uma pessoa não precisa estar servindo como missionária nos países islâmicos ou pregando o evangelho na televisão para ser uma tremenda ameaça ao reino das trevas.

> Sempre que começamos a progredir contra o reino das trevas e fazer algo que promova o Reino de Deus, o diabo faz todo o possível para resistir a nós, para nos frustrar e nos paralisar.

Os revezes que experimentamos no restaurante e no hotel foram tentativas óbvias do inimigo para nos importunar e nos deixar esgotados. Mas outros ataques que ele inicia são muito mais sutis e difíceis de identificar. Ele sabe que o reconheceremos e resistiremos se ele aparecer na nossa mesa de jantar de terno vermelho com chifres na cabeça e um tridente na mão, mas se ele vier sagazmente, furtivamente, disfarçado de alguma coisa atraente ou aceitável para nós, é mais provável que sejamos seduzidos a cair nas armadilhas

276 Permanecendo Forte Por meio da Oração

que ele prepara. Devemos lembrar que a Palavra de Deus diz que Satanás virá como um anjo de luz. Nem tudo que parece bom ou nos dá a sensação de ser bom é bom.

O INIMIGO LENTO E SUTIL

Uma das táticas que Satanás utiliza para nos deixar esgotados chama-se "gradualismo", que é o meio pelo qual ele nos ataca gradualmente, muito lentamente e de forma quase discreta. Parte do seu plano é operar de forma tão imperceptível que ficaremos exaustos e esgotados antes de nos darmos conta do que está acontecendo conosco. Lembre-se de que Daniel 7:25 diz que o diabo tentará oprimir os santos. O termo "oprimir" significa "reduzir pouco a pouco". Acontece um pouco neste instante, e um pouco no minuto seguinte; um pouco hoje e um pouco mais no dia seguinte. Ele nos aborrece um pouquinho aqui, um pouquinho ali, um pouquinho aqui, um pouquinho ali. Ele nos diz uma pequena mentira, depois outra mentira, depois outra e mais outra, até que nos vemos envolvidos em uma situação ou em um padrão de raciocínio totalmente falso e enganoso. Ele opera com tanto cuidado, de maneira tão sutil, vagarosa e intrincada, que nem sequer percebemos o que está acontecendo. Antes de nos darmos conta, temos um problema enorme e bastante complicado e nem sequer sabemos como tudo aconteceu — e é exatamente isso que o diabo quer.

Essa tática de esgotamento do inimigo é quase imperceptível, mas como resultado final não nos sobra nada — nem saúde, nem finanças, nem relacionamentos, nem alegria, nem paz, nem forças, nem visão, e geralmente, nem vontade de orar. É nisso que Satanás está ocupado tentando sutilmente realizar na vida dos crentes. Ele tentará nos reduzir gradualmente até estarmos vazios, desgastados e prontos para desistir — e nem sequer saberemos como nos metemos nesse caos!

Sendo Satanás aquele que nos esgota e nos coloca em um estado caótico, quando ele nos enlaça, passa a trabalhar na nossa mente e faz com que pensemos: *O que há de errado comigo?* Ou ele faz com que coloquemos a culpa de tudo em outra pessoa. Podemos pensar em alguém e dizer a nós mesmos: *Se ele não estivesse fazendo isto comigo, eu não me sentiria assim!* Ou: *Talvez, se o meu patrão me desse uma folga, a minha atitude fosse melhor!* Ou ainda: *Se estas crianças se comportassem, eu conseguiria limpar esta casa!*

Como podemos orar de maneira a ter vitória sobre o inimigo e seus estratagemas? O que podemos fazer com relação a essa estratégia de nos esgotar gradualmente e nos deixar cansados demais para nos importarmos com o que o ele está fazendo? A primeira coisa que precisamos fazer é orar para não sermos enganados pelos seus ardis. Precisamos pedir a Deus para abrir os nossos olhos para que nós reconheçamos rapidamente as táticas opressoras de Satanás.

1 Pedro 5:8 nos exorta: "Sejam sóbrios e vigiem. O diabo, o inimigo de vocês, anda ao redor como leão, rugindo e procurando a quem possa devorar". De acordo com esse versículo, o diabo não pode simplesmente devorar quem ele quiser. Ele está procurando de forma ativa e secreta alguém que *permita* que ele tenha êxito nisso. Muitas vezes toleramos o diabo por mais tempo do que deveríamos. Às vezes abrimos uma porta para Satanás através da falta de equilíbrio em nossa vida. (Por exemplo, não equilibramos trabalho e descanso, e nos tornamos "workaholics" em um extremo, ou preguiçosos em outro). Existem diversas maneiras pelas quais Satanás tenta nos devorar e nos impedir de experimentarmos a vitória de Cristo. A seguir, enfatizo quatro delas:

1. *Satanás tentará nos esgotar fisicamente.* Um dos maiores favores que podemos fazer a nós mesmos é termos o cuidado de descansar o suficiente. Também precisamos ter uma dieta saudável, nos exercitarmos o suficiente e fazermos um *check-up* regularmente. Precisamos fazer todo o possível para garantir que estejamos fortes fisicamente para que o inimigo não possa nos esgotar fisicamente. Também pre-

cisamos orar para que Deus nos dê sabedoria e nos faça sensíveis ao Seu Espírito, a fim de que possamos ouvir a Sua voz quando Ele disser coisas como: "Você precisa descansar neste fim de semana" ou "Você precisa se exercitar três vezes por semana", ou "Você realmente precisa parar de comer tantos doces e começar a comer mais frutas".

> Precisamos orar para que Deus nos ajude a manter a nossa paixão acesa e o nosso entusiasmo no nível desejado por Ele.
>
> ⊁⊱ • ⊰⊁

2. *Satanás tentará desgastar o nosso zelo e o nosso entusiasmo.* Vejo muitas pessoas que estão tentando servir a Deus sem paixão. Houve um tempo em que eram apaixonadas; elas foram zelosas por um momento; elas foram entusiasmadas durante um determinado período; elas foram empolgadas em por um tempo. Mas sabe o que aconteceu? O velho ditado é verdadeiro: "A familiaridade gera o desdém". Às vezes, quando nos acostumamos com alguma coisa, ela perde o seu significado para nós e perdemos a nossa paixão por ela. Ficamos acostumados e ela deixa de ser empolgante. Isso é obra do diabo! Ele rouba o entusiasmo pouco a pouco. Precisamos orar para que Deus nos ajude a manter a nossa paixão acesa e o nosso entusiasmo no nível desejado por Ele. Ele quer que sejamos apaixonados por Ele, e existem diversas Escrituras que podemos aplicar para nos ajudar a permanecermos assim:

- Colossenses 3:23: "Tudo o que fizerem, façam de todo o coração, como para o Senhor, e não para os homens".
- Romanos 12:11: "Nunca lhes falte o zelo, sejam fervorosos no espírito, sirvam ao Senhor".
- 2 Timóteo 1:6: Paulo disse a Timóteo: "Mantenha viva a chama do dom de Deus que está em você".

Devemos manter viva a chama em nós — soprando o fogo de Deus nos nossos corações e não permitindo que ele se apague!

O Poder da Oração Simples

279

Como mantermos viva a chama em nós? Devemos dizer a nós mesmos o quanto somos abençoados por conhecer o Senhor, como somos abençoados em ter a nossa Bíblia, como somos abençoados em ter um amigo cristão em nossa vida, como somos abençoados em ter algo para fazer que vale a pena ser feito. Todos nós temos muitas bênçãos e precisamos prestar atenção nelas. Não devemos ficar tão acostumados em possuí-las a ponto de não as apreciarmos mais.

3. *Satanás tentará esgotar a nossa vida espiritual roubando o nosso tempo de oração e o nosso tempo com a Palavra.* Ele tentará roubar o nosso tempo de oração, pois não quer que falemos com Deus ou o ouçamos falar. Ele também vai tentar nos impedir de mergulharmos na Palavra, porque se não passarmos nenhum tempo meditando nela, seremos fracos e espiritualmente impotentes. Outra de suas estratégias para roubar o nosso tempo é fazer com que percamos tempo colocando pessoas ou atividades nas nossas vidas que sugam a nossa energia. Ele nos tenta a nos envolvermos em coisas que Deus não nos pediu para fazer ou a nos envolvermos em coisas que não dão frutos e acabam nos frustrando. Satanás quer que sejamos ocupados, mas Deus quer que sejamos frutíferos.

4. *Satanás tentará fazer com que nos cansemos de fazer o bem.* Também é importante ficarmos firmemente focados em Deus e na Sua obra. Isso nos impedirá de desanimarmos quando outras pessoas que não estão fazendo o bem parecerem prosperar. Gálatas 6:9 diz: "E não nos cansemos de fazer o bem, pois no tempo certo colheremos, se não desanimarmos".

Então, como podemos impedir que sejamos pessoas a quem Satanás pode facilmente devorar? A resposta está no início de 1 Pedro 5:9, que diz: "Resistam-lhe, permanecendo firmes na fé [desde o princípio]" (AMP). Há duas coisas que realmente quero que vejamos aqui: (1) ficar desequilibrado pode abrir a porta para Satanás nos atacar, e (2) devemos resistir a ele desde o princípio. Isso significa que no instante em que percebemos um ataque de Satanás, precisamos resistir a ele imediatamente!

280 Permanecendo Forte Por meio da Oração

De forma mais detalhada, 1 Pedro 5:9 diz o seguinte: "Resistam-lhe, permanecendo firmes na fé [desde o princípio — arraigados, firmados, fortes, imutáveis e determinados], sabendo que os irmãos que vocês têm (todo o corpo de cristãos) em todo o mundo estão passando pelos mesmos (idênticos) sofrimentos" (AMP). Por que é importante, quando estamos passando por dificuldades, entendermos que outras pessoas estão passando por dificuldades também? Porque uma das coisas que Satanás quer fazer é nos encurralar em um canto e fazer com que acreditemos sermos os únicos que estão passando por essa provação. Em vez de pensar: *Por que eu?*, isso me ajuda a entender: *Ei, não sou a única pessoa que está passando por tempos difíceis.* Isso não significa que devemos ficar felizes porque outras pessoas estão sofrendo, mas realmente nos ajuda a entender que não estamos sozinhos nas nossas aflições. Não importa o quanto possamos estar sofrendo, alguém está em situação pior. Precisamos evitar ter ataques de autocomiseração e sentir pena de nós mesmos. Precisamos resistir ao diabo desde o princípio e continuar resistindo a ele.

> Precisamos ser especialmente vigilantes e orar pelos nossos relacionamentos.
>
> ->>- • -<+-

VIGIE E ORE

Imediatamente antes de ir para a cruz, Jesus disse aos discípulos que estavam com Ele (e com dificuldades de ficar acordados!): "Vigiem e orem para que não caiam em tentação..." (Mateus 26:41). Estas palavras "vigiem e orem" são cruciais para nós. Precisamos prestar atenção no que se passa ao nosso redor, e orar imediatamente quando sentimos que algo não está certo ou quando vemos uma necessidade. Nosso lema deve ser: "Não deixe para depois, ore imediatamente!".

O Poder da Oração Simples

Como escrevi anteriormente, a oração é uma arma de ataque contra Satanás, uma arma que destrói os seus planos e esquemas contra nós e contra aqueles que amamos. Precisamos ser especialmente vigilantes e orar pelos nossos relacionamentos. Deus traz pessoas maravilhosas para a nossa vida — para nos encorajar, para nos ajudar a cumprir o chamado de Deus e pessoas a quem devemos ajudar, e outras que podemos simplesmente desfrutar a companhia. Mas o inimigo também pode trazer para nossa vida pessoas que sejam erradas para nós, que nos magoem, nos decepcionem, nos traiam, nos suguem, e nos usem para tirar vantagem.

Cuidado com os Espíritos Errados

O inimigo prepara armadilhas para nos esgotar e nos distrair do plano de Deus. Muitas delas vêm na forma de espíritos errados que agem através de pessoas, e eu gostaria de dedicar o restante deste capítulo para expor alguns deles. Um dos melhores exemplos da Bíblia das táticas opressoras de Satanás através de pessoas se encontra em Atos 16:16-17, que diz: "Certo dia, indo nós para o lugar de oração, encontramos uma escrava que tinha um espírito pelo qual predizia o futuro. Ela ganhava muito dinheiro para os seus senhores com adivinhações. Essa moça seguia a Paulo e a nós, gritando: 'Estes homens são servos do Deus Altíssimo e lhes anunciam o caminho da salvação'".

A primeira coisa a se observar sobre essa passagem é que Paulo e seus parceiros de ministério estavam indo orar. O inimigo não gosta de oração e vai tentar nos impedir de fazer isso de todas as formas possíveis. Observe também que a escrava estava dizendo a verdade, mas dizia isso de forma extremamente irritante porque ela tinha um espírito errado. O que ela estava repetindo sem parar era irritante e não edificante.

Precisamos aprender a prestar mais atenção no discernimento que Deus coloca dentro de nós e a não olharmos as coisas na forma

282   Permanecendo Forte Por meio da Oração

como se parecem aos nossos olhos naturais. No Ministério Joyce Meyer, contratamos pessoas que tinham todas as qualificações necessárias e diziam as coisas certas, mas havia alguma coisa a respeito delas com a qual eu simplesmente não me sentia à vontade. No início, hesitei em confiar no meu discernimento algumas vezes porque não queria rejeitar pessoas para um emprego só por ter uma sensação meio indefinida com relação a elas. Mas aprendi ao longo dos anos que preciso confiar nos meus instintos. Como o Espírito Santo habita em mim, tenho instintos santificados! Isso não significa que acerto sempre o tempo todo, mas significa que posso confiar no Espírito Santo para me guiar.

Quando Paulo teve esse encontro com a escrava, por algum motivo ele não tratou do problema imediatamente. A garota que tinha o espírito de adivinhação continuou a falar: Atos 16:18 diz: "Ela continuou fazendo isso por muitos dias". Quando Satanás decide nos irritar, ele vai continuar sem parar, sem parar, sem parar e sem parar, até ter êxito — ou até ser paralisado. O versículo 18 também diz que Paulo "ficou indignado" com aquela pressão. O diabo enviou aquela garota para irritar Paulo, simplesmente para esgotá-lo. Ela era uma ferramenta na mão do inimigo e ele a usou para tentar impedir, assediar e distrair Paulo para não fazer o que Deus o chamara para fazer.

Durante a nossa vida, o inimigo designa pessoas para fazer o que aquela garota fez com Paulo — nos irritar. Essas pessoas podem ser nossos vizinhos, nossos colegas de trabalho, ou os membros da nossa família. Elas provavelmente serão pessoas com quem temos contato regular e até mesmo frequente.

Isso não significa ser necessário dizer a todos que nos irritam para saírem de nossas vidas. Às vezes, o próprio Deus nos coloca junto de pessoas que nos irritam para nos ensinar a andar em amor até com aqueles que consideramos difíceis de serem amados. Há uma diferença entre alguém que irrita a minha carne e alguém que irrita o meu espírito. Creio que uma das razões pela qual Paulo

O Poder da Oração Simples

tolerou a mulher por tantos dias foi o fato de estar buscando discernimento quanto à verdadeira fonte das atitudes dela.

No caso de Paulo, ele finalmente se virou para a garota e disse: "'Em nome de Jesus Cristo eu lhe ordeno que saia dela!' No mesmo instante o espírito a deixou" (v. 18). Observe que ele não tratou com a mulher, mas com o espírito maligno que estava agindo através dela.

Às vezes, quando oramos por alguém ou começamos a repreender uma força maligna que está atuando através dessa pessoa, ela começa a agir de forma pior antes de melhorar. Por quê? A resposta é muito simples: o diabo não desiste facilmente. Isso aconteceu com Paulo depois de ter repreendido o espírito de adivinhação. Foi somente algum tempo depois que ele teve uma grande vitória. Os donos daquela escrava ficaram zangados depois que Paulo repreendeu o espírito maligno por perceberem que ela havia perdido sua capacidade de ganhar dinheiro para eles através da adivinhação. Por isso se dirigiram às autoridades locais e disseram que Paulo e seus colegas estavam "encorajando costumes ilegais" (ver Atos 16:21). Logo em seguida, o que Paulo experimentou foi ser espancado e lançado na prisão!

Aparentemente Paulo fez a coisa certa, mas sua situação piorou. Todos nós temos momentos em que nos sentimos como Sadraque, Mesaque e Abede-Nego. Eles fizeram a escolha certa indo para a fornalha ardente em vez de adorarem qualquer outro além de Deus. Fizeram o que era certo e, no entanto, a fornalha foi acesa sete vezes mais. Entretanto, no final, eles saíram ilesos, receberam uma promoção, e o Reino de Deus cresceu como resultado dos outros verem Deus livrá-los (ver Daniel 3:10-30).

De acordo com Atos 16:25, durante o tempo em que Paulo e Silas ficaram na prisão, eles "estavam orando e cantando hinos a Deus; os outros presos os ouviam". Imagine a cena: Paulo e seus camaradas, algemados e acorrentados, talvez até em toras de madeira — estavam cantando louvores a Deus. Atos 16:26 relata o que aconteceu em seguida: "De repente, houve um terremoto tão violento que os alicerces da prisão foram abalados. Imediatamente todas as portas se abriram, e as correntes de todos se soltaram". O carcereiro estava dormindo no emprego e acordou. Ele ficou tão impressionado e atônito pelos prisioneiros não terem fugido que quis saber o que precisava fazer para ser salvo. O resultado foi que ele nasceu de novo e todos em sua casa ouviram o Evangelho.

Se permanecermos firmes e não desistirmos, Deus sempre fará o bem a partir de toda coisa má que o diabo tentar realizar. Se resistirmos a Satanás, continuarmos confiando em Deus e permanecermos firmes quando ele estiver tentando nos esgotar, Deus fará com que os planos do inimigo se voltem contra ele próprio. Deus nos abençoará, e glorificará a Si mesmo. Paulo e seus amigos estavam irritados, aborrecidos, esgotados — e nada estava saindo conforme o planejado. Entretanto, eles mantiveram uma atitude positiva e se fortaleceram louvando e adorando ao Senhor. Eles oraram e a situação piorou, *mas continuaram orando*. Então Deus virou aquela situação e Satanás foi derrotado. Satanás preparou as coisas para que eles ficassem detidos na prisão. Nesse momento, Deus preparou as coisas para que o carcereiro fosse salvo. Esse é um exemplo do fato de todas as coisas cooperarem para o bem daqueles que amam a Deus e que são chamados segundo o Seu propósito e continuam orando (ver Romanos 8:26-28).

> Se permanecermos firmes e não desistirmos, Deus sempre fará o bem a partir de toda coisa má que o diabo tentar realizar.
>
> ➤➤ • ◄◄

Cuidado com Félix

Há outra maneira utilizada pelo inimigo para tentar nos esgotar. É através do que chamo de "a armadilha de Félix". Atos 24 nos conta que Felix era o governador da região onde Paulo estava ministra-

O Poder da Oração Simples   285

do. Félix parecia estar interessado no que Paulo estava dizendo e querer aprender com Paulo. Mas, no fundo, Félix era ganancioso e esperava receber dinheiro de Paulo (ver versículo 26).

Existem pessoas falsas que, como Félix, entram em nossa vida e dizem querer ajuda, mas parecem nunca fazerem nenhum progresso. Já vi essa situação se repetir por tantas vezes que perdi a conta! O inimigo envia essas pessoas para as nossas vidas no intuito de sugarem tudo o que temos e nos esgotar, e por fim elas não têm qualquer intenção de mudar. Elas querem falar sobre suas aflições, mas não querem superá-las. Querem repetir os seus problemas, mas não querem ficar bem. Assim como Félix, elas têm as motivações erradas. Depois de oprimirem e esgotarem alguém, elas começarão tudo novamente com outra pessoa.

Precisamos desenvolver o nosso discernimento em relação às pessoas porque Satanás se aproveita do nosso amor a Deus e do nosso desejo de ajudá-las e de sermos usados por Deus. Muitas vezes nos sentimos culpados quando dizemos a alguém: "Sabe de uma coisa? Você na verdade não quer ajuda; você está apenas me usando. Então, faça o que quiser, e se algum dia realmente quiser ajuda, me procure". Mas nós pensamos: *Não posso fazer isso, não seria bom e nem misericordioso.* Mas Jesus faria isso! Sabe o que Ele disse para o homem aleijado que estava deitado próximo ao tanque de Betesda? "Você quer ser curado? [Você está realmente levando a sério a sua cura?]" (João 5:6, AMP). O homem respondeu: "Senhor, não tenho ninguém que me ajude a entrar no tanque quando a água é agitada. Enquanto estou tentando entrar, outro chega antes de mim" (v. 7). Jesus não ficou ali sentindo pena daquele homem. Depois de perguntar se ele estava realmente levando a sério o fato de ser curado, Jesus disse: "Levante-se! Pegue a sua maca e ande!" (v. 8). Ele estava dizendo basicamente: *Vamos lá, eu vou ajudar você, mas faça alguma coisa por si mesmo também. Pegue a sua maca; não fique apenas exigindo de Mim enquanto você não faz nada além de reclamar.*

Deixe-me encorajá-lo a orar e pedir a Deus para lhe ajudar a afiar o seu discernimento para que você não se permita ficar inocentemente enredado nas confusões dos outros, sem realmente ajudá-los porque eles na verdade não querem ajuda. Quando isso acontece, Satanás está usando essas pessoas para sugar você e deixá-lo esgotado! Com isso, não quero dizer que devemos abandonar a paciência. Precisamos ser pacientes e longânimos para com as pessoas. Mas se lermos toda a história de Félix, veremos que ele continuou falando com Paulo, dia após dia, semana após semana, sobre o mesmo assunto, e depois de dois anos ele não havia mudado em nada. Leia este relato em Atos 24:26-27: "Ao mesmo tempo esperava que Paulo lhe oferecesse algum dinheiro, pelo que mandava buscá-lo frequentemente e conversava com ele. Passados dois anos, Félix foi sucedido por Pórcio Festo; todavia, porque desejava manter a simpatia dos judeus, Félix deixou Paulo na prisão".

Depois de mandar chamar Paulo continuamente e de tomar muito do seu tempo, Félix simplesmente se foi e deixou Paulo na prisão. Toda a energia que Paulo investiu não fez nenhum bem porque, na verdade, Félix não queria nenhuma ajuda desde o início.

Cuidado com os "Félixes" em sua vida. Tenha discernimento e dedique-se àqueles que Deus realmente enviá-lo a ajudar. Ore para que Deus o ajude a reconhecer e entender a razão de certas pessoas cruzarem o seu caminho e como você deve lidar com esses relacionamentos. Peça a Ele para aumentar a sua sensibilidade espiritual a fim de que, quando o inimigo enviar alguém com a intenção de sugá-lo, você não faça um investimento significativo na vida dessa pessoa e acabe simplesmente perdendo o seu tempo. Ao orar, peça a Deus para lhe dar o que chamo de "conexões divinas". São as pessoas enviadas por Deus que ajudarão você de alguma maneira ou serão pessoas a quem você poderá ajudar. Elas podem acrescentar algo à sua vida ou se beneficiar com a sua amizade. Deus nos chamou para ajudar as pessoas, mas não nos chamou para desperdiçar o nosso tempo. Ore para que você possa ser um bom mordomo dos seus recursos, inclusive do seu tempo.

Cuidado com Dalila

Também existem "Dalilas" enviadas para vir contra nós, de modo que precisamos orar para termos a capacidade de reconhecê-las. Juízes 16:16-17 nos conta que Dalila pressionava Sansão constantemente para que ele revelasse o segredo da sua grande força e ela pudesse fazer com que ele fosse derrotado. A Bíblia diz que Sansão "se angustiou até à morte" com a pressão dela. Ele finalmente cedeu às pressões de Dalila, contou-lhe o seu segredo, e consequentemente foi subjugado pelo inimigo.

Digamos que o inimigo envie uma mulher para tentar um homem casado com uma família maravilhosa. A infidelidade raramente começa com duas pessoas dizendo: "Ei! Vamos ter um caso!". Na verdade, ela acontece gradualmente. Pode começar no ambiente de trabalho com alguns elogios, depois mais elogios. Logo a mulher começa a guardar cada palavra do homem, e começa a ficar por perto dele por mais tempo do que o profissionalmente necessário. Então esse homem começa a perceber que ela é um pouco mais jovem que sua mulher. Talvez sua esposa tenha tido vários filhos e a mulher no seu trabalho não tenha tido filhos ainda, por isso seu corpo está em melhor forma e ela não está cansada na maior parte do tempo. Logo os dois estão tomando café juntos durante os intervalos. Então ela pede que ele lhe dê uma carona até sua casa quando seu carro está na oficina. Ela quer agradecer pela carona, e o convida para ir até sua casa e comer um delicioso pedaço de torta feita em casa... E, bem, você pode imaginar como a situação poderia se desenrolar.

> No instante em que um pensamento impróprio surge em nossa mente, devemos dizer: "Não! Não vou entrar nisso!".

Esse tipo de situação ocorre com mais frequência do que gostaríamos de supor. Ela não se relaciona a um gênero específico

288 Permanecendo Forte Por meio da Oração

— ela também acontece ao contrário, quando um homem tenta uma mulher — mas seja qual for o caso, situações assim geralmente começam de forma muito sutil e se tornam muito destruidoras, o que deixa o diabo fortalecido. É por isso que temos de resistir a ele desde o princípio. No instante em que um pensamento impróprio surge em nossa mente, devemos dizer: "Não! Não vou entrar nisso!". As "Dalilas" em nossa vida vêm em embalagens atraentes, sedutoras e desejáveis, e parecem muito inocentes e até boas. Por isso, precisamos estar em constante comunicação com Deus através da oração, checando constantemente junto a Ele para descobrir o que gostaria que fizéssemos em situações específicas e com pessoas específicas.

Cuidado com Pedro

O inimigo não apenas enviará pessoas para irritar você e sugar a sua energia, ou para tentá-lo e seduzi-lo, mas também enviará pessoas para se oporem diretamente ao que Deus quer fazer em você e através de você. Isso aconteceu até com Jesus, quando o inimigo usou Pedro, um de Seus amigos mais íntimos. Em Mateus 16, Jesus havia acabado de dizer a Pedro e aos demais discípulos que Ele seria morto e depois ressuscitaria no terceiro dia. Pedro, ainda não entendendo que o plano completo da salvação exigia a morte de Jesus na cruz, disse: "Senhor, tem compaixão de ti; de modo nenhum te acontecerá isso". Jesus não perdeu tempo. Ele se virou para Pedro e disse: "Para trás de mim, Satanás, que me serves de escândalo; porque não compreendes as coisas que são de Deus, mas só as que são dos homens" (Mateus 16:22-23). Jesus corrigiu Pedro bem ali para que o plano de salvação de Deus fosse cumprido e os planos de Satanás derrotados.

Por mais difícil que seja, o inimigo fará o máximo para usar as pessoas que amamos — e as pessoas que nos amam — para nos impedir de fazermos a vontade de Deus. Elas não querem nos fazer mal, elas simplesmente não entendem. Quando ouvimos Deus falar ou sentimos um chamado da parte Dele, precisamos lembrar que as pessoas em nossas vidas nem sempre ouviram o que ouvimos ou sentiram o que sentimos. As coisas talvez não façam sentido para elas, por isso elas tentam nos influenciar para não fazê-las. Satanás adora nos atingir onde mais dói. Ele não virá contra nós apenas através de estranhos ou de pessoas que não significam nada para nós. Ele fará isso com algo que machuque. Por quê? Porque não quer que tenhamos progresso. Ele tem medo de nós! Sabe que se estivermos dispostos a obedecer a Deus totalmente, seremos perigosos para o reino das trevas!

Ao lidarmos com os "Pedros", as "Dalilas" e os "Félixes" em nossas vidas, precisamos lembrar que as pessoas não estão se opondo a nós. Na verdade, a nossa oposição vem da esfera das trevas que guerreia contra nós — a esfera sobre a qual Satanás governa. A Bíblia revela: "Porque não temos que lutar contra a carne e o sangue, mas, sim, contra os principados, contra as potestades, con-

> O simples poder da oração é capaz de nos poupar muito tempo e evitar todo tipo de problemas se pedirmos a Deus para nos dar sabedoria e discernimento em nossos relacionamentos!
> ✈ • ✈

tra os príncipes das trevas deste século, contra as hostes espirituais da maldade, nos *lugares* celestiais" (Efésios 6:12, ênfase minha). As pessoas não são nossas inimigas — Satanás é. Precisamos aprender a amar as pessoas enquanto resistimos ao maligno que tenta agir através delas. Ore e peça a Deus perspicácia espiritual para sempre ter discernimento nessas questões. O simples poder da oração é capaz de nos poupar muito tempo e evitar todo tipo de problemas se pedirmos a Deus para nos dar sabedoria e discernimento em nossos relacionamentos!

RESUMO

Uma das táticas mais comumente usadas por Satanás e mais bem sucedidas contra o povo de Deus é nos esgotar — fazer com que fiquemos cansados e exaustos enquanto combatemos o bom combate da fé. Deus quer que permaneçamos fortes, e uma maneira de realizarmos isso é através de uma vida de oração vibrante. Quando sentir uma necessidade, "não demore, ore imediatamente!". Precisamos orar para que Deus nos mantenha alertas e vigilantes quanto aos esquemas opressores do inimigo, e para que nos dê estratégias para vencermos cada trama diabólica contra nós.

O inimigo tentará nos esgotar nos mantendo tão ocupados e estressados que ficaremos exaustos fisicamente; ele roubará o nosso zelo; tentará nos impedir de orar e fará com que nos cansemos de fazer o bem. Ele também enviará pessoas à nossa vida que atuam por influência de espíritos enganosos para poder nos sugar, nos enganar, ou nos impedir de cumprirmos o plano de Deus para nossa vida. À medida que permanecermos em comunhão com Deus através da oração, poderemos receber a Sua sabedoria e ouvir a Sua voz, e isso nos capacitará a ter vitória sobre o inimigo.

Chaves Para a Oração

- Temos um inimigo vagaroso e sutil que nos esgota gradualmente e nos deixa exauridos para não termos força e nem vontade de cumprir o que Deus nos chamou para fazer.

- Precisamos orar para que reconheçamos rapidamente as diversas táticas opressoras de Satanás contra nós.

- Algumas das maneiras utilizadas por Satanás para nos deixar esgotados incluem: exaurir-nos fisicamente, roubar a nossa paixão e entusiasmo, roubar o nosso tempo de oração e de leitura da Palavra, e fazer com que nos cansemos da fazer o bem.

O Poder da Oração Simples

291

➤➤ De acordo com 1 Pedro 5:9, devemos resistir ao inimigo desde o princípio e lembrarmos que não estamos sós no nosso sofrimento.

➤➤ Precisamos vigiar e orar a respeito dos nossos relacionamentos e pedir a Deus que aumente o nosso discernimento, de forma a podermos evitar as pessoas que têm um espírito enganoso.

➤➤ Precisamos tomar cuidado com os "Félixes", as "Dalilas" e os "Pedros" que podem ser instrumentos do inimigo para nos sugar, nos tentar, ou para se oporem ao plano de Deus para nossa vida.

Encerrando...

Tenho confiança de que sua vida de oração foi fortalecida e sua comunhão com Deus se aprofundou como resultado de ler este livro. Espero que você tenha entendido como a oração é realmente simples e tenha experimentado o poder da oração simples e cheia de fé na sua vida diária. Tenho plena certeza no fato de que você já está desenvolvendo e desfrutando de um estilo de vida rico em oração, e que agora está mais confiante do que nunca em saber que suas orações fazem a diferença.

Quero encorajar você a continuar pedindo a Deus para ensiná-lo a orar, sabendo que existe sempre um novo nível de maturidade espiritual a ser atingido e que a eficácia das suas orações sempre pode aumentar. Estou orando por você, crendo que Deus tem grandes coisas para sua vida e você continuará a crescer no seu relacionamento com Ele. Deus o ama e deseja ter comunhão com você de uma maneira íntima e empolgante — e isso só acontece quando você ora.

Agradeço sinceramente a Deus por me permitir escrever este livro. Minha própria vida de oração foi grandemente enriquecida durante este projeto. Segui o meu próprio conselho — "não demore, ore imediatamente". Vi resultados impressionantes, e sei que você também verá. Lembre-se de que, seja o que for que você precise, a oração abre as portas para Deus operar!

Notas

INTRODUÇÃO

1. Watchman Nee, *Let Us Pray* (New York: Christian Fellowship Publishers, Inc., 1977), pág. 1.

CAPÍTULO 1

1. "Study Shows Only 16% of Protestant Ministers are Very Satisfied with Their Personal Prayer Lives" (2005), http://www.ellisonresearch.com.
2. Andrew Murray, *With Christ in the School of Prayer* (Greenville, SC: Ambassador Books, 2002), págs. 18 e 19.
3. Charles Spurgeon, *The Power in Prayer* (New Kensington, PA: Whitaker House, 1996), pág. 20.

CAPÍTULO 2

1. Murray, pág. 16.
2. Jeanne Guyon, *Experiencing the Depths of Jesus Christ* (Beaumont, TX: The SeedSowers, 1975), pág. 64.
3. Spurgeon, pág. 21.
4. E. M. Bounds, *Essentials of Prayer* (New Kensington, PA: Whitaker House, 1994), pág. 21.
5. Spurgeon, pág. 62.

CAPÍTULO 4

1. "Couple Prayer" (2005), http://www.accord.ie.
2. "Columbine Victim: Faith Saved My Life," *Rocky Mountain News* (Terça-feira, 27 de Janeiro de 2000).
3. Sandra S. "God Can and Does Perform Miracles Every Day!" *Enjoying Everyday Life* (9 de junho de 2005).
4. Murray, pág. 188.

CAPÍTULO 5
1. Bounds, pág. 30.
2. Bounds, pág. 40.

CAPÍTULO 6
1. Bounds, pág. 83.

CAPÍTULO 7
1. Spurgeon, pág. 136.
2. Murray, págs. 65 e 66.

CAPÍTULO 8
1. Nee, pág. 75.
2. Murray, pág. 108.
3. Ibid

CAPÍTULO 9
1. Murray, pág. 163.
2. Murray, pág. 184.

CAPÍTULO 12
1. Bounds, pág. 102.

CAPÍTULO 13
1. Nee, pág. 45.
2. Murray, pág.159.
3. Joyce Meyer, *The Word, the Name, the Blood,* Warner Books edition (New York: Warner Faith, Time Warner Book Group, 2003), pág. 88.
4. Murray, págs. 172 e 173.
5. Murray, pág. 173.
6. Murray, pág. 174.
7. Nee, pág. 45.
8. Nee, pág. 57.

Sobre a Autora

Joyce Meyer é uma das líderes no ensino prático da Bíblia no mundo. Renomada autora de best-sellers pelo *New York Times*, seus livros ajudaram milhões de pessoas a encontrarem esperança e restauração através de Jesus Cristo.

Através dos *Ministérios Joyce Meyer*, ela ensina sobre centenas de assuntos, é autora de mais de 80 livros e realiza aproximadamente quinze conferências por ano. Até hoje, mais de doze milhões de seus livros foram distribuídos mundialmente, e em 2007 mais de três milhões de cópias foram vendidas. Joyce também tem um programa de TV e de rádio, *Desfrutando a Vida Diária®*, o qual é transmitido mundialmente para uma audiência potencial de três bilhões de pessoas. Acesse seus programas a qualquer hora no site www.joycemeyer.com.br

Após ter sofrido abuso sexual quando criança e a dor de um primeiro casamento emocionalmente abusivo, Joyce descobriu a liberdade de viver vitoriosamente aplicando a Palavra de Deus à sua vida, e deseja ajudar outras pessoas a fazerem o mesmo. Desde sua batalha contra um câncer no seio até as lutas da vida diária, Joyce Meyer fala de forma aberta e prática sobre sua experiência, para que outros possam aplicar o que ela aprendeu às suas vidas.

Ao longo dos anos, Deus tem dado a Joyce muitas oportunidades de compartilhar seu testemunho e a mensagem de mudança de vida do Evangelho. De fato, a revista *Time* a selecionou como uma das mais influentes líderes evangélicas dos Estados Unidos. Sua vida é um incrível testemunho do dinâmico e restaurador trabalho de Jesus Cristo. Ela crê e ensina que, independente do passado da pessoa ou dos erros cometidos, Deus tem um lugar para ela, e pode ajudá-la em seus caminhos para desfrutar a vida diária.

Joyce tem um merecido PhD em teologia pela Universidade Life Christian em Tampa, Flórida; um honorário doutorado em divindade pela Universidade Oral Roberts em Tulsa, Oklahoma; e um honorário doutorado em teologia sacra pela Universidade Grand Canyon em Phoenix, Arizona. Joyce e seu marido, Dave, são casados há mais de quarenta anos e são pais de quatro filhos adultos. Dave e Joyce Meyer vivem atualmente em St. Louis, Missouri.